中華教育

中華文化常識指南

袁湛江 主編

目錄

第一章

思想管窺

　　儒家倡導道德教化，法家強調嚴刑峻法，道家主張順乎自然，無為而治。自漢武帝至清末，中國政治的整體走向是外儒內法，濟之以道。即以儒家倫理道德為靈魂，以法家嚴刑峻法為手段，以道家順勢而為為策略。動盪時代，軍閥混戰，儒家思想難以落地，法家路線卻能立竿見影，盡收統一之效；動盪結束，百廢待興，人口減耗，經濟凋敝，適宜實行道家「無為」政治，鼓勵百姓休養生息，以恢復和發展生產；當國家走

上正常運行軌道，不再適合嚴刑酷法和無為之道，而以採取儒家之道，推行教化為宜。

以道德思想為重的中國古代哲學的基本傾向和特質是實踐哲學，所以中國古代哲學家特別注重對人生的研究。佛教在中國化的過程中，也滲透了道家、儒家的哲理。中國古代人生哲學所追求的就是一個把儒家的真性、道家的飄逸、釋家的超脫融合起來的理想境界。

第一節 儒家之經

儒家創立之初，儒家文化的創始者孔子編訂了最初的儒學教材——《詩》、《書》、《禮》、《易》、《樂》、《春秋》，歷史上稱之為「六經」或「六藝」。

自從西漢董仲舒提出「罷黜百家，獨尊儒術」之後，「六藝」遂被確定為《五經》（《樂》已失傳），儒家的學習材料開始走進經典文化的殿堂。後世不斷擴大經學的範圍，唐朝有「九經」、「十二經」，宋朝有「十三經」。對經學考證、闡釋的作品蔚為大觀，成為中國古代文化傳統中最為廣博的部分。

孔子關注現實，悲憫人生，希望建立一個秩序井然、人際和諧的「太平盛世」。

春秋戰國之後，中國歷代統治者在選擇治國方針時，都無法繞過儒家思想。無論是秦始皇的「焚書坑儒」、漢初的「黃老之治」，還是漢武帝「獨尊儒術」，都已經證明：遵循儒家思想中重人倫、重秩序、講和諧的核心思想，是社會長治久安的必由之路。

歷史在經歷變革之後，往往會進入一個相對穩定的發展期。怎樣給社會中下階層創設一個公平合理的上升管道，讓急劇上升的社會矛盾得到緩解，讓每個人的自我發展和實現自我價值成為可能，是時代發展無法迴避的問題。傳統文化中「君子養成」這個歷代不變的主題，也是經學一直要解決的核心問題。所以，我們應該向歷經數千年發展的經學傳統虛心學習，努力把自身生命的追求與家國天下的情懷融為一體。

❓ 如何理解「仁」是儒家思想的核心？

「仁」是《論語》中着重闡述的一個概念，是孔子教育弟子們修身、入仕必須秉持的理念。在《論語》中，「仁」主要指人與人之間的關係，提倡相互理解、相互幫助。孔子十分重視「仁」，他把「仁」作為他的思想體系中的道德原則、道德標準和道德境界。他引導弟子們學習、討論「仁」的含義，把當時的道德規範匯於一體，形成了以「仁」為核心的倫理思想體系，包括孝、弟(悌)、忠、恕等一系列內容。其中「孝悌」是基礎。

孔子希望能夠重建社會的等級秩序，達到在新的時期的社會和諧。從這個角度說，仁學思想體系的形成是社會發展的結果。

孔子之後，孟子接過了儒家「仁」學思想的旗幟，把「仁」的概念從個人的修養、人際交往的原則拓展開去，他提出了「仁政說」，也就是要把仁的學說落實到具體的國家治理中。從這個觀點出發，孟子從最基本的生產、生活角度，提出改善民生、加強教化等一系列主張，把仁政與王道政治聯繫起來，還強調教化的功能，從而挖掘人性中「善」的基因。這種強調仁政的觀點集中體現在他反對暴力，希望用和平改良方式推進社會發展的願望上。

孔孟之後，在歷代儒家的不斷發展和闡釋中，儒家思想日益完善，理論體系日漸豐滿，最終成為中國傳統文化的主幹。

孔子借助「仁」的觀念，促進了中國由周文化到先秦諸子的軸心突破；借助於「仁」的思想延承，中華民族數千年的思想、文化、哲學、政治基礎得以貫通。在儒家思想的發展中，「仁」的觀念居功至偉。

❓ 儒家思想為甚麼會成為中國古代的主流指導思想？

儒家思想是指以孔孟思想為核心的中國傳統思想，也稱為儒教或儒學。「儒」字的含義，最初指的是祭祀儀式中的司儀，隨着社會的發展，司儀在等級化的古代社會中扮演着越來越重要的角色，於是「儒」被賦予了更豐富的內涵，逐步發展為以「仁」為核心的思想體系，成為中國影響最大的思想流派。

儒家學派的創始人孔子首先在教育方面做出了開創性的貢獻，他打破了貴族壟斷教育的局面，變「學在官府」為「私人講學」，主張「有教無類」和「因材施教」。

西漢時期，儒學代表人物董仲舒提出「罷黜百家，獨尊儒術」，得到了漢武帝的認可和採納，因而強化了其對社會的影響力。他強調以儒家思想為國家的哲學根本，杜絕其他思想多元發展，讓儒家思想佔領社會思想文化的絕對統治地位。從此儒學成為統治階層的正統思想，「經學」也就成為顯學。

在「獨尊儒術」治國政策的指導下，西漢王朝在太學中設立「五經」博士，用儒家經典來教育貴族子弟；西漢王朝選拔官吏，也以儒家學說、儒家踐履為標準。從此，儒家思想成了中國古代社會的主流指導思想。

回顧歷史，漢武帝在思想文化界所實施的「罷黜百家，獨尊儒術」的治國理念，首次確立了儒家思想的正統與主導地位，使得「大一統」成為了一種主流思想，進而形成了一種成熟的、固定的政治制度。從此以後，在個人修養、社會道德標準方面，儒家被定為一尊。

❓ 「修齊治平」和「君子養成」有甚麼關係？

《禮記·大學》說：「古之欲明明德於天下者，先治其國；欲

治其國者，先齊其家；欲齊其家者，先修其身；欲修其身者，先正其心；欲正其心者，先誠其意；欲誠其意者，先致其知；致知在格物。」[1] 明確指出了道德修養和立身治世的基本程序。

其中，「修身」承上啟下，是人人都應遵守的準則。

孔子認為，修身是基礎，是一個人走向社會、獲得認同的基本條件。孔子倡導的「修己以敬」、「修己以安人」[2]，孟子強調的「修其身而天下平」[3]，都是指個人價值在社會中的實現。「仁」是孔子心中最高的道德標準，也是他一生所追求的最遠大的目標。他立志於仁，百折不撓，集「溫、良、恭、儉、讓、寬、信、敏、惠、仁、智、勇」等人格於一身而終成萬世師表。

學思結合，是儒家修身進步的基本方法。孔子的學生子夏說：「博學而篤志，切問而近思，仁在其中矣。」[4] 可見立志是修身的前提，但如果僅有立志而不付諸實踐，終將一事無成。所以儒家主張「君子學以致其道」[5]。結合實際，學以致用，既是實現個人理想的途徑，也是培養君子人格的基礎。

博學是做學問的基礎，在此基礎上，更要做到「慎思」。也就是對所學內容進行比較和分析，對自己言行進行階段性反思和適當的調整，這是加強自我修養的關鍵環節。「學而不思則罔，思而不學則殆。」「學」與「思」相輔相成、相互促進。必須抱着思考的態度去學習，以學養思，才能不斷進步與超越。此外，還要反省自己的言行是否符合道德的要求。

要培養高尚的道德情操，不僅要「學」、「思」，更重要的還要

---

1 陳曉芬、徐儒宗譯注《論語·大學·中庸》，中華書局，2011 年，第 250 頁。

2 宋·朱熹《四書章句集注》，中華書局，2016 年，第 160 頁。

3 楊伯峻《孟子譯注》，中華書局，2016 年，第 379 頁。

4 陳曉芬、徐儒宗譯注《論語·大學·中庸》，第 230 頁。

5 陳曉芬、徐儒宗譯注《論語·大學·中庸》，第 230 頁。

落實到「行」。「行」，即道德實踐，是孔門「四教」（文、行、忠、信）之一，在儒家思想體系中佔有很高地位。荀子指出：「道雖邇，不行不至；事雖小，不為不成。」[1] 只有知行合一，把道德理念融入到具體的道德行為中，不斷深化對高尚道德情感的理解和感悟，才能更好地規範行為，成為具備良好品德的君子。

❓ 為甚麼說「經學」是儒家學說的核心組成部分？

經，原本指織布的縱線，有固定、不變之意，後引伸為不變的真理。先秦時代，人們就把一些典籍稱為經。漢代以後，經一般專指儒家經典。經學是解釋儒家經典著作字面意義、闡明其蘊含義理的學問，是中國古代學術的核心部分。

春秋末年，孔子在政治活動中屢屢碰壁，於是他返回魯國，着手編訂和整理傳統文獻。他先後編輯了《書》，刪定了《詩》，編訂了《禮》和《樂》，作了《易》的一部分，並根據魯國的史料編撰《春秋》。於是，儒學最早的標誌性成果——「六經」就這樣誕生了。

《易》、《書》、《詩》、《禮》、《春秋》「五經」成為讀書人必讀的經典。漢代儒生們以研讀、傳習、解釋「五經」為業。

唐文宗開成年間已有「十二經」。宋人又作《孟子注疏》，《孟子》的地位得到提升。到了南宋，朱熹以《禮記》中的《大學》、《中庸》與《論語》、《孟子》並列，彙集成了「四書」，並為官方所認可。《孟子》的經典地位從此確立下來。至此，儒家的十三部文獻確立了它的經典地位。清嘉慶時期，阮元又合刻《十三經注疏》，成為人們研讀「十三經」的經典文本。

1　戰國·荀況著，唐·楊倞注，耿芸標校《荀子》，上海古籍出版社，2014 年，第 15 頁。

「十三經」的內容博大精深：《周易》外層神祕，內蘊深遠；《尚書》大多為君王的文誥和君臣談話記錄；《詩經》是西周初至春秋中期的詩歌總集；《周禮》是周王室官制和戰國時期各國制度的彙集；《儀禮》記載了春秋戰國時代的禮制；《禮記》彙集了秦漢以前各種禮儀的論著；「《春秋》三傳」都是與《春秋》有關的著作，《左傳》重在陳述歷史故事，《公羊傳》、《穀梁傳》重在義理；《論語》是孔子及其門徒的言行記錄；《孝經》論述孝道；《孟子》主要記錄孟子的言論和行跡。《爾雅》訓解詞義，詮釋名物，為經學家解經提供了依據。

「十三經」是儒家文化的經典。歷代統治者從中尋找治國平天下的大計，同時在臣民思想的規範、倫理道德的確立、民風民俗的導向等方面，也是從儒家經典中尋找源泉和智慧。經學的光輝穿越千年，依然燭照當下。

❓「四書」、「五經」跟科舉制度有甚麼關係？

「四書」即《論語》、《大學》、《中庸》、《孟子》。「五經」即《周易》、《尚書》、《詩經》、《儀禮》、《春秋》。它們不僅是儒家思想的核心載體，也是中國歷史文化古籍中的寶典；其包含內容廣泛深刻，在世界思想史、文化史上都具有崇高的地位和不朽的價值。

「四書」、「五經」在思想文化上的價值，首先體現在它詳實地記載了中華民族思想文化發展史上最活躍時期的政治、軍事、文化、外交等各方面的歷史資料，揭示了影響中國文化幾千年的孔孟重要哲學思想的發展脈絡。

科舉考試是中國歷史上的一種特有的人才選拔方式，是王朝設立的通過相關科目公開考試選拔官吏的制度。它創始於隋，形

成於唐，完備於宋，強化於明，消亡於清。歷經 1300 餘年的科舉制度，對中國古代社會的政治、經濟、教育、文化觀念和社會風尚均產生了重大影響。

古代科舉考試的內容在發軔階段已十分豐富，隋唐時期，「明經」只是眾多科目之一。明代開始，考試內容主要局限於「四書」、「五經」，科舉命題內容與評價標準均取自朱熹《四書章句集注》，而文章形式主要是八股文。明朝中葉起，科舉地位繼續得到強化，甚至出現非進士不入翰林，非翰林不入內閣的局面；「四書」、「五經」與科舉考試間的聯繫就變得愈發緊密了。

❓ 如何評價「宋明理學」？

「宋明理學」，是指宋代到明代的一種哲學思潮，也稱為道學。它產生於北宋，盛行於南宋，元、明時代蔚為大觀，清中期以後逐漸衰落，但其影響一直延續到近代。

從廣義上來說，理學泛指以討論天道性命問題為中心的整個哲學思潮，包括程朱理學、陸王心學、事功派等諸多流派；從狹義上來說，則專指以程顥、程頤、朱熹為代表的儒家學說，即程朱理學。

這一學說以「理」為最高範疇，是儒家哲學吸收佛、道思想後的新發展。與一般哲學思潮相比，理學在中國哲學史上曾一度佔有特別重要的地位，它不僅持續時間長，而且社會影響大。理學在哲學思辨方面的發展，是人類文化史上的進步。

理學在儒學發展中起着承上啟下的重要作用，它順應了宋代社會轉型的潮流。理學家們以儒學為核心，汲取佛、道思想，將天理、仁政、人倫等內容統一起來，使儒學發揮了政治作用，重視倫理實踐的儒學獲得了更為精緻的理論形式，很快成為南宋之

後的官學。明代的心學大家王陽明提倡「知行合一」，用豐富深刻、生機勃勃的道德體驗扭轉了當時理學家過於強調「天理」與「人欲」對立的局面，以其精微的思想與高尚的人格成為後世的楷模。

❓ 為甚麼儒家思想得到世界的認同？

1988 年 1 月在巴黎召開的主題為「面向二十一世紀」的第一屆諾貝爾獎獲得者國際大會上，來自不同國家的諾貝爾獎獲得者提出一項振聾發聵的建議：「人類要生存下去，就必須回到二十五個世紀以前，去汲取孔子的智慧。」[1]

仁義名教是儒學的主體。孔子曰：「仁者，人也」[2]。孟子繼承了孔子的觀點，進一步發揮：「人之所以異於禽獸者幾希」[3]。

這個區別就在於人是有思想、有善惡之心的。荀子也説：「水火有氣而無生，草木有生而無知，禽獸有知而無義。人有氣、有生、有知，亦且有義，故最為天下貴。」[4] 這段話揭示了人與其他生物最重要的區別和特點，離開道德，人與禽獸何異？所以確立道德的主體性是儒學的根本特點。

另外，儒學強調以人為本的理念，面對現實，把解決人生、社會問題作為根本任務，關懷人的生死存亡，進而追求人生的意義和價值，成就君子人格，最終達到社會的和諧穩定。

孔子提出的「己欲立而立人，己欲達而達人」[5]；孟子提出的

---

1 轉引自張頌之《對現代孔子神話的反思》，《中國文化研究》2002 第 2 期，第 166–169 頁。

2 陳曉芬、徐儒宗譯注《論語・大學・中庸》，第 324 頁。

3 王常則譯注《孟子》，山西古籍出版社，2003 年，第 127 頁。

4 戰國・荀況著，唐・楊倞注，耿芸標校《荀子》，第 98 頁。

5 陳曉芬、徐儒宗譯注《論語・大學・中庸》，第 72 頁。

「窮則獨善其身,達則兼善天下」[1],以及君子應該做到的「富貴不能淫,貧賤不能移,威武不能屈」[2];荀子提出的「權不能傾也,群眾不能移也,天下不能蕩也」[3]等不同的說法,實際上是同一思想在不同歷史時期的展現。

「仁愛」倡導以人為本,必然體現為尊重人的權利,強調人的道德自覺和民本精神。孔子的「己所不欲,勿施於人」[4],孟子的「民為貴,社稷次之,君為輕」[5],這些都是對仁愛的時代詮釋與民本精神的體現。此外,「誠」指的是真誠面對自身的真實無妄,「信」就是守住這個「誠」。「民無信不立」,首先要求當政者要取信於民,其次才說的是一般百姓要講究誠信。「中庸」是一種非常科學的處事態度,走的是「執其兩端,用其中也」[6]的辯證之路,體現出平和、公正、務實、協調的精神。

儒學對生活的指導意義是顯而易見的。它的智慧、仁愛、和諧、誠信、中庸等觀點都是經過幾千年文化變遷和社會實踐證明了的真理,它有利於人類的生存發展和社會進步,是我們化解諸多社會矛盾的智慧之源。

1　王常則譯注《孟子》,第 210 頁。

2　王常則譯注《孟子》,第 88 頁。

3　戰國·荀況著,唐·楊倞注,耿芸標校《荀子》,第 8 頁。

4　陳曉芬、徐儒宗譯注《論語·大學·中庸》,第 191 頁。

5　王常則譯注《孟子》,第 235 頁。

6　陳曉芬、徐儒宗譯注《論語·大學·中庸》,第 296 頁。

第二節 道家之智

　　道家思想是中國具有影響力的重要哲學思想流派之一，《老子》（又名《道德經》）與《莊子》（又名《南華經》）是道家的主要典籍。

　　老莊以「道」為核心思想。他們對世界本原的思考，從根本上否認了有意志的主宰之天的存在，將「道」提升到本體論的哲學高度。在政治上道家主張「無為而治」，在思想上崇尚自然之道，順天而行事，提倡無為養息。

　　老莊道家的人生哲學，不僅思考人類在宇宙中居於甚麼地位，即人與自然的關係，而且思考個人在社會中居於甚麼地位，即人與社會的關係。它對中國古代文人精神品格的塑造產生了深遠的影響，對現代人的人生觀和價值觀也有着深刻的啟示。

　　老莊的道，既是自然之道，也是社會之道、為人之道。莊子發展了老子的天、地、人平等的思想，進一步提出「無待」與「逍遙」、「天人合一」的觀點。老子在對理想人格的追求上，主張清靜、無為、不爭。老子對於人生，重視生死之間的相互滲透與轉化。莊子發展了老子的生死觀，認為氣聚則人之生，氣散則人之死，提出了「道化」、「氣化」的豁達生死觀。

　　老莊道家的養生哲學，將養生之道和做人之道融合在一起，有着豐富的思想內涵，對提高人們的思想境界和生命品質具有重要的價值。其中「氣」是道家的一個重要概念，元氣、精氣在「養心全性」中有很重要的意義。老子講「致虛極，守靜篤」[1]，他認為

1　王卡點校《老子道德經河上公章句》，中華書局，2014 年，第 62 頁。

人體所有的變化都與心神的「中和虛靜」密切相關,人追求健康就要復歸於生命本原的虛靜狀態。老莊道家主張通過「坐忘」、「心齋」來達到性命雙修。

❓ 老子對世界本原的思考有着怎樣的意義?

人們來到這個世界,面對大千世界,自然要發問:世界從何而來?萬物又是如何生成的?在人類社會早期,生產力低下,面對自然界的種種異常現象,人們將其歸結於神。

老子所生活的春秋時代,社會得到了巨大的發展,人與神的關係在認識上發生了變化,人的地位開始提升。其中道家用「道」與天命觀進行抗衡,認為宇宙的本原是道,世界萬物由道演生,從而,否定了天和神主宰一切的觀點。老子描述宇宙生成過程,認為一切皆由道而來,道生出混沌未分的元氣,這種元氣由於自身內部陰陽兩種對立勢力的作用而開始分化,輕清之氣上升而為天,重濁之氣下降而為地,陰陽二氣的相互作用必然達到新的狀態。莊子也用「氣」的概念來說明宇宙萬物的生成。他所謂的「氣」泛指六氣,即陰、陽、風、雨、晦、明,他認為,陰陽的對立統一乃是一切事物的固有性質。

老莊道家認為世界的本原是「道」,指出「道」通過「氣」自然地而不是有意識地生成萬物,推動而不自恃有功,長成而不為之主宰。揭示事物內部都有陰陽兩種互相作用的力量的存在,正是這二者交互作用,才使萬物得以形成,並最終達到統一與和諧,體現了一種樸素的辯證思想。

❓ 如何評價莊子的生死觀?

生死觀是莊子哲學中非常重要的主題。《莊子》中記述了一個

「莊子妻死，鼓盆而歌」[1]的故事：莊子的妻子去世後，朋友惠施前去弔唁，看見莊子正兩腿岔開坐在蒲墊上敲着瓦盆唱歌。

惠施很不理解，責備他說：「你的妻子與你日夜相伴，為你生兒育女，身體都累壞了。現在死了，你不哭也就罷了，卻在這裏唱歌，不是太過分了嗎？」莊子回答：「當我的妻子剛死的時候我怎麼不悲哀呢？可是後來想了想，也就不悲哀了。想當初我的妻子是沒有生命的，連形體、氣息也沒有。後來出現了氣息，由氣息漸漸地產生了形體，進而產生了生命。現在她死了，又由有生命的東西變成了無生命的東西，之後形體也會消散，氣息也會泯滅。人的生死就像是春夏秋冬四季交替一樣，我的妻子死了，也正是沿着這一循環的道路，而我卻在這裏為此號啕大哭，豈不是不懂得大自然循環往復的道理嗎？正因為如此，我停止了悲傷，不哭了。」這個故事告訴我們：在莊子看來，「生」和「死」是氣的聚與散的結果，是陰陽變化在不同階段的存在狀態，本質上沒有甚麼不同。在春秋戰國戰亂頻仍的時代，莊子戰勝對死亡的極度恐懼，以理性辯證的眼光思考生死，至今對我們仍有啟發。

如何理解道家思想的「無用之用」？

「無用之用」出自《莊子·人間世》，即沒有用的用處。這一思想早在老子的政治思想中已有所體現，他讓統治者明白權力、地位、道德都是「無用」的，對天下百姓的幫助出於本心和自然之性，才能真正成為明君。

莊子進一步發展了這一思想。在《莊子·人間世》裏有一則寓言故事：商丘有一棵大樹，樹下可容上千輛大車停息。這棵樹

1　清·王先謙集解，方勇校點《莊子》，上海古籍出版社，2013年，第202頁。

的樹枝彎曲，不能做棟樑；主幹粗糙，不能做棺木；舌舔樹葉，口舌潰爛；還有特殊氣味，人聞了三天三夜醒不過來。這棵樹甚麼用處都沒有，才長得這麼高大！而宋國有個叫荊的地方，很適合樹木的生長，這些樹長到一定時候就有用，所以都早早被砍伐了。這裏莊子主要想說明「無用之大用」[1]的辯證道理。

❓「上善若水」體現了道家怎樣的辯證思想？

老子說：「上善若水，水善利萬物而不爭，處眾人之所惡，故幾於道。」[2]老子認為最好的德行就像水，水善於滋養萬物，卻從不去爭功名，它能夠在一般人都感到厭惡的環境中流淌。所以水更接近於道的境界。上善若水，是老子對於完善人格的期望與追求，也是老子的一種為人處世方式。

老子用水來比喻「不爭」的理想人格。老子所謂的「不爭」，並不是逃離社會或遁入山林，無所事事。相反，老子主張人們去「偽」，但是他主張創建功業的心態要像水一樣能「利萬物」，而不是為自己，老子認為這才是真正的天下大道。上善若水、厚德載物，是對人格修養的鍛煉，對社會秩序及良性市場競爭的維護都有積極的現實意義。

❓ 道家思想在人際交往方面有何貢獻與局限？

道家思想在人際交往方面的貢獻。比較典型的觀點是「為而不爭，為而不有」[3]。「為」是做事，「不爭」是對功利的態度。「為

1　清·王先謙集解，方勇校點《莊子》，第 54 頁。
2　漢·河上公注，嚴遵指歸，三國·王弼注，劉思禾校點《老子》，上海古籍出版社，2013 年，第 17 頁。
3　漢·河上公注，嚴遵指歸，三國·王弼注，劉思禾校點《老子》，第 214 頁。

而不有」，是「為而不爭」的延伸，「不有」的前提是為人，做到「居上謙下，虛懷若谷」[1]。道家還有「曲成」的觀點。道家認為委曲反能成全、保全，是一種利己利人的處世之道。《莊子·齊物論》裏有一個故事，講的是有個人養了一群猴子，他對猴子說，我早上給你們每隻猴子三個橡子，晚上給四個，你們看行不行？這些猴子感到很憤怒。養猴子的人又說，那麼改一下，早上給四個，晚上給三個，行不行？這些猴子聽了很高興。橡子的數量實際上沒有增加，這就是曲全之妙。

受老莊道家「自然無為」思想的影響，中國歷史上隱逸之風盛行，或許給古代文人多元的生存形式提供了可能的文化土壤。而現代人已無處可「隱」，無論是在物質上還是在精神上，隱逸已經成為一種歷史風景，如果簡單套用莊子的「無己、無功、無名」的思想，就很容易使之成為一種脫離現實的人生觀。

❓ 道家思想對古代文人精神品格的影響是甚麼？

歷史上無數文人墨客都受到了道家思想的影響，最典型的是東晉文學家陶淵明和宋代大詩人蘇軾。

陶淵明的「採菊東籬下，悠然見南山」[2]等詩句對田園生活的描寫，都可見其歸隱之樂。再看他的詩句「人生似幻化，終當歸空無」[3]、「吾生夢幻間，何事繼塵羈」[4]，寫人生如夢、一切皆空，又可見陶淵明受到老莊道家通達生死思想的影響。

蘇軾一生經歷宦海浮沉，他時而出入阡陌之上，時而泛舟於

1　漢·河上公注，嚴遵指歸，三國·王弼注，劉思禾校點《老子》，第172、32頁。

2　孟二冬選注《陶淵明詩文選》，中華書局，2017年，第111頁。

3　孟二冬選注《陶淵明詩文選》，第44頁。

4　孟二冬選注《陶淵明詩文選》，第114頁。

月夜,時而放浪形骸於山水之間。正是受這種物我兩忘、天人合一的道家精神滋養,才使他於常人難耐的苦境中自得其樂。《前赤壁賦》中當客人悲歎「哀吾生之須臾,羨長江之無窮」[1]時,蘇軾勸導客人,「自其不變者而觀之,則物與我皆無盡也」[2],天地與我同生,我與萬物合一,取之不盡,用之不竭,有甚麼悲傷呢?這正體現了蘇軾以道家思想自我調適的曠達人生態度。

❓ 老莊道家對養生文化有怎樣的意義?

老莊道家崇尚自然,主張恬淡無為,其思想中的「精、氣、神」等與養生關係密切。老子主張「見素抱樸,少私寡欲」[3]。他認為,修身養性以清淨為本,而刺激感官的縱欲行為是違背自然之道的。所謂「致虛極、守靜篤……道乃久,沒身不殆」[4]。氣是道家很重要的一個概念,老子認為人體所有的變化都是由心神的中和虛靜而產生的。莊子將生命視為「氣」的聚散,氣聚則生,氣散則死,因而提出「心齋」、「坐忘」等養氣的理論。「道法自然」是老子的重要思想,這裏的道即宇宙根本規律,這反映了人體與四季氣候變化的關聯。所謂「春夏則陽氣多而陰氣少,秋冬則陰氣盛而陽氣衰」[5],這符合中醫所講的「春夏養陽、秋冬養陰,以從其根」的道理。

❓ 老子和莊子同為道家,他們的思想有何異同?

從政治觀來看,老莊都主張無為,但老子的無為並不是不

---

1 北宋・蘇軾著,夏華等編譯《東坡集》,萬卷出版公司,2017 年,第 269 頁。

2 北宋・蘇軾著,夏華等編譯《東坡集》,第 269 頁。

3 漢・河上公注,嚴遵指歸,三國・王弼注,劉思禾校點《老子》,第 40 頁。

4 漢・河上公注,嚴遵指歸,三國・王弼注,劉思禾校點《老子》,第 34 頁。

5 上古・太古真人著《黃帝內經》,時代文藝出版社,2001 年,第 141 頁。

為，而是不妄為、不亂為。老子說過，「無為而無不為」[1]。「無為」是一種立身處世的態度和方法，「無不為」是指可以達到無所不能的效果。可見，老子的無為其實是主張致用治世。而莊子的無為本質上就是不為，他認為一切事物的自然原始狀態是最美好的，所有統治手段都殘害事物的自然本性。

從價值觀來看，老莊都珍視個體生命價值，他們的不同在於個體生命對待功名利祿的態度。在老子的內心深處，仍可見對於世俗功名的嚮往。比如老子的政治主張其實是有為的，但是老子以「無為」的隱蔽方式，將保全肉體生命作為前提，然後再達到入世有為的目的。莊子則不同，他已經對世俗名利徹底心灰意冷。他由於人生遭遇曲折艱辛，對社會現實和未來感到無奈和絕望，所以義無反顧地選擇了追求精神自由。

從生死觀來看，老莊都看到了生與死是生命的循環。但是在對待現實生活的態度上，老子主張柔順不爭的處世原則，而莊子反對這種世俗的處世方式，追求超脫世俗的精神自由。

❓ 道家與道教有何不同？

道家是一種哲學流派，道教是一種宗教。兩者雖不同，但又相關。道家的主要發展階段為：先秦老莊道家，秦漢黃老道家，魏晉玄學道家。東漢末年，張道陵在蜀中稱老子為太上老君，創立了天師道。魏晉以後，道教逐漸發展。道教以「道」名教，或言老莊學說，或稱內外修煉。金宋之際，王重陽創全真教，倡導儒釋道三教合一，提倡「性命雙修」、「真身飛升」，內丹修煉功夫及成仙學說一時大行其道。

道教和道家的區別是顯而易見的。比如在對待儒家理論的態

---

1 漢‧河上公注，嚴遵指歸，三國‧王弼注，劉思禾校點《老子》，第115頁。

度上，道家追求自然無為，因而視儒家的禮法為束縛；而道教則不然，道教主張汲取儒家禮法，因為遵循禮法是道教的基礎修煉過程。道家和道教的政治理想區別也很大。比如老子主張小國寡民，而道教卻認為天地所生財物養天下人。道教與道家又有關聯，老莊哲學具有超然物外的特質，在一定程度上契合了道教追求長生，提倡養氣全真的宗旨。

第三節 釋家之禪

　　釋家，就是我們通常所說的佛教，但我們這裏討論的視角，不完全是站在宗教的立場上，而更多是把它看作一種學術流派。

　　佛教最早起源於古印度，相傳為喬達摩·悉達多所創，是世界三大宗教之一。自漢代傳入中國以來，其教義、教理等都與中國的本土思想相融合。隨着時間的推移，佛教也衍生出很多派別。

　　佛教在中國不斷得到傳播和發展，初期主要是以引進和翻譯佛經為主，到了南北朝時期為諸多帝王所崇信，於是廣泛地傳播開來。全國興建了許多佛寺，大批佛教學者湧現出來，翻譯了大量的佛教經典。

　　佛教在傳播的過程中與儒家思想、道家思想相互影響，佛學就不可避免地染上中華民族的文化氣息，逐漸形成了具有中國特色的佛教思想和理論體系。

❓ 釋迦牟尼在菩提樹下悟到了甚麼？

　　釋迦牟尼是古印度迦毗羅衛國的太子，名字叫悉達多（S. Siddhārtha），姓喬達摩（S. Gautama）。因為他屬於釋迦（Sākya）族，所以人們稱他為釋迦牟尼，意思是釋迦族的聖人。

　　父親是淨飯王（Suddhodana），母親叫摩耶（Māyā），他們多年未生育。據說，一天夜裏，摩耶夢到一頭六牙白象王飛入自己的懷中，後來便有了身孕。印度有回娘家生孩子的習俗，在回家途中，路過藍毗尼花園（Lumbinī），摩耶夫人停下來休息，她伸

手去摘一枝無憂樹枝時，從其右肋生下了悉達多。悉達多一出生就能走路，相傳他走了七步，每一步都踩出一朵蓮花。然後他一手指天，一手指地，說：天上天下，唯我獨尊。

悉達多出生不久摩耶夫人就去世了。釋迦牟尼是由他的姨母波闍波提夫人（Prājapati）養育的。悉達多天資聰慧，知識廣博，又是一個騎射擊劍的能手。他父親希望他建功立業，繼承王位，成為一個「轉輪王」。他十六歲娶表妹耶輸陀羅為妻，生活幸福美滿。可後來他在一次外出旅行時，見到了人類老、病、死的三種狀態。他開始重新思考生命的意義。在他十九歲的一個夜晚，他悄悄出走，去尋找答案。

悉達多出宮後，嘗試了世間所有的修行方式，卻沒有找到答案。他走到尼連禪河中洗去塵垢，有位牧羊女看到他暈倒，便用羊乳餵他，使他恢復了體力。在畢缽羅樹下，他發誓：「我今如不證到無上大覺，寧可讓此身粉碎，終不起此座。」[1] 經過四十八天的冥思苦想，他終於在一天夜裏獲得了徹底的覺悟，那年他三十歲。

佛陀認識到過去、現在、未來是相互關聯的三個階段，時間只是當下一念。他覺悟到世間的煩惱、不如意都是假的，一切皆為虛妄。世人不能釋然生死，是「我執」在作祟。明白了這一點，當下就能得到大解脫，獲得大自在。

❓ 佛教是甚麼時候傳入中國的？

佛教具體何時傳入中國，歷來說法不一。史書上的最早記錄，是在公元前 2 年，大月支國王的使者伊存出使中國，在當時的首都長安，他口授佛經給一個名叫景盧的博士弟子。自漢武帝

1　趙樸初《佛教常識答問》，中國佛教協會出版，1983 年，第 5 頁。

時中國開闢絲綢之路以來，當時由印度傳播到中亞細亞的佛教可能隨着行旅往來而傳入中國。

一般公認的佛教傳入時間始於漢明帝。據史籍記載，漢明帝永平七年（公元64年），朝廷曾派遣使者十二人前往西域訪求佛法。三年後，他們帶回了兩位印度僧人迦葉摩騰和竺法蘭，並且帶回了經書和佛像。當時還組織了一批人翻譯了部分佛經，現存的《四十二章經》相傳就是這樣一部重要的經典。此外還在首都洛陽建造了白馬寺。自此，佛教作為一種宗教，得到了官方的承認和崇信，後逐漸在民間廣泛傳播。

? 為甚麼說「四諦」是佛學的基礎？

四諦是指「苦諦、集諦、滅諦、道諦」，又稱「四真諦」、「四聖諦」，是佛教基本教法。諦就是真理。

苦諦：「一切皆苦」。這是最關鍵的一諦，是佛教人生觀的理論基石。

集諦，又稱因諦，指苦的原因。

滅諦，是說苦的消滅。

道諦，就是滅苦的方法，修道的方法。是由凡夫眾生成為超脫自在的聖者之道，因此稱為道聖諦。

佛教講求因果，苦、集、滅、道之間也有因果。

? 佛教傳入中國產生了哪些分支？

佛教剛傳入中國的時候，沒有大小乘之分，也沒有宗派之別。後世成型的有十三宗派：律宗、成實宗、俱舍宗、三論宗、涅槃宗、地論宗、禪宗、攝論宗、天台宗、淨宗、法相宗、華嚴宗、密宗。後來合併為十宗，其中涅槃宗歸入天台宗，地論宗歸

入華嚴宗，攝論宗歸入唯識宗。後來又以大小乘經進行劃分，俱舍宗、成實宗列屬小乘經典。中土大乘宗派中，影響至今的有八大宗派：三論宗、法相宗、天台宗、華嚴宗、禪宗、淨土宗、律宗、密宗。這就是所謂的性、相、台、賢、禪、淨、律、密八大宗派。

❓ 我們常說「參禪」，所謂「禪」是指甚麼？

禪是禪那（dhyana）的簡稱，即靜慮，也叫做禪定。要求修行者將心專注在法境上，稱為參禪，倡導此法修行的宗派名為禪宗。

禪的種類很多，有聲聞禪、菩薩禪等。禪宗倡導直指心性的頓修頓悟。這種禪法是由印度的達摩祖師所創。世上流傳六祖惠能的偈子，就是頓悟的代表：「菩提本無樹，明鏡亦非台，本來無一物，何處惹塵埃。」[1]

八世紀時，禪宗分為南北兩宗，北宗神秀派主張漸修，盛極一時，但不久便衰微；南宗惠能主張頓悟，此後又分為五家七派。禪宗和淨土宗兩大流派，一直是中國流傳最廣的佛教宗派。

❓ 歷史上有哪些著名學者文人信奉佛教？

中國歷史上，有許多文人信奉佛教。歷代文學家很多與佛教有着深厚的因緣，如陶淵明、謝靈運、王維、柳宗元、白居易、王安石、蘇軾、黃庭堅等，他們的作品常常透露出禪機。比如王維便被稱為「詩佛」，一首《鹿柴》，「空山不見人，但聞人語響；返景入深林，復照青苔上。」處處藏有玄機和空寂感。曾經激烈

1　禮山、江峰編著《禪宗燈錄譯解》，山東人民出版社，1994 年，第 23 頁。

反佛的韓愈、歐陽修也分別在接觸了大顛禪師與明教禪師之後，改變了對佛教的態度，從佛法中找到了精神的慰藉。

佛教深受文人青睞的原因，是佛法使他們對人生的體驗更為深切，對境遇的感悟更為透徹。可以說佛教的微妙教理，為困頓中的文人指明了一條解脫之路。而且，佛教中所蘊含的大智慧，也更容易為文人所接受，開拓他們思維和創作的格局。

❓ 玄奘法師在佛教傳播上有何貢獻？

玄奘是生活在距今約一千三百多年前的一代高僧。他不遠萬里，西行求法，求回真經，埋首翻譯。無論是在古代中外文化交流史上，還是在中國和印度的佛教史上，乃至於在印度的古代歷史上，玄奘都極具重要性。下面一段文字闡述了玄奘法師對佛教的貢獻。

「這一位孤征十七載、獨行五萬里、足跡遍於西域、印度百三十國而且留下一部不朽的遊記——《大唐西域記》的偉大旅行家；這一位通達中印文字、洞曉三藏教理、由留學僧而最後主持當時印度最高學府——那爛陀寺的講席，受到了印度及西域各國國王和僧俗人民歡迎敬重的偉大的佛教學者；他以畢生精力致力於中印文化交流事業，譯出經論一千三百三十五卷（約五十萬頌）。」[1]

❓ 我們應該如何汲取佛教的文化價值？

佛教幾千年來保留了非常多的文化經典，這其中蘊含着大智慧，是一筆寶貴的精神遺產。從哲學角度去看，佛教的很多教義

1　趙樸初《佛教常識答問》，第88頁。

不但有深刻的啟迪作用，而且在歷史上，也曾是很多文人墨客的精神指南，具有積極的一面。因此，我們說佛教在人類進步和文明發展的歷史中，佔有不容忽視的地位。

第四節 法家之力

法家，是戰國時期以法治為核心思想的重要學派，《漢書·藝文志》列為「九流」之一。

法家主張以「法」治國，崇尚社會規則，認為仁義解決不了實際社會問題；強調明刑尚法；主張發展經濟，富國強兵；推崇君主專制，實施尊君卑臣。其思想源頭可追溯到春秋時期的管仲、子產，戰國時經過李悝、吳起、商鞅、慎到、申不害等重要思想家的大力倡導，逐漸發展為一個大學派。

根據實施重點不同，早期法家可以分為重法、重術、重勢三派，分別以商鞅、申不害、慎到為代表。「法」即法律、法令，要求臣民必須遵守；「術」即權術，或者說統治者的策略，是君王控制駕馭臣民的手段；「勢」即權勢，也就是統治者的地位和權力，是君臨臣民的等級制度。法家主張「因時立法，因事制禮」[1]，所以法家人物不僅彼此之間思想有別，各自的思想在不同的時期也有變化。

戰國末期，出現了一位法家的集大成者——韓非子，他對前人的學說加以總結提煉，兼取儒、道精華，主張法、術、勢三者優勢互補、相輔相成，提出「抱法處勢則治」[2]。韓非子的法家思想擁有一套完整的體系。

法家是先秦諸家學派中對法律最為重視的一派，因而得名。

---

1 漢·劉向集錄，繆文遠、羅永蓮譯注《戰國策》，中華書局，2017年，第191頁。

2 清·王先慎集解，姜俊俊校點《韓非子》，上海古籍出版社，2015年，第474頁。

法家強調「不別親疏，不殊貴賤，一斷於法」[1]，而且建構了系統的理論和方法。法家反對保守，反對復古，主張改革，主張創新。他們堅信歷史是不斷變化和發展的，一切法律和制度都要因時而動，復古和守舊只能導致歷史的倒退。他們大力倡導的「不法古，不循今」[2]的主張，為後來建立大一統的中央集權的秦朝提供了有效的思想武器。漢朝又繼承了秦朝的集權制和法律體制，奠定了中國古代封建社會的政治制度與法律制度的基礎。

法家作為諸子百家中的一個重要派系，它在思想上的主要價值是提出了「以法治國」的主張和觀念。他們對法治的高度重視，把法律作為一種社會統治的強制性工具等思想，成為歷代中央集權統治者穩定社會的主要手段，影響十分深遠。

❓ 法家思想是在怎樣的社會背景下興起的？

法家思想萌芽於商朝，後來又經歷了春秋戰國時期而發展成熟。春秋時期的管仲、子產等人是法家思想的先驅。他們強調法治的同時也注重道德教化。

戰國是一個大變革、大動盪、大融合的時代。政治上，周天子名存實亡，大權旁落，諸侯爭霸，戰亂不息。諸侯國內部，卿大夫專權跋扈，新舊勢力矛盾重重。經濟上，鐵器的出現使農業生產水平大幅度提高，牛耕普遍得到推廣，私田不斷增加，井田制瓦解。與此同時，社會生產方式也發生了變化。集體協作逐漸被個體耕作所代替，封建個體經濟逐步佔據了主導地位。商人和手工業者不斷增多，商業和手工業日益繁榮，促進了城市規模的擴大和經濟的繁榮。傳統思想受到了空前的衝擊。就是在這樣的

---

1 西漢·司馬遷著《史記》(下)，嶽麓書社，2016 年，第 891 頁。
2 石磊譯注《商君書》，中華書局，2017 年，第 78 頁。

社會背景下，法家正式登上了歷史舞台。

❓ 法家學說的文化價值何在？

首先，法家思想的核心是法治理論，它是一個涉及政治、哲學、社會等諸多領域的思想體系。商鞅和韓非等主張法令是治國之本，「不法古，不循今」是基本原則，韓非建立起法、術、勢相結合的法家學說體系。

其次，法家的政治學說給後世以巨大的影響。儒家主張以仁義道德來調和社會矛盾；道家主張以道法自然、清靜無為來返璞歸真；墨家則呼籲「兼愛」、「非攻」來消除階級矛盾。只有法家，對現實政治有着清醒的認識和深刻的洞察。

再次，先秦法家學說也對法理學領域有重要貢獻。商鞅、韓非不僅在法律思想和法律制度方面，而且對法的起源、性質和作用、法和其它社會現象的關係、立法和司法的程序與方法等法理學的內容都有所探討。

❓ 如何評價法家的教育思想？

法家主張變法革新，以「法治」代替「禮治」，最終達到「富國強兵」的目的。

商鞅主張嚴厲打擊那些滿腦子保守思想的「遊宦之民」，同時要培養和提拔做出了實際貢獻的「耕戰之士」[1]。反對儒家向學生灌輸仁義禮智等道德準則，倡導學習法令和對耕戰有用的實際知識，強調對民眾進行「法治」教育，一切應該以「法」為標準。

韓非認為，「儒以文亂法，俠以武犯禁」[2]。所以，他主張禁止

1　西漢‧司馬遷著《史記》（下），第569頁。

2　清‧王先慎集解，姜俊俊校點《韓非子》，第544頁。

一切言論和結社的自由，反對盲目復古和空談的學風，注重在實踐過程中鍛煉和培養人才。

❓ 在當代中國社會，如何汲取法家學說的積極意義？

首先是以法治國的思想。法家強調以法約束百姓的作用。在他們看來，人性是惡的，人都是趨利避害的，要用法律和賞罰來引導百姓向善。在當今中國的社會轉型時期，我們借鑒法家的法制思想，是為了維護最廣大人民群眾的根本利益，建立平等、民主、自由的現代法治國家。

其次是甄別懲罰和教育的價值。法家認為，只需要對有功的人行賞，對有過的人處罰就可以了，他們並不指望通過教育能把人民改造成遵紀守法的人，所以對儒家的道德說教十分不屑。但是在現代社會，道德和法律如鳥的雙翼，缺一不可，片面強調道德或片面強調法律，誇大其中任意一方的作用，都是不切實際的，只有堅持道德和法律並重的原則，才能真正建立起現代法治國家。

最後是依法治國的策略。法家強調法律的權威，主張法律面前一律平等，注重法律制度的完善和實施。只有各種法律落到實處，才能發揮法律的應有功效。在現代社會，一方面對法律本身尚需進一步規範和完善，另一方面又存在着大量有法不依、執法不嚴的現象，這在一定程度上損害了法律的威嚴，削弱了法律的作用。

❓ 社會轉型時期，如何化解法家學說的消極影響？

法律至上、依法治國的思想必須深入人心。法家雖然也強調法律的權威，但是他們認為法律的前提條件是君權至上，除了君

王之外，其他所有的人都要受法律的約束。這是和現代法治思想背道而馳、格格不入的。現代的法律至上是以法律為絕對權威，一切唯法是依，執法必嚴、違法必究，法律面前人人平等。

權力必須受到制約。所有以國家強制力保證實施的公共權力，在其運行的同時必須受到其它權力特別是公共權力的制約，這是現代法治國家的重要特徵之一，也是政府部門行使法律的重要條件。而法家所謂的法治思想的本質卻是君主專制，君王擁有不受任何制約的權力，而事實上人民沒有任何權力可言。今天如果照搬法家的治國思想，可以說是一種歷史的倒退。

第五節　哲學縱覽

中國古代哲學思想，博大精深、源遠流長。殷周時期的《易》，提出了「陰陽」觀念，從自然界中選取了天（乾）、地（坤）、雷（震）、山（艮）、火（離）、水（坎）、澤（兌）、風（巽）「八卦」用以揭示客觀世界的根源；同時又以「八卦」來說明自然現象和社會關係，體現了樸素的辯證法思想。《尚書》提出了「五行學說」，用金、木、水、火、土五種物質作為構成世界的基本元素。

春秋戰國時期，百家爭鳴，人才輩出，這是中國哲學史上最為輝煌的時期。此後，中國哲學經過兩千多年的發展，出現了一批又一批哲學精英和眾多的哲學流派，至今仍有着廣泛而深刻的影響。其中影響最大的有先秦哲學、兩漢經學、隋唐佛學、宋明理學等。

先秦哲學主要指先秦至漢初的哲學流派，其中以春秋戰國時期最為活躍。在百家爭鳴的環境下，產生了儒、道、墨、名、法、陰陽、縱橫、農、雜等各家。其中，影響最大的是儒、法、道三家。

漢代在董仲舒的「罷黜百家，獨尊儒術」的影響下，其哲學由先秦諸子之學演變為兩漢經學。兩漢經學是在先秦儒家思想的基礎上發展起來的哲學體系，倡導天人感應、君權神授的思想，維護等級秩序。

佛教自印度傳入中國後，經過由漢代到唐代六百餘年的融合，產生了中國化的佛教哲學。經過改造和演繹的中國佛學融合

了中國哲學的智慧，特別是汲取了先秦道家、儒家和魏晉玄學的哲理。中國佛教宗派主要有天台宗、華嚴宗、法相宗和禪宗四大流派。其中，禪宗是中國佛教中流傳最久、影響最大的宗派。

宋明理學是儒學發展到宋、元、明時期的最有影響的哲學流派，它以儒學為主幹，吸收了佛家和道家的思想，提出了理氣論、心性論等觀點，建立了形而上學的道德體系。宋明理學發端於北宋，成熟於南宋，興盛於明代，創始人為周敦頤、邵雍、張載，到了程顥、程頤，形成高峰。南宋朱熹是理學的集大成者，他建立起比較完備的理學體系。明代王陽明在陸九淵學說的基礎上，建立起心學體系。宋明理學作為儒學發展的重要階段，或者說作為一種思想文化，讓中國哲學實現了跨越，其理論意義和實踐價值都值得肯定。但是，理學成為官方哲學後，就變了味道，其部分觀點為統治階層所歪曲和利用，成為維護統治階級的工具。

❓ 如何理解中國傳統文化的結構？

上海理工大學劉永博士提出中國傳統文化的四維結構論，即身體、情感、道德、智慧四個維度。

第一個維度：「道以養生」的身體維度。中醫、太極、武術等都是傳統文化中健身養生的內容。其中太極就屬於道家的養生功法，我們從道家文化中汲取營養，可以使我們身體健康、延年益壽。它給我們的是一種「生命關懷」。

第二個維度：「詩以抒情」的情感維度。舉凡詩詞歌賦、琴棋書畫、茶藝戲曲等等一切藝術都可以成為情感表達的載體。當然，文學藝術還可以弘揚道德、啟迪智慧，但其主要功能還是情感的表達。情感的維度主要是關乎審美的，它給我們的是一種表

達情感愉悦需求的「人文關懷」。

第三個維度:「儒以涵德」的道德維度。傳統文化給我們的啟示是「儒以涵德」。叔本華曾説,人就是一團欲望,欲望得不到滿足,人就會感到痛苦;欲望一旦滿足,人又會感到無聊。我們對人生的追求只有從情感維度上升到道德維度,才有希望跳出叔本華的「鐘擺律」。與追求情感的快樂相比,道德則給人一種節制,用道德來規範情感的「價值關懷」,可以置身於道德追求之中。孔子説:「飯疏食,飲水,曲肱而枕之,樂亦在其中矣。不義而富且貴,於我如浮雲。」[1] 從道德的維度來看,儒家的學説正是關乎道德倫理生活的學説。儒家的倫常和佛教中的戒律等,也都是道德的自律要求。

第四個維度:「禪以淨心」的智慧維度。在中國傳統文化之中,情感和道德都將上升到智慧的維度。因此,傳統文化給我們的啟示最終要歸納為「禪以淨心」。它給我們一種體認「道」同時認識自己心性的「終極關懷」。孔子對顏回説:「非禮勿視,非禮勿聽,非禮勿言,非禮勿動。」顏回謙虛地回應:「回雖不敏,請事斯語矣。」[2] 這裏的「不敏」恰恰是大智慧的表現。智慧追求的最高境界就是「道」。孔子説:「朝聞道,夕死可矣。」[3]

老子説:「雖有拱璧以先駟馬,不如坐進此道。」[4] 明代高僧蓮池大師接着老子的話説:「雖王天下,亦不如坐進此道。豈惟王一天下,雖金輪聖王王四天下,亦不如坐進此道。豈惟王四天

1　宋‧朱熹《四書章句集注》,第97頁。

2　宋‧朱熹《四書章句集注》,第133頁。

3　宋‧朱熹《四書章句集注》,第71頁。

4　漢‧河上公注,嚴遵指歸,三國‧王弼注,劉思禾校點《老子》,第159頁。

下，雖王忉利、夜摩，乃至王大千世界，亦不如坐進此道也。」[1]
中國文化中的儒釋道三家都重視「道」。儒家的天道與性命，道家的道與真宰，中國化的佛教禪宗所說的自性、本來面目等，都是對「道」的描述，也就是最高智慧的一種體現。當然三家所說的「道」是有區別的。在智慧的維度上，傳統文化啟示我們，人生在世不是來享樂的，而是來求道悟道的。基督教、伊斯蘭教的終極關懷是從上帝、真主那裏求；中國文化卻不同，是從內心求。[2]

❓ 為甚麼說諸子百家奠定了中國傳統文化的基礎？

春秋戰國時期，在思想文化領域內產生了儒家、道家、墨家、法家、兵家等諸子百家學說，對當時和後來的社會發展起到了巨大的推動作用。

春秋戰國時期社會動盪，禮崩樂壞。孔子要恢復周禮，主張在人人道德自覺的基礎上建立禮樂文明的社會。他的核心思想就是仁和禮，仁者愛人，禮有差等。墨子主張「兼相愛」，認為這樣才能實現「交相利」[3]。孟子更多地繼承了孔子「仁」的思想，提出了具體的道德規範（仁、義、禮、智），繼承了孔子「德治」的思想，主張「仁政」，推行「民貴君輕」的民本學說。他義正辭嚴地提出：「民為貴，社稷次之，君為輕。」[4] 從孔子到孟子，他們的思想始終貫穿的一條主線：修身、齊家、治國、平天下。

不論仁愛還是兼愛，都是主張有所為。而道家的老子主張

---

1 明‧雲棲祩宏撰，心舉點校《竹窗隨筆》，華東師範大學出版社，2013 年，第 100 頁。

2 劉永《國學的四個維度——在上海理工大學教師教學大賽之板書教學大賽決賽的講稿》。

3 清‧畢沅校注，吳旭民校點《墨子》，上海古籍出版社，2014 年，第 69 頁。

4 王常則譯注《孟子》，第 235 頁。

「無為」。他認為只有統治者因循自然地「無為」，回到小國寡民的狀態，老百姓才能安定。這一思想後經演化，為法家所借鑒。面對來自道家的質疑，荀子作出了回應。他吸收道家思想，提出「天行有常」，又站在儒家立場指出「人道有為」，主張「制天命而用之」[1]。他還吸收法家思想，發揮了孔子「禮」的思想，認為學習的最高目標是把握「禮」，主張「禮治」，實則偏向「禮法並重」。

儒、墨、道三家主張回到各自理想的時代（儒家—西周、墨家—夏朝、道家—小國寡民）。與他們相比，法家主張歷史是向前發展的，要建立君主集權制度，厲行賞罰，獎勵耕戰。因為法家思想有利於建立君主專制中央集權制度，適應了秦朝統一的要求，所以對當時歷史發展的推動作用最大。但單純的法家思想不能適應社會發展的需要。儒學崇尚道德教化能彌補嚴刑峻法帶來的負面影響，且荀子融法入儒，做了較好的鋪墊，所以漢初思想家認為把法家思想與儒家思想相結合，就能更好地治理天下。

❓ 為甚麼儒、釋、道被稱為「三教」文化？

在歷史發展的過程中，儒、釋、道三家被宗教化而形成了儒、釋、道三教。習慣上稱之為「三教」文化。

如今講的宗教含義和古代所稱的儒、釋、道三教其實並不完全相同。宗教一詞來自佛教，佛教中把釋迦牟尼所說的內容稱為教，把其弟子所說的內容稱為宗，合稱為宗教。而現在所用的「宗教」概念來自英文中「religion」一詞，是指相信人的靈魂不滅並受上帝支配的信仰。所以「religion」的含義，遠比佛教稱謂的宗教內涵廣泛得多，在這個概念中，儒、釋、道三家稱為宗教主要是指學說理論體系，名為教，實為家。從其社會功用來看，把

1　戰國·荀況著，唐·楊倞注，耿芸標校《荀子》，第 205 頁。

儒、釋、道三家稱為「三教」只是不同的說法而已。中國歷史上所稱的「三教」和王重陽主張的「三教合一」，都應從學説哲理上來理解。

❓ 法家思想與儒家思想的同中之異在哪裏？

先秦儒家和法家雖然都產生於社會動盪不安、四分五裂的春秋戰國時期，目的也都是想維持社會的穩定，但是儒家與法家的思想觀點並不相同。

儒家思想自漢武帝「罷黜百家，獨尊儒術」以來成為中國的正統思想。其思想可以概括為「三治」，即維護禮治、提倡德治、重視人治。儒家的禮治，就是使貴賤、尊卑、長幼各有其特殊的行為規範；儒家的德治，就是主張以道德去感化教育人；儒家的人治，就是關注人的個性，培養人的是非觀與同情心，重視人的道德發展。

法家思想的核心是法治。法家認為不僅治理亂世要用重典，就是治理太平社會也同樣需要法，主張在犯法量刑上「不別親疏，不殊貴賤，一斷於法。[1]」在哲學上，法家尊重客觀事實，堅持歷史發展，強調人的主觀能動性。他們認為人的本性是自私的，這是其法治理論的哲學支點。法家集大成者韓非子認為：世界上不存在一種永遠行得通的基本法則，應根據當今的實際情況採取相應的措施。他還認為人的一切道德、情感、行為都取決於對自己是否有利。韓非子主張用賞罰來加強管理，用嚴刑重罰來治國，主張法、術、勢並用。

1　西漢・司馬遷著《史記》（下），第 891 頁。

❓ 如何理解封建社會「外儒內法」的治國理念？

外儒內法，濟之以道，是中國古代帝王治理國家最理想、最成功的理念，也是便於操作和變通的實踐管理模式。

西漢的董仲舒建議漢武帝罷黜百家，表彰六經，其實質就是獨尊儒術，使儒學被確立為正統思想；其次，董仲舒要求君王實踐德政，推行教化，又是儒家的突出特點；再次，董仲舒為了給專制君主提供權力來源的合法性，提出君權天授，這是吸收了陰陽家的思想。董仲舒在儒學的基礎上汲取了道家、法家等思想成分，為儒學增加了「君權神授」的大一統思想，這對於中央集權的加強和國家的鞏固提供了有力的武器。

原始社會的生產力水平低下，社會生活原始粗放，人人平等，無需約束。隨着世襲制取代禪讓制，產生了等級和國家，統治者一方面制定宗法等級制度以維護貴族的統治，一方面以武力作為後盾，實施的是暴力政治。漢武帝時期國家日益強盛，給統治的穩定奠定了強大的軍事和經濟基礎，但思想和文化上尚無建樹。董仲舒抓住契機建議漢武帝「罷黜百家，獨尊儒術」，從此儒家思想逐漸成為中國古代社會的主流思想。

儒家思想之所以能在諸子百家中獨領風騷、一枝獨秀，一方面是因其哲學上的天人觀念、倫理上的仁義思想、政治上的集權主張，適應了統治者的需要；另一方面是因為儒家具有強烈的社會責任感和進取心。儒家所倡導的「修身、齊家、治國、平天下」，既是儒家德治思想的出發點，又是它的主要內容，它的最高理想就是實現「天下為公」的「大同世界」。

但是社會的選擇往往是破壞之後需要尋求一種新的平衡。德法兼用，久已有之。孔子就有「寬以濟猛，猛以濟寬，政是以

和」[1] 的説法。孟子認為「徒善不足以為政，徒法不足以自行。[2]」荀子主張「治之經，禮與刑，君子以修百姓寧，明德慎刑，國家既治四海平」[3]。德法兼用的思想在先秦時期雖然得到諸多大家的共識，卻並沒有得到實現。直到漢代之後，仁政和德治才為統治者所空前重視。漢初的統治者重新審視儒家思想，認為他們所走的道路就是儒法融合，探索德主刑輔的治國模式。可見儒法兼用的統治模式的形成，是中國歷史演化的必然結果，自有其內在的必然性。

❓ 如何理解「中國哲學」這個概念？

哲學的概念來源於古希臘 philosophia 一詞，希臘語義為「熱愛智慧」，就是人類為了更有智慧而進行的認識活動。中國古代並無「哲學」一詞，直到 1902 年，哲學一詞才出現在《新民叢報》的一篇文章裏。1950 年起，中國的學術研究界深受前蘇聯的影響，對思想史的研究熱情空前高漲，「哲學」一詞大量出現。至於中國古代的思想存不存在哲學這個問題，至今尚無定論。

其實討論中國古代的思想，不必拘泥於西方的哲學概念。以道德和政治為重的中國古代思想體系的基本傾向和特質是實踐哲學。如果以西方哲學為唯一標準，那麼中國可以説沒有哲學。但是，如果我們重新為哲學的概念框架做出界定，何嘗不能理解為中國古代的思想體系極大豐富了哲學的內涵，擴展了哲學的外延？

1　劉利、紀凌雲譯注《左傳》，中華書局，2011 年，第 203 頁。

2　王常則譯注《孟子》，第 103 頁。

3　戰國・荀況著，唐・楊倞注，耿芸標校《荀子》，第 302 頁。

❓ 如何理解中國古代哲學的範疇體系？

根據李中華教授在其《中國文化概論》一書中的概括，中國古代哲學的範疇體系基本由五個方面構成：

1. 屬於宇宙論方面的範疇有：陰陽、五行、天、天道、理、氣、太極等；

2. 屬於本體論方面的範疇有：有無、體用、一多、本末、動靜等；

3. 屬於知識論方面的範疇有：知行、能所、言意等；

4. 屬於歷史哲學範疇的有：王霸、義利、理勢、理欲等；

5. 屬於人生論（或道德哲學）範疇有：仁、義、禮、智、誠、心、性、情、欲等。

人類的思維，在其形成範疇的過程中，都是從單一的範疇開始的。自然界和社會現象從表面上來看，都是以單一的形態呈現在人們面前，然而任何事物的單一形態實際上都包含着性質、屬性等差別，只有從不同對象中抓住共同點，才能形成單一形態的範疇。

人類思維和認識水平在不斷進化與提高，在認識對象同一性的基礎上，需要同中求異。這樣單一形態的範疇便向對偶性或相對性範疇過渡，形成了中國哲學範疇中的陰陽、道器、有無、理氣、心物、形神、心性、理欲、善惡、性情、名實、知行、王霸等範疇。

經過不斷的碰撞與磨合，經過反覆的從抽象到具體的思維加工，最後形成了李中華先生所概括的十二個基本範疇：天、道、理、氣、體、用、一、多、心、性、知、行。這些範疇可以作為中國哲學的核心觀念。其中理氣、心性、知行、天人等重要範疇延續了穩定的形式和基本的內涵。

第二章

史學縱橫

中華文明源遠流長，悠久的歷史蘊藏着博大精深的民族文化，文化典籍難以計數，僅留存至今的就有八萬餘種。其中，歷史類典籍是一個重要部分。只有認真了解和閱讀這些歷史典籍，才能更好地認識和傳承中華文化。本章內容主要包括：學習中國歷史所須知的「讀史備要」和「職官演變」，閱讀和研究中國歷史所需涉獵的「史籍鈎沉」和「方志族譜」，關於一些重大問題、人物事件評價的「歷史視角」，以及關於歷代教育思想的「教育史話」等六個方面。

第一節　讀史備要

　　博大精深的中華文化，在其發展過程中形成了獨具特色的文化現象和制度規範。掌握這些文化常識，是今人學習和研究中國古代文化必須跨越的一道門檻。

　　史學中的「歷史分期」，是通過劃分歷史時期來研究歷史的一種方法，旨在揭示不同歷史時期的本質差別，從中總結不同歷史階段的特點，並發現歷史發展規律。歷史分期對歷史的學習與研究有着重要影響。

　　紀年是標定歷史事物時序的方法。中國歷史上曾經分別採用過天干地支、君王在位、皇帝年號、中華民國和公元等不同的紀年方法。這些紀年方法雖然產生有先後，但在使用的過程中，卻常常表現為同時存在，官民各用，演化的總體趨勢是由體現專制色彩的帝王紀年法向彰顯民主與現代精神的中華民國紀年法和公元紀年法演變，呈現出遵循傳統又中西合璧的特點。

　　在中國的專制時代，帝王獨尊意識和社會的等級觀念衍生出年號、廟號、謚號、尊號等稱謂和避諱文化現象。它們是歷史發展的產物，也是解讀歷史必須掌握的知識。

　　五千年的中華文明史上，出現了諸多王朝和政權，雖然它們有的熠熠生輝，有的短促黯淡，但大多數政權都為自己起了寓意美好的國號。這些國號既彰顯其政權順天應人的合法性，又體現君王的意志。了解主要王朝的「國號」由來和寓意，對於解讀歷史、豐富歷史知識有着重要作用。

❓ 甚麼是中國古代史分期的「三論五說」?

20 世紀 20 年代末以來,史學界對於中國古代社會性質和歷史分期問題的多次大討論,形成了關於中國奴隸社會的「有」、「無」兩派主張。認為「中國經歷過奴隸社會」的學者被稱為「有奴學派」[1],代表人物有郭沫若、范文瀾、呂振羽、翦伯贊、侯外廬、周谷城、白壽彝、尚鉞等。而關於奴隸社會與封建社會的分期問題在他們陣營之中也有分歧,比較有代表性的觀點有五種,史學界稱之為「三論五說」。改革開放以來,黃現璠、張廣志等學者提出了「中國沒有經歷過奴隸社會」的觀點。他們被稱為「無奴學派」[2]。

「三論五說」,是指關於中國古代奴隸社會和封建社會分期的幾種主要觀點。

1. 三論:關於中國古代史分期有三大主要論斷,即西周封建論、戰國封建論和魏晉封建論。

(1) 西周封建論:代表人物為呂振羽[3]、翦伯贊、范文瀾等。主要觀點:中國封建社會從西周開始。依據:西周時期勞動者需為統治者服徭役,且與統治者有人身隸屬關係。

1　郭沫若《奴隸制時代》,人民出版社,1973 年。

2　黃現璠:我國民族歷史沒有奴隸社會的探討 [J],《廣西師範學院學報》(哲學社會科學版),1979 年第二、三期連載;《中國社會科學》1981 年第三期 (總第九期),中國社會科學出版社,1981 年。

3　呂振羽是此說的首倡者。他 1935 年在《中山文化教育館季刊》第 2 卷第 1 期發表《西周時代的中國社會》一文,認為作為周代主要生產者的「民」和「庶人」是農民 (或農奴),井田制是貴族領主土地所有制,農民耕種「私田」(份地) 外,必須無償地為領主「助耕公田」。

（2）戰國封建論：代表人物為郭沫若[1]、吳大琨、白壽彝、林甘泉等。主要觀點：戰國時期各國的變法運動使封建統治得以確立。依據：鐵制農具的使用使生產力得到提高，私田得到開墾，地主土地所有制取代了奴隸主土地所有制。

（3）魏晉封建論：代表人物為何茲全[2]、尚鉞、王仲犖、林志純等。主要觀點：中國封建生產關係在魏晉時得到確立。依據：漢末魏晉以後形成人身依附關係，自然經濟佔統治地位。

2. 五說：在戰國封建論和魏晉封建論的基礎上，衍生出的關於中國奴隸社會和封建社會分期的五種學說，分別稱之為春秋封建說、秦統一封建說、西漢封建說、東漢封建說以及東晉封建說。

（1）春秋封建說：李亞農[3]、唐蘭、祝瑞開等認為從周宣王開始，即春秋戰國之交，中國封建制確立。

（2）秦統一封建說：黃子通、夏甄陶、金景芳等認為秦朝建立後推行的「使黔首自實田」[4]，意味着在國家層面確立了土地私有制的合法性。至此，戰國以來封建社會的社會轉型得以完成。

1　郭沫若是此說的主要代表。1954 年所著《奴隸制時代》（人民出版社）提出：「奴隸制與封建制的更替之發生在春秋、戰國之交，鐵的使用更是一個鐵的證據。」

2　何茲全指出：「漢末魏晉，自由平民逃亡、投靠，奴隸解放，依附關係發展起來。自由平民和奴隸的依附化，依附民、農奴成為魏晉南北朝的主要勞動人民。一個士庶天隔、身分等級複雜的中國典型的封建社會出現。」

3　李亞農在《中國的奴隸制與封建制》中提出：「中國的奴隸制社會，在周滅殷以後還存續了將近三百年，周宣王以後，中國的歷史翻開了新的一頁，走進了典型的封建制社會。」

4　西漢·司馬遷著《史記》（上），第 51–53 頁。

（3）西漢封建説：侯外廬[1]、趙錫元等從秦漢以來的經濟、政治制度和意識形態着手研究，認為秦朝為封建社會奠定了基礎，而到西漢封建社會得到確立。

（4）東漢封建説：周谷城、鄭昌淦等認為中國封建地租剝削關係取得支配地位是在東漢時期，這才意味着封建制度得到確立。

（5）東晉封建説：代表人物為梁作干。

「三論五説」深受蘇聯史學範式的影響，它以「五種社會形態學説」[2]為研究基礎。改革開放以來，學術界思想活躍，提出了遊群——部落——封建——郡縣——共和五個時代説、「氏族封建——宗法封建——地主封建」、「邦國——王國——帝國」等新説。新的中國歷史分期主張的提出，使史學研究的視角與方法更加豐富。

❓中國歷史紀年方法主要有哪幾種？

紀年法，就是人們對時間的命名和紀年的方法。中國主要的時間紀年方法有：帝王紀年法、干支紀年法、生肖紀年法、中華民國紀年法、公元紀年法等。《春秋經傳集解·序》中有「故史之所記，必表年以首事」[3]，説明紀時是歷史記述的重要因素。

1. 帝王紀年法：有按照王公在位的年次為序紀年和以帝王在位時的年號紀年兩種形式。

1　侯外廬指出：「秦漢的制度和後代的制度，不論從經濟、政治、法律以至意識形態哪一方面來看，都是近似的，這即是說，秦漢制度為中世紀社會奠定了基礎。」

2　斯大林《斯大林文選》(1934–1952)，人民出版社，1962 年，第 199 頁。

3　晉·杜預注，唐·陸德明音義《春秋經傳集解》，乾隆 48 年 (1783) 據宋版覆刻，第 3 頁。

王公在位年次紀年法。西漢武帝以前，帝王沒有年號，只有在位年數，因此都用帝王在位的年次為序紀年。如「周穆王十二年」「魯隱公元年」等。新王朝建立或新帝王即位則重新紀年。中國古代先秦文獻之中普遍用這種紀年法。

年號紀年法。年號是在位帝王為紀年而命名的一種稱號，是帝王政權的象徵和君主專制的體現。在公元前 122 年，西漢武帝首創年號，並以年號紀年。從此歷代帝王都用年號紀年，新王朝建立或新帝王即位，大都要更換年號，並重新紀年。如《岳陽樓記》「慶曆四年春」、《琵琶行》「元和十年」等。

此外，史書中還有用帝王的謚號、廟號來紀年的用法。如「漢武帝統治時期」、「明太祖時期」等。這裏的「武帝」是謚號，「太祖」是廟號。

2. 干支紀年法：干支紀年法是中國最基本的紀年方式，始見於西漢的《淮南子·天文訓》，從東漢光武帝建武三十年（公元 54 年）起正式用於紀年。至今「干支曆」仍然在使用，這也成為有中國特色的曆法系統。「干支曆」主要用於紀年序、紀月序、紀日序、紀時序。

干支紀年，以立春為歲首，分別依次序將一個天干（甲乙丙丁戊己庚辛壬癸）和一個地支（子丑寅卯辰巳午未申酉戌亥）相配，組合一個「干支」來紀年。如《竹書紀年》「武王滅殷，歲在庚寅。二十四年，歲在甲寅」[1]，《後漢書》「歲在甲子」，「甲午戰爭」（指 1894 年），「戊戌變法」（指 1898 年）等，都是屬於干支紀年法。（見下面《干支表》）

1　彭林《武王克商之年研究的糾葛》，《清華大學學報》（哲學社會科學版），2001第 4 期，第 35–44 頁。

干支表

天干\地支	甲	乙	丙	丁	戊	己	庚	辛	壬	癸
子	甲子		丙子		戊子		庚子		壬子	
丑		乙丑		丁丑		己丑		辛丑		癸丑
寅	甲寅		丙寅		戊寅		庚寅		壬寅	
卯		乙卯		丁卯		己卯		辛卯		癸卯
辰	甲辰		丙辰		戊辰		庚辰		壬辰	
巳		乙巳		丁巳		己巳		辛巳		癸巳
午	甲午		丙午		戊午		庚午		壬午	
未		乙未		丁未		己未		辛未		癸未
申	甲申		丙申		戊申		庚申		壬申	
酉		乙酉		丁酉		己酉		辛酉		癸酉
戌	甲戌		丙戌		戊戌		庚戌		壬戌	
亥		乙亥		丁亥		己亥		辛亥		癸亥

　　用干支計時的優點是符號簡潔，可以周而復始。但由於它的可循環性，也容易給後人解讀歷史造成時間上的困擾甚至誤讀。為解決這一問題，後來又產生了用年號與干支合用的紀年方法。它使年代更加清晰明確，避免了混亂。這種方法有兩種基本形式：一種是用朝代＋年號＋干支的形式，如「明弘治戊申」等；一種是用朝代＋廟號＋年號＋年次的形式，如「明孝宗弘治十五年」等。

　　3. 生肖紀年法：生肖紀年法是中國民間的一種紀年方法，它將生肖與干支對應相配，用肖獸名稱作為年名。這種紀年法始於東漢時期。根據對應關係，知道了某人生平某一時間節點的干支，就能推出他的屬相生肖。同理，根據某人的生肖也能夠推算出其年齡。如相傳唐玄宗屬雞，出生之年應該是乙酉年（見下面《生肖紀年表》）。

生肖紀年表

	1	2	3	4	5	6	7	8	9	10	11	12
地支	子	丑	寅	卯	辰	巳	午	未	申	酉	戌	亥
生肖	鼠	牛	虎	兔	龍	蛇	馬	羊	猴	雞	狗	豬

4. 中華民國紀年法：辛亥革命，以共和制度取代了中國兩千多年的君主制度。成立中華民國，為表明與以往政權之決裂，南京臨時政府宣佈此後以中華民國紀年，定 1912 年為中華民國元年，改用公曆。這種紀年法的年代換算方法是將公曆時間減去 1912 加上 1。同樣，知道民國紀年時間也就可得出要換算的公曆時間，方法是將民國紀年加上 1912 減去 1。

5. 公元紀年法：也稱為公曆紀年、基督紀年，是當今世界使用最為普遍的紀年法。它依據地球繞太陽公轉的運動周期來制定，因此又叫做「太陽曆」。它將傳說的耶穌基督誕生年作為公元元年（對應中國的時間是西漢平帝元始元年）。後來，羅馬教皇制定曆法時沿用這種紀年法，規定以耶穌基督誕生年為界，此前的時間稱公元前，此後的時間稱公元。中國從 1912 年採用公曆，以中華民國紀年，1949 年起用公元紀年。

計算跨公元前後的時間時必須在得出的時間總數上減去一年，因為公元紀年不設公元 0 年。其簡單公式是「公元前＋公元－1」。

與公元紀年相關的還有「年代」、「世紀」和世紀分期等時間概念。

「年代」，從理論上講，每 10 年為一個年代，但習慣上人們不將一個世紀的前二十年稱年代，而是將二十年之後的時間稱作年代，如 20 年～29 年稱為 20 年代，其他以此類推。

「世紀」，100 年為一個世紀。按照習慣人們常把整數 100 那

一年，作為下個世紀之首，如公元 2000 年是 21 世紀的最初一年。這樣公元 1 世紀只有 99 年，因為歷史上沒有「0」年，除此之外每一個世紀都是 100 年。公元前的世紀推算與此同理。

世紀分期，通常將一個世紀分為初期、中期、後期三個階段，或前半期、後半期兩個階段。一般初期是指一個世紀前 30 年，中期是指中間 40 年，後期是指後 30 年。前半期和後半期分別是指一個世紀的前 50 年和後 50 年。關於世紀還有早期（前 20 年）、晚期（後 20 年）、末期（後 10 年）等說法。

❓ 年號、廟號、謚號、尊號各指的是甚麼？

1. 年號

年號，是中國封建王朝用來紀年的一種名號，為君主所獨享。此制度對周邊國家產生過直接影響，越南、朝鮮都曾使用過年號，日本受此影響最深，它也是當今世界上唯一仍使用年號紀年的國家。

西漢之前，帝王無年號。公元前 122 年，漢武帝劉徹以「元狩」為年號，並將他繼位以來「元狩」年號之前的時間，分別以「建元」、「元光」、「元朔」來追稱，這是年號制度的開始。

從此以後，新王朝建立都要頒行新年號。遇新君即位、軍國要事，或「天降祥瑞」等情況，君主大多都要改年號，稱為「改元」。中國歷史上最後的年號是清代的「宣統」。中華民國廢除年號制，以中華民國紀年。

2. 廟號

廟號，屬於宗法祭祀體系的專用稱號，為帝王所獨有。古代帝王死後被奉入宗廟立位祭祀，要給予與其作為和德性相稱的

尊號，被稱作「廟號」。廟號起源於商朝，如太甲的廟號為「太宗」、太戊的廟號為「中宗」、武丁的廟號為「高宗」。廟號最初都有嚴格的標準，即按照「祖有功而宗有德」[1] 的祖訓，只有文治武功或德行卓著者才能入廟奉祀，因此隋朝之前並非每個已故皇帝都有廟號。從唐朝開始，已故皇帝都有廟號，個別亡國之君以及短命皇帝除外。

廟號用詞有嚴格規定，王朝開國之君的廟號稱「祖」，繼任者的廟號稱「宗」，如唐朝的開國之君是李淵，其廟號為「高祖」，後繼者是李世民，其廟號為「太宗」，其後繼者故去廟號皆稱「宗」。也有幾個特殊的例子，如十六國時期的後趙、前燕、後秦、西秦的帝王廟號都稱祖，明清最初的幾任皇帝的廟號也都稱「祖」。

在稱呼已故帝王時，廟號通常放在謚號之前。習慣上，唐朝以前對先皇帝只簡稱謚號，不稱廟號，如「漢武帝」、「隋煬帝」。唐朝以後，由於謚號的文字太長，稱呼不便，而廟號較短，便用廟號來稱已故君主，如「唐太宗」、「宋太祖」等。

3. 謚號

謚號，是中國古代根據去世的人的生平事跡與品德修養，而給予一個帶有評判性質的稱號，相當於蓋棺定論。謚號的對象包括君王、諸侯、大臣、后妃，以及學者、士大夫等有名望的人。謚號的授予要符合死者的為人和修為，要在死後由別人評定並授予。謚號來自於謚法。謚法規定了若干個有固定涵義的字，可分為「美謚」（褒）、「平謚」（憐）、「惡謚」（貶）三類。例如文、武、景、烈、昭、穆等都是屬於表揚的字；煬、厲、靈等都屬於批評

1　王國軒、王秀梅譯注《孔子家語》，中華書局，2011 年，第 388 頁。

的字；哀、懷、愍、悼等屬於同情的字。

謚號制度是周朝確立的，是對已故的君主或大臣的一生作為給予總結性的評價。但秦始皇廢除了謚號，認為它以「子議父、臣議君」。西漢恢復謚號制度。謚號大多為兩個字，但從唐朝開始謚號字數不斷增加，有的皇帝的謚號有 10 多個字。明清時期，皇帝的謚號字數則更多，如明朝規定已故皇帝謚號 17 字，而到了清朝，已故皇帝謚號為 21–25 字。

漢代以後，王侯、大臣死後也有謚號，稱為「官謚」。如漢代霍光謚號「宣成」、三國時諸葛亮謚號「忠武」、宋代歐陽修謚號「文忠」、明代徐光啟謚號「文定」、清代曾國藩謚號「文正」等。後世還有對前人或先賢進行追謚的情況，如孔子被魯哀公追謚為「尼父」，至清代被追謚為「大成至聖文宣王」，關羽被後主劉禪追謚為「壯穆侯」，至清朝道光時追謚「仁勇威顯護國保民精誠綏靖翊贊宣德忠義神武關聖大帝」，多達 24 字。

在古代，有名望的學者去世後，其親友和門人所給予的謚號，一般叫做「私謚」。如陶淵明的謚號為「靖節征士」，故陶淵明也稱為陶靖節。

古代對先帝先王稱呼其「謚號」是為了表達一種尊重，對大臣、學者名流稱呼其「謚號」，同樣也是表達尊重。甚至有些人的謚號變成他的別名，如曾文正（曾國藩）、岳武穆（岳飛）等。

受中華文化影響的一些鄰近國家，如朝鮮、越南、日本等，也有使用謚號的情況。

4. 尊號

尊號，是為了尊崇帝王和王后所用的稱號，始於秦代。

唐玄宗時，為皇帝上尊號已成為制度。古代為皇帝上尊號有生前加尊和死後追尊兩種類型。生前加尊號又分為在位和遜位兩

種情況：在位之時被加尊的，如尊武后為「聖母神皇」，尊高宗為「天皇」，尊中宗為「應天神龍皇帝」；遜位以後被加尊的比較少見，如唐肅宗繼位後，尊仍在世的玄宗皇帝為「太上至道聖皇天帝」。至於死後追尊的情況並不少見，如玄宗死後，肅宗為之上尊號為「至道大聖大明孝皇帝」。

唐宋以後，隨着君主專制制度走向頂峰，元、明、清三代的君主尊號越來越長。

❓ 歷史上的避諱制度是怎麼回事？

避諱，是指在中國古代迴避帝王、尊長等的名字甚至名字讀音的現象。周朝開始出現避諱的情況，秦朝以後逐漸盛行並形成為制度，從六朝開始逐漸嚴格，兩宋時期避諱風氣最盛，至民國避諱制度基本廢止。避諱制度是封建等級與宗法制度的產物，如果觸犯要受到懲處。如《唐律疏議》載：「諸上書奏事，誤犯宗廟諱者，杖八十。口誤及文書犯者，笞五十。即為名字誤犯者，徒三年。」[1]

1. 避諱的範圍

避諱的範圍包括君王之諱、家族尊長之諱、生活之諱三個方面。

避君王諱。一般一個王朝的在位之君和已故之君的名字必須避諱。避在位之君諱，叫做避「君諱」；避已故之君諱，叫做避「廟諱」。由於人們在為孩子起名時都寓有特定的期盼或祝福，因而人們取名用字有許多相似或重複。如果君王的名字較為常見，

1　唐・長孫無忌、李勣，劉俊文點校《唐律疏議》，中華書局，1983 年，第 200-201 頁。

那麼避諱牽涉的用字範圍將非常廣泛。後來，為減少避諱造成的困擾，在位之君為孩子起名時常常避用常見字或使用頻率較高的字。如唐懿宗名李漼、宋徽宗名趙佶等。

避家諱。中國人有「尊祖敬宗」的傳統美德。古人對自己的祖先都要奉為至尊，對族內尊長也要極為尊重，因此祖先、尊長的名字要避諱，叫做避家諱。

避尊諱。古人對偉人、尊者、長輩、名人的名字也要避諱，叫做避尊諱。常用字、號、謚號、職位來代稱。後人在起名字的時候也儘量避免使用與偉人、尊者、名人相同的名字。如關雲長被譽為「武財神」，後人就絕少以「雲長」為名的。

避忌諱。中國人還有對生活中恐懼、厭惡、不雅的事物在提及時用變化字眼的方式來進行避諱的習慣。如涉及死亡話題時，人們往往不直接說「死」，而是以「逝世」、「駕鶴西遊」、「百年之後」等來代指。人們還對不符合社會主流價值觀的事物常常忌諱，盡力避用。如秦檜以奸臣之名被釘在歷史的恥辱柱上，後人就不輕易用「檜」來取名。清代秦大士云：「人自宋後羞名檜，我到墳前愧姓秦。」[1]

2. 避諱的方法

因避諱對象的身份、地位、關係不同，避諱的方法必然有所不同，比較常見的有：改字法、空字法、缺筆法、代稱法、同義字或同義字替代法等。

改字法。用讀音相同或意義相同、相近的字來代替諱字的方法，叫改字法。此法唐代以前流行。被避的字叫做諱字，替代的字被稱為避諱字。因為避諱，導致一些人的姓名、某些地名、政

---

1 懷鑾《「愧姓秦」說起》，《徽州社會科學》，2016 年第 9 期，第 69 頁。

府機構、官職、公共設施、醫療用語、書籍文獻等都要改字。宋代避諱制度嚴格，範圍極其廣泛，包括代君諱、始祖諱、家諱、名人尊諱等。

改姓名。如南朝時期劉宋的范曄為避父親「泰」名諱，在著《後漢書》時將郭泰、鄭泰的「泰」，改用同義字「太」來代替；北宋時期著名政治家、書法家文彥博，本不姓文，而是姓「敬」，其曾祖為避後晉高祖石敬瑭諱，改姓為「文」。

改地名。如《漢書》為避漢高祖劉邦諱，以「國」代「邦」；西漢時因避景帝劉啟名諱，河南「啟封」改為「開封」；東晉簡文帝名昱，故改「育陽縣」為「雲陽縣」；甘肅敦煌酒泉原名「淵泉」，唐房玄齡等人合著的《晉書》避李淵名諱，改為「深泉」等。

改變官職和前代年號。如《晉書‧職官志》載：「太宰、太傅、太保，周之三公官。晉初以景帝諱故，又採《周官》官名，置太宰，以代太師之任。」[1] 隋朝為避隋文帝父名「忠」諱，改中書省為「內史省」，殿中改為「殿內」。唐朝為避太宗李世民名諱，改民部為戶部。宋朝書寫「貞觀」年號為「真觀」、「正觀」，是為避仁宗趙禎名諱。

改醫療用語。唐代避高祖李淵諱，改人體穴位名「太淵」為「太泉」。

改文獻與日常用語。宋人蘇軾、蘇洵為避祖父名「序」諱，將文章的「序」改稱作「敍」、「引」、「題首」。

改公共設施名稱。康熙時期為避「玄燁」之諱，將「玄武門」改成了「神武門」。

上行下效，政府官員為突出自己的權勢和尊貴，有時也會要求百姓避其名諱。「只許州官放火，不許百姓點燈」其實就是有關

1　陳垣《史諱舉例》，中華書局，2016 年，第 24 頁。

避諱的一則典故。

空字（省字）法。有時需要避諱的字一時難以找到替代的字，就出現省其字不寫的情況，或者用「口」、「某」、「諱」來代替，即所謂空字法。如東漢許慎著《說文解字》時，避漢光武帝劉秀、明帝劉莊、章帝劉炟的名諱，把「秀」、「莊」、「炟」等字都用空格來代替，並注明「上諱」。

缺筆法。因所需避諱的字難以找到替代的字，或者為避免誤讀，唐代高宗時期出現了對要避諱的字進行缺漏筆畫書寫的避諱方式，叫做缺筆法。方法一般是缺漏一個字的最後一二筆。

代稱法。古代人們對先代帝王或尊者大多不稱其名，而是用廟號、謚號或者年號、尊號來代指。如用「杜工部」代稱杜甫，用「王陽明」來稱王守仁，用「曾文正公」來尊稱曾國藩等。

3. 避諱學的應用

避諱制度具有鮮明的歷史階段標誌，具有一定的實用價值，它可以用來幫助人們判斷史料所屬的歷史時期，辨別古籍的真偽。避君王諱是當朝的事情，下一朝代不避上一朝代之諱。

一般而言，某朝代因避諱而改的字，下一朝代大多會改回原字。但由於避諱而發生的諸如改字、空字、缺筆等現象，造成同一人物或事物在不同時期書籍上文字表述的混亂，給後人閱讀和研究古代文獻帶來諸多不便。

避諱學是後人研究中國歷史不可或缺的知識。由於數千年避諱制度的存在，造成的避諱現象不可勝數，所以自宋代以來出現了很多研究避諱學的學者和著作，並產生了一些經典作品。

其中清代錢大昕所著的《十駕齋養新錄》和《廿二史考異》中涉及不少避諱的條目，近代陳垣所著的《史諱舉例》被譽為是關於避諱學的集大成之作。

❓ 歷史研究的「四把鑰匙」是指甚麼？

歷史研究的「四把鑰匙」指的是職官制度、歷史地理、年代學和目錄學。該學說是著名的史學家鄧廣銘先生在 20 世紀 50 年代提出的。「職官制度、歷史地理和年代學」是用來分析歷史的時間、地點、人物的工具。「目錄學」是指搜集史料的門徑的學問。這四把鑰匙，是學習與研究中國古代歷史入門的基本技能與方法，至今仍有較強的現實意義。

職官，即官制，主要指封建社會的政治制度。包括禮儀典章制度和官制職位等。中國古代的官制名稱繁雜，內涵豐富，既有沿襲又有變革，內容涉及中央和地方官制，文官和武官系統，內朝與外朝，實職與虛銜，官員的選拔、考核、待遇、升降等。

歷史地理主要指古代的地名、河道、海運、漕運、中西交通、行政疆域的劃分等。歷史地理知識的準確與否，直接影響着對歷史知識或現象的空間定位，也直接決定着對歷史知識、現象的準確理解。如秦漢時期史籍中有「關中」一詞，指陝西省秦嶺北麓渭河沖積平原，有渭河平原、關中平原等稱呼。「關中」一詞，最早見於司馬遷的《史記》。一般認為西有散關（大散關），東有函谷關，南有武關，北有蕭關，四關之中即為關中。《鴻門宴》：「沛公欲王關中，使子嬰為相。」[1]《過秦論》：「始皇之心，自以為關中之固。」[2] 這裏的關中已經演變為函谷關以西地區之義了。

年代學，包括中國古代的天文曆法、曆法計算、紀年方法，還有古代各個皇朝的帝王年號等。它也使歷史知識或現象有準確

1　西漢·司馬遷著《史記》（上），第 73 頁。

2　清·吳楚材、吳調侯編選，關勛吾、許凌雲、張孝美、曹日升等譯注，陳蒲清校訂《古文觀止》，嶽麓書社，2001 年，第 273 頁。

的時間定位，更加有史序。

目錄學，主要是指掌握一定的目錄系統知識，進而可以熟悉研究歷史的基本史料、相關研究成果，以及如何查找的方法。目錄學向來被譽為學習歷史的「治學之門徑」。清代史學家王鳴盛在《十七史商榷》中說：「凡讀書最切要者，目錄之學。目錄明，方可讀書；不明，終是亂讀。」[1]

❓ 中國古代主要朝代「國號」是怎麼來的？

「國號」是指國家的名稱，在古代指的是王朝或政權的名稱。中國古代政權名稱的由來主要有以下幾種：

1. 源於封賜。這是古代政權名稱來源的主體，主要有夏、漢，三國時期的魏、吳，晉，南朝政權國號宋、齊、梁、陳，隋、唐、宋等。

國號「夏」，源於封號。大禹曾受封為夏伯，於是他建立的政權便被稱作「夏」。范文瀾則認為，禹的兒子啟遷都到大夏（山西南部汾澮一帶），「夏」由此得名。

國號「商」，源於封地。傳說商人的始祖契，因助禹治水有功被封於商（今河南商丘南）。湯建立政權後定國名為「商」。盤庚遷殷（今河南安陽西北）後，又以「殷」或「殷商」並稱。

國號「秦」，源於封地。據《史記》記載，秦人始祖伯益因輔助大禹治水有功，被舜帝賜「嬴」姓。周代時，伯益的後人非子因擅長養馬而為周王所用，並因功得到周王賞賜，獲賜領地「秦穀」，即今甘肅省天水市西南一帶。秦國之名由此演變而來。

國號「漢」，源於封號。秦滅亡後，項羽成為西楚霸王，封劉邦為「漢王」，轄今天巴蜀、漢中地區。「楚漢之爭」中劉邦打敗

1　清・王鳴盛撰《十七史商榷》（上），上海古籍出版社，2016 年，第 68 頁。

項羽，重新統一中國，仍稱其政權為「漢」。

三國時期，國號「魏」，源於受封爵位。漢獻帝曾賜封曹操「魏公」、「魏王」爵位，曹丕代漢後便稱「魏」，史稱「曹魏」。國號「吳」，源於古代諸侯國名。孫權政權控制地區曾是春秋戰國時期吳國的地域，故稱「吳」。又因長江下游呈現西南至東北走向，其地理位置在長江以東，故稱「東吳」。

國號「晉」，源於封號。曹魏皇帝封司馬昭為「晉公」、「晉王」。其子司馬炎繼承他的爵位，代魏自立後，定國號「晉」。也有人認為，「晉」國號始於西周的諸侯國「晉」。

南朝政權國號「宋」、「齊」、「梁」、「陳」都源於封號。宋的建立者劉裕在東晉時被封為「宋王」，齊的建立者蕭道成被宋封為「齊公」，梁的建立者蕭衍被齊封為「梁王」，陳的建立者陳霸先被梁封為「陳王」。

國號「隋」，源於封爵。隋開國之君文帝楊堅的父親叫楊忠，曾追隨北周太祖宇文泰起兵且有功，被封「隨國公」、「隨王」。楊堅繼承父親爵位稱「隨王」，後代周自立，定國號為「隨」。但楊堅認為「隨」有走之意，擔心影響其政權穩定，遂改「隨」為「隋」。

國號「唐」，源於封號。唐高祖李淵的祖父李虎，是北周的開國功臣，曾被追封「唐國公」。李淵世襲爵位以後，起兵推翻前朝政權，自立稱帝，國號為「唐」。

國號「宋」，源於受封官爵。後周時期趙匡胤被封「宋州歸德軍節度使」。公元 960 年，趙匡胤發動陳橋兵變，黃袍加身，定國號為「宋」。

2. 源於生活地域的名稱。主要有周，三國時期的蜀，遼、西夏。

　　國號「周」，緣於地名。相傳在古公亶父時周部落遷居於周原（今陝西岐山）。武王滅殷以後，定國名「周」。歷史上周朝又分為「西周」和「東周」。其名稱都來源於都城的地理方位。

　　周前期建都於鎬（今陝西西安西南），從地理方位上看鎬在西方，史稱「西周」。平王東遷後，定都洛邑（今河南洛陽），洛陽位於鎬的東方，故稱「東周」。

　　三國時期劉備稱帝是以「漢」自稱，為甚麼後人一般稱為「蜀」？這是由其政權控制地區而得名。劉備政權控制地區是以四川為中心，包括湖北和陝西漢中一帶。該地在歷史上曾建立過古「蜀國」，所以世人一般稱劉備政權為「蜀」或者「蜀漢」。

　　國號「遼」，原名「契丹」，因居於遼河上游而得名。其國號「大契丹」與「大遼」交替使用。

　　國號「大夏」，源於其居住地名。党項族拓跋部居於「夏州」（今陝西靖邊縣）。公元1038年，党項族拓跋氏李元昊建立政權，因定國號「大夏」。因其領地位於宋朝的西方，故宋人稱之為「西夏」。

　　3. 源於傳說、典籍或宗教信仰。主要有元、明等。

　　國號「大元」，取自《易經》中「大哉乾元」，由忽必烈確定。元朝是「大元」的簡稱。「大」和「元」都是「大」和「首」的意思。

　　國號「大明」，與宗教有關。一說是源出「明教」的「光明」之義。元末白蓮教為宣傳鼓動起義，宣稱「明王出世」，光明將戰勝黑暗。另一說法是源出佛教。佛教中阿彌陀佛又稱為「諸佛光明之王」，簡稱「明王」。朱元璋自居為佛教的明王，所以確定國號為「大明」。

　　4. 源於五行。主要有金、清。

　　國號「金」，源於五行德運。宋朝時女真人受遼的壓迫。「遼」

字在契丹語中是「鐵」的意思。為表示反抗，女真人將自己的政權命名為「金」，表示比鐵更堅強有力，可以壓倒「遼」。

國號「大清」，簡稱為「清」，原名「金」，公元 1636 年，皇太極改之為「大清」。其改名的原因是其認為依據陰陽五行相剋的說法，「明」含有火的意義，「清」含有水的意義，水能剋火。

❓ 中國古代王朝更替的「五德終始」是怎麼回事？

「五德終始」學說，是中國古代文化的重要內容。五德，指木、火、土、金、水五行之德。一般認為「木」代表「仁」，「金」代表「義」，「火」代表「禮」，「水」代表「智」，「土」代表「信」。由於五行之間具有相剋相生的關係，因而「五德」便能周而復始地循環運轉，叫做「五德終始」。君王們將五行德性與王朝相結合用來解釋皇朝興衰、更迭的規律，進而論證其政權取得天下的合法性和必然性。

戰國時期的鄒衍將五行轉化的規律推演到王朝更迭中，構建了天命輪迴的政權更替學說。據《呂氏春秋・應同篇》載：「凡帝王者之將興也，天必先見祥乎下民。黃帝之時，天先見大螾大螻（螾為蚯蚓，螻為螻蛄），黃帝曰：『土氣勝』。土氣勝，故其色尚黃，其事則土。及禹之時，天先見草木秋冬不殺。禹曰：『木氣勝』。木氣勝，故其色尚青，其事則木。及湯之時，天先見金刃生於水。湯曰：『金氣勝』。金氣勝，故其色尚白，其事則金。及文王之時，天先見火赤鳥銜丹書集於周社。文王曰：『火氣勝』。火氣勝，故其色尚赤，其事則火。代火者必將水，天且先見水氣勝。水氣勝，故其色尚黑，其事則水。水氣至而不知，數備將徙

於土。」[1] 作者用五行代表的五種德性之間相剋相生的規律來解釋黃帝到周文王的德運順序。

五行相生關係是：木生火，火生土，土生金，金生水，水生木。從秦朝直至宋代，五行相生說一直是解釋王朝之間興替合法性的理論。

元朝以後，王朝更迭不再強調五行德運關係，而是看重執政的手段是否得當，即強調是否得天下以「道」；然而，五行德運的傳統觀念仍頑固根植於世俗社會中，對皇家和社會依然產生着重要的影響。

為確保大明政權穩固和持續，朱元璋的子輩名字中用字帶有「木」字旁，如太子朱標、燕王（明太祖）朱棣，孫輩名字中用字帶有「火」字旁，如皇孫（建文帝）朱允炆、明仁宗朱高熾，再往後宣宗朱瞻基是「土」字旁，英宗朱祁鎮是「金」字旁，憲宗朱見深是「水」字旁，形成了一個「五行」周期。而從孝宗朱祐樘開始，又是「木」字旁，開始新的一個周期。

時至今日，「五德終始」學說在民間的影響依然很大。

1　漢·高誘注，清·畢沅校，徐小蠻標點《呂氏春秋》，上海古籍出版社，2014年，第251頁。

第二節　史籍鈎沉

　　我們研究歷史，了解前人的真實生活，以此來找尋人類發展的線索，探尋社會發展的規律，但要了解古人的情況，需要歷史事實作為依據。歷史事實的記錄，就是史料。史料範圍很廣，文物、遺址等一系列實物都是非常重要的史料，它們可以直接再現古人生活場景，但受自然環境和人類活動的影響，這類史料能完整保存遺留下來的比較少。研究歷史，我們更多的是依靠史籍資料。

　　史籍，按照字面的理解，就是記載歷史的典籍，也稱之為史書、歷史文獻，它是歷史研究的重要資料。中國史籍數量眾多，史料豐富。家族有各自的家譜、族譜，地方有各自的方志，歷朝歷代有各自的正史。歷史研究者必須要學會閱讀史籍。

　　「史」的本義可以理解為文字，按照這個廣義理解，史籍又可以理解為一切用文字記載的書籍。

　　閱讀史籍，應學會選擇。中國的史籍太多，而每個人的時間都是有限的，要想全面閱讀中國史籍幾乎是不可能的，一般我們要先確定所要研究的問題，再根據問題有選擇性地細緻閱讀相關的史籍。

　　閱讀史籍，需要有辨別能力。古書往往有多個印刷版本，同一部書也可能有多個注釋版本，我們需要仔細辨別，選擇「善本」進行閱讀。

　　閱讀史籍，並非易事，但不能因此而放棄閱讀。只有掌握科學的讀史方法，才能做到開卷有益、讀史明智，增加自己的國學文化修養。

❓「二十四史」在史學中有甚麼地位？

　　「二十四史」是中國古代各朝撰寫的二十四部正史的總稱，包括《史記》、《漢書》、《後漢書》、《三國志》、《晉書》、《宋書》、《南齊書》、《梁書》、《陳書》、《魏書》、《北齊書》、《周書》、《隋書》、《南史》、《北史》、《舊唐書》、《新唐書》、《舊五代史》、《新五代史》、《宋史》、《遼史》、《金史》、《元史》、《明史》。在清乾隆朝時期，由皇帝欽定命名為「二十四史」，定名後，被合刻在一起出版，流傳至今。

　　《史記》由西漢司馬遷編寫，記事始於傳說中的黃帝時期，終於漢武帝太初年間，記錄了大約三千年的歷史，該書不僅具有很高的史學價值，而且具有很高的文學價值。

　　《漢書》作者是東漢班固，記事起於漢高祖元年，終於王莽地皇四年，歷時 229 年。

　　《後漢書》所載之事自東漢光武帝到獻帝，共 195 年的歷史。其中主體部分的紀、傳九十卷，由南朝宋范曄編撰；志三十卷，由晉代司馬彪編撰。

　　《三國志》含《魏志》、《蜀志》和《吳志》三部分，作者是晉代陳壽。

　　《晉書》為唐代房玄齡等所編撰，記載了從司馬懿到東晉恭帝時的歷史。

　　《宋書》由南朝梁沈約編寫，講述了公元 420–479 年間劉宋的歷史。

　　《南齊書》是南朝梁蕭子顯撰，記載南齊二十四年間的歷史，是「二十四史」中唯一一部由前朝帝王子孫來編修前朝歷史的作品。

　　《梁書》、《陳書》的作者均為唐代的姚思廉，《梁書》時間起

訖為公元 502 年至 557 年，《陳書》時間起訖為公元 557 年至 589年。《梁書》、《陳書》是現存記載梁、陳兩代較為原始的史書。

《魏書》是北齊魏收撰寫，記載公元 4 世紀末至 6 世紀中葉北魏王朝的史事。

《北齊書》是唐代李百藥編，記載公元 534 至 577 年間史事，多用口語，敍述生動。

《周書》是唐代令狐德棻撰寫，雖以「周」為題，但實際上記述了從公元 534 年東、西魏分裂到公元 581 年楊堅代周的共 48 年的歷史。

《隋書》由唐代魏徵和長孫無忌主持編修，史料價值很高。

《南史》、《北史》作者是唐代李延壽，《南史》記載了南朝宋、齊、梁、陳四代歷史，《北史》記載了魏、齊、周、隋四代歷史。

《舊唐書》的編著者是後晉劉昫，是現存最早的系統記錄唐朝歷史的一部史籍。

《新唐書》的編著者是北宋歐陽修、宋祁等，該書在內容上的貢獻是補充了唐代許多新史料。

《舊五代史》是北宋薛居正等編寫，五代各自成書，記述詳細。

《新五代史》是北宋歐陽修撰寫的，是「二十四史」中自唐代以後唯一的私修史書。

《宋史》、《遼史》、《金史》署名作者均為元代脫脫，其中《宋史》是「二十四史」中最龐大的一部官修史書。

《元史》是明代宋濂、王禕等人編撰，記載元代十四朝歷史。

《明史》是清代張廷玉等人撰寫，是「二十四史」中編纂時間最長的一部。

「二十四史」所涉內容包括政治、經濟、軍事、文化、科技等各個領域，可謂琳瑯滿目、蔚為大觀，是傳承中華文明的物質載體。

❓ 中國古代史籍編撰的體例有哪些？

體例就是文章的編寫方式和組織形式。中國古代史籍的編撰體例大致有三類：第一類是紀傳體，第二類是編年體，第三類是紀事本末體。

紀傳體以記載各類人物的活動為中心，「二十四史」的體例都是紀傳體，但進一步分類，還有區別，比如《史記》是通史，《漢書》是斷代史。一般而言，紀傳體史書包含五個部分，分別是：本紀、表、書、世家、列傳。本紀記錄朝代概況或帝王事跡；表記載重要歷史事件發生的時間；書專門記載各種典章制度；世家主要記載諸侯世系，記述各諸侯國的歷史；列傳記述各時期將相大臣和社會各階層代表人物的事跡。本紀是綱，世家和列傳是補充說明，表是連接本紀和傳的橋樑，反映歷史發展的線索。後世編寫紀傳體史書，篇幅和內容上可能會有所調整，但結構上都沒有突破這五個框架。紀傳體實現了記事和記言的結合，描述比較具體生動，但也容易出現歷史事件的重複記述。

編年體是按時間順序排列歷史事件進行記述的一種體式，是編寫歷史最原始也是最簡便的方法。孔子編撰的《春秋》是中國最早的編年體史書，而司馬光主編的《資治通鑒》是一部規模空前的編年體通史，其他的編年體史籍還包括起居注、日曆和實錄等。這種編撰體例敘事連續，有很強的時序性，但過於強調時間線索性，導致對於具體某一件事情的敘述不夠完整和詳細，這與紀傳體正好可以互補。

紀事本末體是一種將原本分年記載但屬於相同體系的事件集合成一個單元,側重記述事件發展過程的體例,它以事件發展為中心線索。這種體例最早見於南宋袁樞的《通鑒紀事本末》,比較著名的有明代陳邦瞻撰寫的《宋史紀事本末》、清代谷應泰撰寫的《明史紀事本末》及高士奇編寫的《左傳紀事本末》等。這類體例既能很好避免紀傳體的重複問題,又能克服編年體史實零散割裂的情況,之後成為很多史書的編寫體例。但由於它是據事編書的,這類史籍在史料的豐富性方面是不及紀傳體和編年體的。

三種體例各有千秋,互有長短,實際編寫史籍過程中,史家會根據編寫目的和內容進行選擇。

❓ 中國古代怎樣為史籍作注釋?

中國歷史悠久,時間跨度很大,後人在閱讀前人作品時,常常因語言文字的發展、制度名物的變化、社會生活習慣的變遷等因素產生理解障礙。同時因書籍的殘缺原因,也容易產生解讀錯誤。這些情況下,需要有人對史籍進行專業性的注解和釋意,幫助大眾閱讀者理解文本原意。注釋古書是古代學者很熱衷的一項工作。

就注釋方法來說,一般分為五種。一是「傳」,這種注釋方式主要用於解說經文字詞,闡釋其大意。二是「箋」,它是對「傳」進行補充訂正,或是提出不同的注解意見。三是「章句」,這種注釋方式不僅作逐詞解釋,還照應句意和全篇概要做更宏觀的解析。四是「集解」,它是在融合各家學說基礎上,加上注釋者的意見進行注解。五是「疏」,這種注釋方式不但對古書原文進行注釋和分析,而且對前人所作的相關注釋也進行考證和解釋。

古代史書的注釋是一個豐富的知識系統,是寶貴的文化遺

產。這些注釋者因與古書作者生活的年代相隔不遠，文化隔閡不大，他們所作出的解釋會比我們現代人更為準確。但現在我們在研究中如果需要引用這些古籍注釋，仍需注意以下問題：第一，古人作注，有些人會借題發揮，把自己的理解和觀點加進去，以便實現自己的某種意圖，這樣一來，注釋可能會違背書籍編寫者的原意，甚至完全歪曲原意；第二，古人遇到疑難詞句，往往主觀臆測，或望文生義，或增添字詞，解釋會較為牽強。因此我們在閱讀注釋時，不能盲目採信一種觀點，需要多方閱讀，尋找正確的解釋。

❓「春秋筆法」與「太史公筆法」有甚麼區別？

「春秋筆法」是指孔子編撰《春秋》時採用的記述方式，「太史公筆法」則指司馬遷編寫《史記》時所採用的記述方式。兩者都遵循一定的史籍創作原則，表現出了很多的不同之處。

「春秋筆法」大致有三個特點。第一個是「常事不書」，一些屬於常規性的活動、平常之事，一般不記入書中，比如《春秋》中很少有關於四時祭祀禮儀的記載，因為這在當時屬於一般性的常規祭祀活動。第二個是曲筆避諱，《春秋》的編撰目的是為了「懲惡而勸善」，但又基於真實性原則的要求，所以在記述有些事實的時候，會採取對該事件中不合編撰目的的內容隱藏不記的做法。《公羊傳》對此的解釋是「於外大惡書，小惡不書；於內大惡諱，小惡書」[1]。第三個是注重褒貶之詞的用法，對事件和人物的看法用「一字之褒貶」來體現。後人也把這類寫作手法稱之為「微言大義」。所以，在閱讀《春秋》時需要配合注釋閱讀，不然很難明白其義理。傳統對《春秋》作注解的傳書中，公認比較好的是

1　黃銘、曾亦譯注《春秋公羊傳》，中華書局，2017 年，第 42 頁。

《左傳》、《公羊傳》、《穀梁傳》，合稱《春秋》三傳。

「太史公筆法」側重強調作史有據，所記載事件必須有豐富史料依據，經過比較鑑別，有確實可信的材料才予以記錄，否則寧可不寫。有些實在無法考證的史實，則採用並存不廢的方式，將多項材料一併保留記錄，留待後人考證。同時要求文獻資料應與實地調查材料相互印證。為撰寫《史記》，司馬遷對漢代以前的古書幾乎無所不採，古代文獻典籍、國家檔案文書、文物遺跡、歷史傳說、當時見聞都是他的史料來源，他的足跡也幾乎遍及全國。另外「太史公筆法」要求書籍編撰必須遵循「實錄」精神，不誇大或美化事物，也不規避隱瞞醜陋現象，要求做到善惡必書，比如寫劉邦，既寫他知人善用、雄才大略的優點，也寫他好酒好色、殺戮功臣的過錯。因此，《史記》保留了非常多的可靠歷史資料，成為了一部千古不朽的名著。

❓ 歷史研究中如何了解遠古時期人類的生活？

遠古時代，文字還沒有發明之前，我們該怎麼研究那段歷史呢？哪些可以作為研究史料呢？

1. 出土文物考證。這些反映先民生活痕跡的文物是最為寶貴的史料，也是最為真實的史料。但由於這類文物的出土量很少，不能作為研究的唯一史料依據。

2. 傳說的分析研究。在文字發明以前，我們的祖先把經歷過的一切重要事實，用口耳相傳的方式進行傳遞。「古」字在《說文》中的解釋是：「故也，從十、口。」[1] 所謂古代的事情就是經過十口相傳的事。歷代口耳相傳的事實經過後人不斷的加工，就成為了傳說。傳說儘管有很多後人附會的東西，但也畢竟保留了當

1　清·王筠撰《說文解字句讀》，中華書局，2016 年，第 78 頁。

時的一些真實情況，可以通過比較分析研究，復原出相對客觀的事件原貌。

3. 甲骨文字形的考察。甲骨文是最早的成熟的象形文字。在文字的創制過程中，人們會很自然地把以前的活動痕跡保存在文字中。有學者認為，甲骨文「昔」字，可能取意於「洪水之日」，並以此推斷我們的祖先曾經遭受過洪水氾濫的大災難。

❓ 中國古代歷史學家需要具備哪些基本素養？

史籍是研究歷史的重要工具，史籍主要是歷史學家編撰的，在編撰過程中不可避免地會帶上個人主觀因素，而且官修的正史經常要受到政府的監管。歷史學以求真為目的，如果研究中沒有了客觀性和科學性，那麼歷史的研究也就失去了意義。所以，從古至今，中國都很重視史學家的基本素養。

唐代劉知幾第一次對史學家的品質和需具備的條件作了明確的闡述，他認為史學家必須要具備「學」、「才」、「識」三種素質，合稱「史才三長」。「學」是指史學家應掌握廣博的歷史知識，特別是要有豐富的文獻資料；「才」是指史學家分析文獻資料的能力和編寫書籍的文字表達能力；「識」是指史學家獨立的見解和忠於史實的個人品格。清代章學誠在《文史通義·史德》中把史學家的人格論述為「史德」，「德者何？謂著述者之心術也……蓋欲為良史者，當慎辯於天人之際，盡其天而不益以人也」[1]。明確提出作為史學家不僅要有秉筆直書的精神，而且還要有敬業精神，要以強烈的責任感和使命感來編寫史籍。學、才、識、德，就是史家所應具備的素養。

1　清·章學誠著，葉瑛校注《文史通義》，中華書局，1994 年，第 219–229 頁。

❓ 如何有效閱讀史籍？

中國歷史悠久，史籍浩如煙海，平時遇到問題需要查閱史籍或者在閒暇之日決定認真研讀史籍時，往往因閱讀量及閱讀能力所限，會碰到史籍選擇困難或史籍閱讀障礙等情況。為有效閱讀史籍，建議參照以下方式進行：

1. 書籍選擇。事先根據所要研究的事件和年代，利用互聯網和書目索引，搜尋相關史籍，選擇適合自己的版本。現代人在研讀古籍時會因為自身古文水平有限產生閱讀困難，這就需要挑選白話文翻譯本或者注釋本，降低閱讀難度。這些書籍要特別注意翻譯者、注釋者的情況，好的翻譯、注釋本能起到事半功倍的效果。

2. 基本閱讀。在閱讀過程中，應注意掌握史籍作者、史料來源、編撰方法、史籍評價等一些基本資訊，在深入研究之前，先了解該史籍的基本框架和結構。

3. 分類、比較。很多史籍可能都會記錄同一件事件和內容，我們在閱讀時，就可以按類別把這些書籍集中起來，這樣既可以節省閱讀時間，也可以在閱讀中隨時比較各書的記載內容，相互參證，從而獲得更客觀全面的認知。

4. 手抄段落。在閱讀中遇到精彩內容或者存疑內容，就手抄摘錄下來，一來便於加深印象，二來也便於日後的援引使用。閱讀筆記做好了，也能幫助日後進行溫習。

第三節　人物事件

　　歷史，一般指人類社會的歷史，它是記載和解釋一系列人類活動進程中的重大事件的一門學科。這些人和事，既是歷史本身的組成部分，也是我們觀察歷史進程的視角。從何種視角觀察中國歷史上的人物和事件是本節要探討的主要內容。

　　本節將人物和事件分開。前一部分以「如何評價歷史人物」為線索展開，後一部分以文明史觀為主要依託，簡要闡明我們對中國歷史上的政治文明、物質文明和精神文明的重要制度和事件的理解，圍繞君主專制中央集權制度、重農抑商政策和中國傳統文化主流思想三大話題展開探討。

❓ 如何看待秦始皇的「焚書坑儒」？

　　「一些儒生和游士引用儒家經典，借用古代聖賢的言論批評時政。在秦始皇三十四年（公元前213年）關於郡縣制的辯論中，丞相李斯斥責儒者依古制實行分封的主張不合時宜。他建議：除秦國官定史書《秦記》以外，其他各國的歷史記載都予以燒毀；除了博士官所負責管理的文獻以外，天下有私人收藏《詩》、《書》、百家語者，都必須上繳政府予以燒毀；膽敢私下討論《詩》、《書》的人，處以死刑；以古非今、私藏禁書的，誅滅其家族。而醫藥、卜筮、種樹等有實用價值的書籍，不在禁、燒之列。李斯的建議得到秦始皇的採納。焚書之後不久，秦始皇疑心一些儒生散佈反對自己的言論，於是下令將這些人逮捕審問，並將違犯禁令的四百六十餘人坑殺於咸陽，以警告天下的文化人。」

以上出自歷史課本中的一節。書本所言過於簡略，我們不禁還是要產生如下疑問：李斯主張「焚書」到底和「郡縣制」、「分封制」有何關聯？秦始皇為何要將散佈反對自己言論的人坑殺？這些被坑殺的人全是儒生嗎？

對於第一個問題，我們認為，齊地博士淳于越提出應當實行分封制是出於政見不同，但是李斯的一番言論導致了問題的進一步升級。李斯認為，實行分封的主張，從根本上說是儒者倡導遵行古制，就是否定當權者的思想；再者，而今天下已經平定，法令出於皇帝，如果讓各種學派公然質疑國家的法令，批判當世之政，惑亂民眾之心，而不加制止，上則損害皇帝的威望，下則擴大私黨的影響，因此應當嚴厲禁絕。秦始皇基於商鞅變法以來秦國「輕儒」的傳統，及全國初定、人心不服等原因，深以為然。所以，原本只是政見不同，現在卻引來一場為加強專制的文化浩劫。

對於第二個問題，我們認為，這與一部分術士誆騙、議論秦始皇有直接關聯。秦始皇為求長生，用巨資資助盧生、侯生等術士求仙藥，結果術士們找不到仙藥，攜款逃跑。而且他們議論秦始皇專斷獨權，並傳到了秦始皇耳中。秦始皇一怒之下要求嚴查，牽連出四百六十多人，全部被活埋。而這四百六十多人是否都是術士，學界有爭議，《史記·儒林列傳》有如下記載：「及至秦之季世，焚詩書，坑術士。」[1] 明代思想家李贄在他的《史綱評要》中說：「（李斯建議焚書的上書）大是英雄之言，然下手太毒矣。當戰國橫議之後，勢必至此。自是儒生千古一劫，埋怨不得李丞相、秦始皇也。」[2]

---

1 西漢·司馬遷著《史記》（下），第824頁。

2 明·李贄評纂《史綱評要》，中華書局，2008年，第59頁。

❓ 對隋煬帝的傳統評價與現代評價為何有所不同？

說到隋煬帝，人們馬上會聯想到「暴君」一詞，因為他興建東都、開通運河、三下江都、三征遼東，導致民不聊生，爆發了大規模的農民起義。但歷代以來，也有人評價隋煬帝時並不局限在「荒淫殘暴」一詞上，反而讚歎隋煬帝給後世留下了寶貴遺產——大運河。今天的隋唐史學家對隋煬帝有「暴君不掩雄主」的評價。為何歷來人們對隋煬帝的評價不一呢？

首先，歷史人物本身具有複雜性。隋煬帝給自己定的年號叫「大業」，足見其雄心壯志。但某些雄壯之主往往好大喜功，又因生命無常，這些「雄主」們往往有「畢其功於一役」的想法。隋煬帝新建東都用時僅十個月，開通兩千多公里的運河耗時僅六年，加上三下江都和三征遼東，總計他徵發的民夫大概佔到總人口的四分之一。短時間內大量徵集民力，必然導致勞民傷財，於是群雄並起、眾叛親離，他終於被自己的「大業」壓垮了。

其次，評價標準不一。當時的人們切身感受到了隋煬帝暴政所帶來的痛苦，自然對之千萬指責。而後世的人們經過歷史的沉澱，對隋煬帝的評價也相對中肯與客觀。

其三，是後來的朝代尋求改朝換代合法性依據的結果。中國古代，一般是後朝給前朝修史，這其中就涉及後朝皇帝評價前朝皇帝的問題，如隋煬帝給陳後主上的謚號為「煬」，而到了唐朝，為了羞辱楊廣，唐朝君臣給他上的謚號也是「煬」，因為只有突出其暴虐的一面，才能凸顯自身的合法性。對歷史人物，我們要進行全面分析和評價，不能簡單地肯定或否定。在評價中要史論結合，做到兩點論（兼及功過）、重點論（立場明確）的統一。

❓ 如何看待君主專制中央集權制？

　　君主專制中央集權制度包含「君主專制」與「中央集權」兩個概念。君主專制主要是指皇帝個人的專斷獨裁，集國家最高權力於一身，從決策到實施，大權在握，獨斷專行。中央集權則是相對於地方分權而言，主要特點是地方政府在政治、經濟、軍事等主要領域都必須服從中央政府的命令和控制，沒有獨立性。秦始皇確立了中國的君主專制中央集權制，這套制度主要包括皇帝制（核心）、三公九卿制和郡縣制三大制度，並配以相應的監察制度和選官制度。

　　在這個制度的運作過程中，長期伴隨着君權與相權、中央權力與地方權力兩對矛盾。漢代的中外朝制度、隋唐的三省六部制、宋朝的二府三司制、明朝的內閣制和清代的軍機處設置，總體上體現了分割相權集中到皇帝手中的特點。而從郡縣兩級制到東漢州郡縣、唐代的道州縣、再到元明清的省制，雖然偶有地方權力擴大的情形，但總體上還是體現了分割地方權力集中到中央的特點。總之，二者均以分權的方式達到集權的目的。這一制度曾在中國古代的早中期起過非常積極的作用。它有利於維護國家統一和穩定，開拓疆域；有利於組織大規模建設，促進經濟發展；有利於推動先進的生產技術和文化的傳播。而在古代晚期，該制度阻礙社會進步的一面逐漸顯現，導致了近代中國的落後。

❓ 「重農抑商」中的「抑商」是抑制商業嗎？

　　「重農抑商」是中國封建社會統治者推行的一項重要的經濟政策，與中國古代社會的農業、手工業和商業的發展息息相關，影響深遠。

　　要了解「抑商」的內涵，必須追溯「重農抑商」政策的源頭。

關於這一政策的最早實踐，大多數學者認為是在戰國時期，特別是商鞅在秦國變法時明確制定了重農與抑商相結合的一套完整的政策，由此形成了歷史上的「重本抑末」政策。商鞅的抑商政策主要有兩種方式：一是國家加強對經濟的控制和壟斷（如實行鹽鐵專賣），干預私營商業的發展；二是徵收重稅提高從商的成本。商鞅「抑商」政策的內涵是「抑商人而存商業，退私商而進官商」，並非要抑制商業發展。商鞅變法時的「抑商人」以經濟手段為主，如徵收商稅，這一方式在歷朝有不同程度的體現。但從漢代以後出現了以政治手段來「抑商人」的方式，這就是賤商令。所謂「賤商令」就是在法律上對商人的政治權利和社會地位進行諸多限制。

「抑商人」的同時卻是「存商業」。以漢代為例，西漢初期統治者頒行了嚴格的賤商法令來限制商人的社會地位，但同時為恢復社會經濟卻推行了利於私人商業發展的政策，如「開關梁，弛山澤之禁」[1]，「縱民得鑄錢、冶鐵、煮鹽」[2]，即放任私人從事冶鐵、煮鹽等工商業經營，甚至允許自由鑄造貨幣。另外，商鞅變法時為了抑制富商大賈而採取的「鹽鐵專賣」，在以後歷朝的專賣政策中內涵也發生了變化，即從最初的排擠私商到允許私商參與其事，政府逐漸退出生產和經營的環節，國家直接控制和干預程度下降。因此，從「退私商進官商」的角度而言，各代實行的專賣政策並未始終貫徹商鞅時「抑商」中的「抑制富商大賈」的這層涵義。綜上，「抑商」並非「限制商業和手工業的發展」，歷朝從未出現過抑制商業正常發展的政策和法令。「抑商」政策的用意最初是重在抑制富商大賈和從商人口過多，後代王朝並非一成不變地繼承「抑商」政策，而是會基於時代變化和政府利益而適時調整。

1　西漢・司馬遷著《史記》(下)，第884頁。

2　漢・桓寬撰，陳桐生譯注《鹽鐵論》，中華書局，2017年，第53頁。

❓ 王安石變法為甚麼會失敗？

　　王安石變法，是北宋神宗時期由王安石發動並得到朝廷支持的一場社會改革運動，又稱熙寧變法、熙豐變法。變法自熙寧二年（公元 1069 年）開始，至元豐八年（公元 1085 年）宋神宗去世結束。變法的主要目的在於改變北宋建國以來積貧積弱的局面，推動社會的繁榮和國家的強盛。王安石變法的功過是非，九百多年來不乏褒貶議論，這是一樁幾經變動而又難以了結的歷史公案。結合變法內容中的一項——「青苗法」，試對變法失敗的原因作如下分析。

　　「青苗法」是指每年春夏兩季青黃不接時，政府貸款或穀物給農民，收穫後還本付息。這就使農民在耕種、收穫季節不至缺乏種子和糧食，又可以免受民間高利貸盤剝。但這個出發點很好的制度在具體執行過程中出現了問題。首先，一次借貸 20% 的利息，且一年借貸兩次即 40% 的年利率顯得過高。其次，不論農民是否需要，而「一刀切」的做法過於簡單，甚至變成了強行攤派。其三，用農業信貸來考核官員的政績，加劇了強行攤派。在「青苗法」執行的過程中，許多貧困農戶既要受原先高利貸的盤剝，又要繳納政府的利息，苦不堪言，這一情形也間接導致土地兼併加劇。現實和理想之間的差距越來越大。

　　此外，變法中有一些不可忽視的問題。

　　其一，變法的超前性。變法是出於政治需要，而不是商品經濟發展的需要。對這次變法的經濟內容，歷史學家黃仁宇評論道：「在我們之前九百年，中國即企圖以金融管制的辦法操縱國事，其範圍與深度不曾在當日世界裏其他地方提出。……現代金融經濟是一種無所不至的全能性組織力量，它之統治所及既要全

部包涵，又要不容與它類似的其他因素分庭抗禮。」[1] 也就是說要實現變法成功，需要一個極其具有活力的市場和金融體系，這是重農抑商的王朝所不允許的。

其二，新法實行過程中背離了「民不加賦而國用饒」[2] 的原則。王安石的為國「理財」，實際上主要是奪商人、地主、富農之利歸國家財政，是為了重新分配財富。這使他幾乎把整個社會特別是社會的主要力量即新興地主階級作為「取財」的對象，因而在新法推行時，它損害了社會各階級、階層，特別是社會精英集團的利益，導致變法失去社會基礎。在農業社會生產力水平相對穩定的前提下，王安石「開源」式的理財措施必然導致「加賦於民」。

另外，王安石急於求成、用人不當，以及反對派過於強大也都是變法失敗的原因。

❓ 明末清初三大思想家主要有哪些思想貢獻？

明末清初三大思想家黃宗羲、顧炎武、王夫之不約而同地批判過君主專制。黃宗羲主張「天下為主，君為客」、「君臣平等」、廢專制的「一家之法」，建「天下之法」。顧炎武提出「眾治」的主張，指出「亡國」與「亡天下」之別。他認為「亡國」是朝代的更替，「亡天下」則是民族的滅亡，特別是優秀傳統文化的滅亡。所以他建議兼用分封制和郡縣制，以達到分權和集權的平衡，從而限制君權。所以，梁啟超把顧炎武的主張概括為「天下興亡，匹

1　黃仁宇著《中國大歷史》，生活・讀書・新知三聯書店，2007 年，第 155 頁。

2　北宋・司馬光《傳家集》卷四二《邇英奏對》，影印文淵閣四庫全書本。

夫有責」[1]。王夫之猛烈地批判「孤秦」、「陋宋」，其「孤」、「陋」的原因就在於歷代帝王把天下當作私產，置一己私利於天下大利之先。由此王夫之也主張限制君權，「循天下之公」[2]。

黃、顧、王三位都主張經世致用，如黃宗羲提倡工商皆本，顧炎武提倡實學，王夫之更是立足對傳統文化和西學鑽研，主張「天地之化日新」[3]，他力圖擺脫用「理（道德）」來解釋歷史，力求從紛繁複雜的歷史運動中去揭示歷史規律，從而達到經世致用的目的。他們的相同之處是，都力圖擺脫被官方利用的理學的影響，從先秦儒學中尋找根據，如黃宗羲想像的「三代學校」有議政、裁判的作用，顧炎武的「寓封建之意於郡縣」[4]也是如此，而王夫之則更加明確地指出「六經責我開生面」[5]，即是儒家傳統（或中華文化）讓「我」有接續聖人之道、為萬世開太平的責任。

1　清‧顧炎武著，黃汝成集釋，欒保群、呂宗力校點《日知錄集釋（全校本）》，上海古籍出版社，2006 年，第 756–757 頁。

2　清‧王夫之著《讀通鑒論》（下）卷末敍論一，中華書局，1975 年，第 1106 頁。

3　吳乃恭《論王夫之「乾坤並建」的宇宙生成發展說》，《孔子研究》2000 年第 4 期，第 90–99 頁。

4　瞿林東《顧炎武的社會理想及政治學說──讀〈亭林文集〉郡縣論及相關諸論書後》，《蘇州大學學報》2013 年第 5 期，第 1–8 頁。

5　張岱年主編，袁爾鉅著《王夫之》，吉林文史出版社，1997 年，第 365 頁。

第四節 機構與職官

中國古代國家的行政機關，一般由中央和地方兩個部分組成。職官，是指在政府機構中擔任一定職務的官吏。中國古代職官制度經過幾千年的發展和演變，逐步形成了一整套脈絡清晰、功能齊備的職官系統，因此成為中國古代政治制度的重要組成部分。由於中國古代不同朝代政府機構建置不同，導致職官設置變革頻繁，內容十分複雜。掌握職官演變方面的知識，對於了解和研究中國古代歷史具有重要的參考作用。在中國古代，政權機構中地位最高的職官當屬君主。丞相作為古代輔佐君王處理事務的官職，最初是由國君的家臣發展起來的，這一情形帶有「家國同治」的特點，它的存在始終伴隨着輔佐君王與制約君權的歷程，體現了君相之間依存和矛盾的關係，直至明太祖時廢除丞相。夏商周三代時期，中央的官職有政務官、宗教官、王室宮官、事物官四大類。周朝中央到地方的官員世襲，確保貴族統治的政治秩序穩定。秦朝在中央設置「三公九卿」，地方置郡縣，中央到地方的百官職位都由皇帝任免，開創了官僚政治取代貴族政治的新時代，奠定了後世政治制度發展的基礎。中國古代地方政府的機構和職官多因為朝代的變革而發生變化。秦朝實行郡縣兩級管理體制。後世出於加強中央集權的需要，地方政府的層級設置越來越多，職務上的分工越來越細，機構日益龐大，實現了國家權力的高度集中。

❓ 中國先秦時期的政治制度有甚麼特點？

一般認為，中國國家制度創始於夏代。作為中國古代史早期的夏商周時期歷時大約一千七百年。先秦時期的政治制度有以下特點：

1. 王權與神權密切結合，君王利用神權來維護王權。在生產力低下的時代，人們對一些自然現象缺乏正確的理解，因而國家政權的穩固與重大活動的開展，都離不開神靈的護佑，故有「國家大事，在祀與戎」[1] 的說法。所以祭祀活動是國家政治生活中不可或缺的內容。傳說堯傳位給舜的時候，曾問計於四岳（掌宗教祭祀），四岳一致推崇舜，說明神權服務於王權。正因為如此，中國早期歷史社會，神權和王權能有效地結合在一起。至周朝，人們構建並發展了天命觀念，故周王有了「天子」的稱謂。同時，中國古代是崇尚賢人、賢德政治秩序的時代，而傳說中的堯舜禹，以及夏商周的開創者都被認為是聖人，他們治理下的社會有良好的秩序。古代祭祀活動的主體是國家（部落集團），主祭者是王（部落集團首領），因而「巫」、「祝」等從事祭祀活動的神職人員，都圍繞在王的周圍。這就形成了中國早期社會在王權的干預下，神權從屬於王權的特點。

2. 以血緣關係為紐帶的宗法制度，形成國家的政治等級秩序結構。周代實行宗法制度與分封制度，兩者互為表裏共同來維護貴族的世襲統治。宗法制度是由父系家長制演變而成，到周代逐漸完備，逐漸形成五代以內的血緣親疏關係和「五服」禮儀。分封制度指的是「眾建諸侯，裂土為民」[2]，分封對象包括王族子弟、功臣和先

1　楊伯峻《春秋左傳注》（卷二），中華書局，2000 年，第 861 頁。

2　清 · 吳楚材、吳調侯編選，闕勛吾、許凌雲、張孝美、曹日升等譯注，陳蒲清校訂《古文觀止》，嶽麓書社，2001 年，第 281 頁。

代貴族後裔三類人，以姬姓為主體。周王稱天子，天子最大，天子分封諸侯，諸侯分封卿大夫，他們的職位可以繼承，繼承人是嫡長子。周代通過實行宗法制度和分封制度，形成以血緣為紐帶的宗法等級制度。周王朝從中央到地方的各級官職的統治權力都是世代相襲，形成了「世卿世祿」的貴族政治統治局面。在宗法制度的社會環境下形成了「家國同構」的顯著特徵和政治文化。「家國同構」即家庭、家族與國家在組織結構方面具有共同性。「家國同構」，中央政府設有專司王族服務的官職或機構，如商朝「宰」是王室的總管，「臣」負責管理各項具體事務；周代的「相」負責輔導君主禮儀，「宰」、「太宰」或「冢宰」總管王家事務，「師」或「師氏」負責王宮警衛並教習武藝，「虎賁」是王宮的衛士。

3. 最高執政集團尚未實現權力的高度集中。中國古代對先秦時期最高統治者的稱謂，夏商周多稱「王」（或「后」）、天子。「王」起初是對氏族或部落首領的稱謂，其地位逐漸走向「至尊」。林沄在《說「王」》中說，「王」字本像斧鉞形，是表示軍事統率權的。[1]周朝時，人們構建並發展了天命觀念，故周王也有了「天子」的新稱號。周代通過分封制度，取代了商代的方國聯盟的國家構建，地方權力的來源由世襲神意變為受命於周天子，使國家權力在一定程度上實現集中。但諸侯在其封地內擁有較為獨立的世襲統治權利，所以在先秦時期，最高執政集團尚未實現權力的高度集中。春秋時期，為了加強管理，一些諸侯國開始設置縣或郡。當時縣與郡之間並無明確的統屬關係，但其長官由諸侯王直接任命，不得世襲，這樣使貴族血緣政治逐漸被打破，官僚政治開始出現。至戰國時期，此種制度被其他諸侯國普遍採用，並逐漸形成了郡下設縣的兩級地方管理體系。

1　林沄《說「王」》，《考古》1965 年第 6 期，第 311–312 頁。

❓「三公九卿」是怎樣演變為「三省六部制」的？

秦朝建立至清朝結束歷時兩千一百多年。這一時期，因皇帝執政理國的需要，導致中央政府的機構和職官變化非常頻繁。在國家機構中，以血緣關係為紐帶的貴族政治被任免制度的官僚政治所取代，巫史和宗室貴族的地位和權力下降，君王的臣僕和侍從地位上升。秦朝在中央政府設有「三公」、「九卿」官職。「三公」地位最高，是指丞相、太尉和御史大夫。

這是由周代的太師、太傅、太保或司馬、司徒、司空演化而來的。丞相協助皇帝處理政務，處於「一人之下，萬人之上」的尊貴地位；太尉管理軍事；御史大夫職責是監察、執法，監管文書圖籍。「三公」之下設「卿」，由皇帝任免，其所領官署稱「寺」。「卿」是秦漢時期對中央各部門長官的一種尊敬的稱號。秦朝的「九卿」包括奉常、郎中令、衛尉、太僕、廷尉、典客、宗正、治粟內史、少府。從秦朝「卿」的職責來看，分為專為皇家服務和管理國家事務兩大類。它體現了君主家事與國事不分，宮廷事務與政治事務混於一體的「家國同治」特點。

至隋唐時期，秦漢的「三公九卿」設置逐漸演變成「三省六部」制度。「三省」包括尚書省、中書省和門下省。「六部」指的是吏部、民部（唐朝為避唐太宗名諱改為戶部）、禮部、兵部、刑部、工部。尚書省出自東漢的「尚書台」，而尚書台則源於西漢武帝時期在宮內設置的「內朝」。到東漢時期，尚書台正式成為國家的政務機構。隋朝時，中央機構設有「五省」、「六曹」。「五省」是指尚書省、門下省、內史省、祕書省、內侍省。「尚書省」是最高行政機構，下設「六曹」。

尚書省長官為尚書令。門下省是侍奉諫議機構，審覆內史省詔令，長官為納言。內史省是中樞制令機構，長官是內史令。祕

書省掌經籍、曆法，設監、少監。內侍省是宮中宦官機構。內史、門下、尚書三省是「五省」中實際的中樞機關。到唐朝，中書、門下、尚書「三省」制度確立。「三省」中，尚書省是最高政務機構，負責執行皇帝詔令，長官為尚書令，副職為左、右僕射；中書省傳承詔令，起草各項詔敕，長官為中書令、中書侍郎。門下省審核皇帝的詔敕、奏疏，駁正後交皇帝批准，長官為門下侍中、門下侍郎。在門下省設政事堂，作為「三省」長官議定軍國大事的場所。唐玄宗時改政事堂為「中書門下」。

「六部」源於隋朝的「六曹」。而「六曹」緣於東漢尚書台下設置的六個具體的職能部門。唐朝時定名為吏部、民部（避唐太宗名諱改為戶部）、禮部、兵部、刑部、工部，此後一直沿用到清代。六部以尚書、侍郎為正、副長官，各轄有四司。

「六部」的主要職責是：

1. 吏部掌管全國文職官吏的任免、考評、勛封等事；

2. 戶部掌管全國戶口、土地、賦稅、錢糧、財政收支等事；

3. 禮部掌管祭祀、禮儀、科舉、學校等事；

4. 兵部掌管武官選用及軍事行政等事；

5. 刑部掌管全國司法行政等事；

6. 工部掌管大型工程、工匠、屯田、水利、交通等事。

隋唐時期，還設有「九寺」、「五監」等重要的中央職能部門，其職權與「六部」多有重疊，起到了分工和相互制約的作用。從秦漢「三公九卿」制到隋唐「三省六部」制的演變，是中國古代政治文明的進步。宰相的權力被一分為三，實際上加強了皇權，削弱了相權，主次分明，化解了矛盾；同時通過擴大議政人員名額的辦法，在一定程度上增強了集體的智慧；職責明確，程序規範，提高了行政效率，強化了皇權和中央政府的統治力量。

❓ 中國古代地方三級管理體制是怎樣形成的？

　　周代實行分封制，代替了商代的方國聯盟，國家治理進入新階段，形成了諸侯國、采邑兩級管理體制。「西周王室封建諸侯有畿內、畿外之別，受封於王畿內的卿大夫食采，『采邑就是王畿之內的諸侯國』，受封於王畿外者就國，『以藩屏周』。」[1] 在諸侯國內，國君同樣也可以把土地分賜給自己的子弟、屬臣，作為采邑。但這種「采邑」未經周天子封賜，不能成為諸侯國。封國和采邑都是周代分封制的重要組成部分，是周王朝實現對地方統治管理的有效措施和主要方法。

　　秦朝在地方實行郡、縣兩級制的行政體制。也有觀點認為秦朝地方實行郡、縣、鄉三級管理體制。郡最高長官為守，下置尉（輔佐郡守並掌軍事）、監御史（掌監察）。縣的最高長官稱令（萬戶以上的縣）或長（不滿萬戶的縣），下設尉（掌治安）、丞（掌文書、倉儲、刑獄）。秦還在少數民族聚居的偏遠地區設道，與縣同級。郡縣制取代分封制，建立了中央垂直管理地方的新的國家政權結構——中央集權的國家行政體系。西漢武帝時期，為了加強對諸郡的監督管理，將全國劃分為十三個監察區，稱為十三部，各設置刺史一人。東漢時改部為州，改刺史為州牧，全面掌管一州的行政、軍事、民事大權，地方行政區劃變為州、郡、縣三級。中國地方三級行政體制由此奠基。

　　隋朝為減少行政管理層級，實行州、縣（後改州為郡）兩級體制。

　　唐朝太宗時為加強對地方的監察，將全國劃為十個監察區，稱作道，形成道、州、縣三級體制。唐後期，作為臨時的差官持

1　鄭威《西周至春秋時期楚國的采邑制與地方政治體制》，《江漢考古》2009年第3期，第95頁。

有朝廷的旌節管理道，便形成節度使（藩鎮）、州、縣三級體制。中國地方三級行政體制由此確立。

宋代汲取了唐朝「方鎮太重，君弱臣強」導致割據的教訓，收軍權於中央，地方設置路，路下轄的府、州、軍為並列機構。

元朝實行行省制，地方設置行省、路（府）、縣。明朝，地方設承宣佈政使司，下轄府、縣。

明太祖朱元璋廢除行中書省，設置三司，即承宣布政使司、提刑按察使司、都指揮使司，共同組成為省級政權機構，分別執掌行政、司法和軍事。

清代的地方行政體制大體沿襲明制，地方實行三級管理。總督或巡撫為省級最高長官，屬於封疆大吏。總督大於巡撫，但無統屬關係，都直接聽命於皇帝。總督轄數省，側重於軍事，但有的也只轄一省，如直隸總督。巡撫只轄一省，側重於民政。府、縣長官稱知府、知縣。在少數民族聚居地區設有廳，其長官為同知或通判。旗兵駐防重要地區，長官稱將軍，由滿人充任。邊疆地區的將軍，也是轄地最高的軍事和行政長官，如伊犁將軍、烏里雅蘇台將軍等。

隨着中國古代地方行政管理體制的變化，地方政府的機構和職官變化非常頻繁，變化發展的總體趨勢是：機構日益龐大，職責上的分工越來越細，以實現分權和制約、聽命於君的目的；地方權力越來越集中於中央，實現了國家權力的高度集中。中國古代地方三級行政管理制度，實現了中央對地方的有效管理，是國家治理智慧的制度結晶，對後世產生了深遠的影響。時至今日，中國地方上依然實行的是省、縣、鄉三級行政管理的體制。

第五節　方志族譜

　　經過漫長的歷史積澱，國史、方志和族譜已經成為中國古代史籍的三大支柱。歷史上物資的交流、人口的遷徙和種族的融合、經濟的繁榮與凋敝、政治的升平與混亂、戰爭的破壞與洗禮、各種文明的交流與衝突、時代變遷與轉型，深刻影響着中國古代史籍的存量和品質。方志在古代具有重要的資政與教化功能，是地方歷史的見證與學術研究的資源，可以「詳正史之略，補正史之缺，糾正史之誤」[1]；還可以促進經濟建設與文化發展，彰顯地方特色，提升地方認同意識。方志的這些功能貫穿古今，延伸到當代。族譜作為記載具有同一血緣關係宗族發展事跡的歷史文獻，具有明顯的地域特點。族譜在宋以前以官修為主，主要依照嚴格的血緣關係來記錄家族的流變，捍衛森嚴的門第等級和血統的高貴；宋朝以後，私修族譜十分興盛。以前具有政治色彩的「別選舉，定婚姻，明貴賤」[2]的功能，逐漸轉換為具有倫理道德價值的「尊祖，敬宗，收族」[3]功能。正如宋朝蘇洵所說：「觀吾之譜者，孝悌之心可以油然而生矣。」[4]方志和族譜的數量之多，影響之廣，為其他歷史文獻所難以比擬。方志有着近兩千年的編纂歷史，現存的舊志有八千餘種，新志有四千餘種。現存的中國族譜，多為宋代以降所修的一宗一族的私修族譜。明清乃至民國

1　清·章學誠《州縣清立志科議》，見章學誠著、葉瑛校注《文史通義校注》（下），中華書局，2000年，第588頁。

2　鄭樵撰，王樹民點校《通志二十略》，中華書局，2009年，第1–3頁。

3　漢·戴聖輯《禮記》，北方文藝出版社，2013年，第220–221頁。

4　清·姚鼐《古文辭類纂》，西苑出版社，2009年，第95頁。

時期，編修方志、撰修族譜已成為中國民間特有的一種文化活動，為我們留下了內容豐富的文化遺產。

❓ 甚麼是方志和方志學？

方志，是地方志的簡稱，是一種記載一個地方古今綜合情況的志書。「一個地方」，在周朝一般指諸侯國；在秦朝主要指郡、縣；在漢代為州、郡、縣；唐代為道、州、縣；宋代則為路、州、縣。元代設置行省，省以下依次為路、府、州、縣，明清王朝基本沿襲元朝的地方行政區劃，略有調整。「古今綜合情況」，是指這個地方的建制沿革、疆域地理，以及古今經濟、政治、文化、教育、風俗、人物、名勝、古跡、軼事遺聞等等。

「志書」是記載人、事、物的書。國務院 2006 年頒佈的《地方志工作條例》，將地方志分為地方志書和地方綜合年鑒。按照條例，所謂地方志書，是指全面系統地記述本行政區域自然、政治、經濟、文化和社會的歷史與現狀的資料性文獻。所謂地方綜合年鑒，是指系統記述本行政區域自然、政治、經濟、文化、社會等方面情況的年度資料性文獻。地方志分為：省（自治區、直轄市）編纂的地方志，設區的市（自治州）編纂的地方志，縣（自治縣、不設區的市、市轄區）編纂的地方志。

「方志學是以方志編纂及其關聯的種種事物和形態為對象進行研究的學科。」[1] 其研究對象包括中國千百年來各級各類地方行政機構、民間團體及個人編撰修訂的各類方志及其書目和書目提要，歷朝歷代有關修志的詔令、章程、條例、規定和其他文獻，還有直接或間接論述地方志書和修志諸問題的各種論著。簡而言之，方志學就是一門研究方志的學問。

---

1 巴兆祥《方志學新論》，學林出版社，2004 年，第 15 頁。

❓ 方志有何功能與意義？

1. 方志具有資政與教化功能。方志在古代具有重要的資政與教化功能。東晉常璩在《華陽國志・序》中說：「夫書契有五善：達道義，章法式，通古今，表功勛，而後旌賢能」。[1] 此說較為系統地論述了方志的教化功能，「五善」至，則教化成。作為一種史籍，方志還可使統治者了解天下情況，為國家治理提供服務。方志的資政和教化功能貫穿古今，並一直延伸到當代。

2. 方志是地方歷史的見證與學術研究的資源。方志比較完整地記錄了一個地方的自然地理、資源環境、人文景觀、歷史文化、經濟建設、政治變革、風土人情等資料，這些珍貴的資料是一個地方發展的見證。故方志中蘊含的豐富資料具有珍貴的史料價值。從明末開始，一些學者就利用方志資料進行學術研究。如顧炎武著《天下郡國利病書》，從上千部方志中梳理出各地地形、關隘、賦役、水利、物產、農業、手工業、倭寇等資料；李約瑟主編的《中國科技史》中引用大量中國地方志資料；地質學家章鴻釗從舊方志中整理出版《古礦錄》等等。

3. 方志可促進經濟建設與文化發展。國務院頒佈的《地方志工作條例》中明確指出：「編纂地方志的目的在於繼承和發揚中華民族優秀文化傳統，全面客觀、系統地編纂地方志，科學、合理地開發利用地方志，發揮地方志在促進經濟社會發展中的作用。地方志工作應當為地方經濟社會的全面發展服務。」

（1）方志的記錄可以為經濟的發展提供豐富的資源。比如諸多方志中記載了不少富有經濟價值的植物。如適合食用的香水梨、雞心葡萄，適合藥用的枇杷花（可治咳嗽）等等。

1　晉・常璩輯撰，唐春生等譯《華陽國志》，重慶出版社，2008 年，第 419 頁。

（2）作為地方文化建設的載體，方志中的文物古跡、地方老字號、傳說逸事等可成為重要的旅遊資源。如擁有世界文化遺產「一宮兩陵」的瀋陽市，既可以融合方志中的遼寧名菜、名點打造瀋陽美食街，也可以將這些旅遊項目編成志書，如美食志、名勝志等，形成瀋陽「一宮兩陵」的文化品牌。

4. 方志可彰顯地方文化特色，提升地方認同意識。方志不僅能傳承一個地方的歷史與文化，而且能通過記載該地區的傳統風俗習慣、山川物產、共同的祖先等，將一個地方的特色凝固下來，最終彰顯其特有的地方文化。一個地方共同的歷史與文化，能激發該地區人們熱愛家鄉、建設家鄉，進而熱愛祖國的家國情懷。方志就是一本鮮活、厚重的鄉土教育資源。

❓ 甚麼是族譜？族譜有甚麼價值？

族譜，也稱宗譜、家譜、家乘、房譜、支譜、譜牒、家牒、家傳、譜系、氏譜等，是指一個宗族或家族產生、發展、演變的歷史。它通常採用圖、表兼文字的形式記錄宗族世系本源、繁衍演變、遷徙分佈、婚配嫁娶、教育程度、經濟狀況、社會地位、人物生平，是家族的檔案資料和百科全書，故有「族之有譜，猶國之有史」[1] 之說。宋以前族譜基本以官修為主，其功能主要是「別選舉，定婚姻，明貴賤」，具有濃厚的政治色彩。宋代以降私修漸盛，其主要功能轉型為「尊祖，敬宗，收族」，修譜則具有豐富的倫理道德價值。值得注意的是，不少私修的族譜在編修時難免有攀附名人以抬高宗族地位之嫌，這就導致族譜記載失實，族源不確。比如，不少王姓的家譜，都以周靈王太子晉為一世

1　馮爾康《略述清代人「家譜猶國史」說——釋放出「民間有史書」的信息》，《南開學報》(哲學社會科學版) 2009 年第 4 期，第 80–87 頁。

祖，吳姓的家譜以周文王長子太伯為一世祖，李姓的將李世民列為先祖，張姓則列張良、張飛為本族世系成員，蕭姓則認蕭何為先祖。當然也不排除諸多族譜採用求真求實的方式編修。所以，我們在使用族譜資料時，要有意識地注意甄別，並與其他資料互證，以確保族譜的史料價值。

❓ 族譜有哪些基本結構和體例？

一部完整的族譜，通常由譜名、祖宗像贊、目錄、譜序、恩榮錄、姓氏源流、世系考、人物傳記、家訓族規、祠堂、墓地、風俗禮儀、領譜字號、纂修人名、後記等組成。族譜的譜名一般題寫於封面上，通常是在譜之前冠以地名、郡望、姓氏、幾修等內容，表明甚麼地方、甚麼氏族的譜系以及歷修了幾次。翻開族譜，首先映入眼簾的一般是祖宗像贊，即祖宗的畫像和畫像旁對畫像人物功德業績所作的精練贊語。目錄則是把族譜中主要內容的標題，按在譜中出現的先後順序進行排列的綱領性文字。姓氏源流和世系考是族譜中必不可少的內容。姓氏源流敍述了族群的來源與遷徙流變的經過，而世系考則是以圖表的方式標記族群宗室各房支派的演變進程及歷代成員的姓名和出處，是族譜的主體部分，一般佔據了族譜大半部分篇幅，也是後人尋根問祖的主要線索。人物傳記在族譜中佔據的篇幅也比較多，主要以傳記、傳奇、墓誌銘、碑刻等形式，詳細地論述族人在品德、官爵、功績與藝文方面業績出眾的事跡，這不僅可以激發族群自豪感，又可以作為族人學習的楷模。有的族譜記載有家訓、族規，既規定了族人（特別是青少年）要學習的主要內容，如修身、齊家、忠君、敬祖等，又制定了相當於法律條款的規章制度，要求族人嚴格遵守，如有違犯，則接受族規家法的制裁。家訓、族規是族群進行家庭教育與社會教育的重

要內容與形式，也是維護族群秩序的重要手段。族譜對祠堂和墳塋的記載也比較多，往往是圖文結合，圖主文輔，形象地陳述祠堂的位置、承建、規模結構、祭祀，各房祖塋以及祭田、義田等公共財產的管理。有的族譜不僅記有族群姓氏來源、遷徙流變等內容，還記載了當地族人在生活與生產過程中約定俗成的風俗禮儀，具有獨特的地域性和族群性，是一筆寶貴的文化遺產，能為後人學習與研究當地的風土民情提供文獻依據。

❓ 當代重修族譜有何意義？

1. 重修族譜可以「教化」族群，提升族群認同意識，促進當地經濟文化的發展。人們可以借助當代重修的族譜增加對家族的了解，樹立家族觀念。族譜所倡導的孝敬父母、尊敬長輩、夫妻和睦、兄友弟恭、勵志讀書、崇尚節儉等為人處世之道及家規、祖訓等仍是社會道德標杆，可以用來激勵、教化後人，提振社會風氣。近年來，許多宗族在修譜的基礎上，紛紛成立宗親聯誼會，定期祭祀祖宗與召開宗親大會，研討宗族的歷史源流、姓氏文化與家族精神，慎終追遠，揚善棄惡，增進族人對家族歷史的了解。另外有一些宗族還利用現代資訊技術建立宗族網頁，把家族知識與精神傳播到世界各地去，進行更大範圍的修譜聯宗，如「彭氏宗親網」、「郭氏宗親網」等等。此舉將散居各地的族人聯結起來，促進彼此之間的認識與了解，激發族人之間的親情與力量，有力推動了海內外族人的共同發展。

2. 族譜是重要的學術研究資源，重修族譜利於發掘整理族譜資料，為學術研究服務。具體來說，從族譜的譜系研究中可以追蹤到相關時代的移民發展、人口變遷、宗法制度、社會經濟、人物事跡、家庭教育等不同領域的特徵，具有重要的史料價值。

第六節　教育史話

　　教育起源於人類社會產生之初，是和人類社會同時出現的社會活動。中華文明源遠流長，中華民族五千年燦爛文明形成了一部深厚的教育史。教育發展的起點，可以一直追溯到遠古的原始社會。原始人的社會生活和生產勞動是從製造工具開始的，在學習製作工具的技術、傳遞經驗中產生了原始教育。隨着生產力水平的提高和文化的進步，出現了有組織、有目的、有計劃的專門教育機構，即學校教育。由於當時社會實行貴族政治，文化教育幾乎被壟斷，教育對象主要是貴族子弟。魏晉南北朝將近 400 年的時間，儒學式微，戰亂頻仍，時局動盪，「九品中正制」的選拔官吏制度，強化了等級觀念，讓寒門弟子難以進仕，影響了當時的人才選拔，也影響了學校教育。公元 606 年，隋煬帝開始設置進士科，標誌着科舉制度的創立。唐承隋制，繼續實施科舉制度，並逐漸成為定制，此後宋、元、明、清歷代相承。科舉制度在中國歷史上持續了 1300 年，對教育產生了根本的影響。明清時期，以倡導「心學」的王陽明為代表的一批思想家和教育家，提倡「知行合一」和「致良知」的教育，主張培養經世致用的人才，成為中國由傳統教育向近代教育過渡的橋樑。

❓「諸子百家」在中國傳統教育思想中有甚麼地位？

　　「諸子百家」是對春秋戰國時期各種學術派別的特指。據《漢書·藝文志》記載，當時的流派數得上名字的有 189 家，其中影響最大的是儒家、道家、法家和墨家，此外還有兵家、名家、農

家、醫家、陰陽家、縱橫家、雜家、小説家等。西周滅亡後，文化空前活躍，「處士橫議」的風氣打破了「庶人不議」的觀念，人們不再迷信「天道」，而是轉向對現實社會發展的思考，於是在統一天下、治理國家、教化民眾的內容和策略等方面形成了各種不同的觀點和學派。各學派的代表人物針對當時社會上的各種問題，著書立説，四處遊説，宣傳自己的主張，他們互相批評，又彼此借鑒，形成了「百家爭鳴」的局面。

中國傳統教育思想也可以從先秦諸子百家中找到它的胚芽，其對當代教育也有着重要而深刻的啟示。仍以儒、道、法、墨四大家為例，他們都創辦私學，設館授徒，並有各自的教育思想。孔子是中國早期私學的代表人物，相傳「弟子三千，身通六藝者七十有二人」[1]，其中出類拔萃者不乏其人。在教育對象上，孔子主張「有教無類」。在教育方法上，他倡導「因材施教」，重視「啟發式」教學，強調對學生「舉一反三」思維能力的培養。道家以哲學思辨見長，主張「無為而治」，主張自然的教育，讀無字之書，受不教之教，認為教育要返璞歸真。法家通過行政甚至強制手段推行社會教育，主張「以吏為師」[2]，「以法為教」[3]，兼顧兵法、耕戰等實用知識，通過刑、教、養相結合達成教育目標。墨家崇尚科技，注重思辨，他們非常重視對自然科學知識的學習和技能的訓練。

總之，在「百家爭鳴」的社會氛圍下，大教育觀開始形成，在知識教育的基礎上，強調道德教育，而且通過教育人學會如何「做人」，啟發人內心的良知與自覺。在歷史的長河中，中國

---

1 西漢·司馬遷著《史記》（上），第389頁。

2 西漢·司馬遷著《史記》（下），第613頁。

3 清·王先慎集解，姜俊俊校點《韓非子》，第547頁。

的教育發展不斷演變，但這些傳統教育思想一直在發揮着重要的作用。

❓ 儒家思想對教育的發展做出了哪些獨特的貢獻？

春秋戰國時期歷經了五個多世紀，伴隨着諸侯爭霸，社會上出現了學派林立、文化下移的「百家爭鳴」局面。春秋末期魯國人孔子在西周禮樂文化的基礎上，不斷改造與創新，建立了以「仁」為核心、以「禮」為行為規範的儒家思想體系。同時，他創辦私學教育，提倡「有教無類」的教育思想和「因材施教」的教育方法，並注重言傳身教，打破了學在官府的局面，開創了教育的新紀元。孔子整理的《詩》、《書》、《禮》、《易》、《樂》、《春秋》六經被列為儒家基本經典，成為中國最早的完整的教科書。孔子在知識教育中滲透道德教育，並且與現實生活密切結合起來。孔子的言行由後來的弟子編纂成《論語》，此書後來成為研究孔子思想最為可靠的依據。孔子被後世尊為「萬世師表」。到戰國時期，儒學始為「顯學」，分化出很多學派，最重要的有孟子和荀子兩派。在教育思想上，孟子用「性善論」肯定教育的功能，在培養道德習慣和道德自覺方面，也繼承了孔子的思想，後人把他跟孔子合稱為「孔孟」。秦國統一六國，當時秦奉行的是法家的治國理念。由於國家初統，受春秋戰國時期「百家爭鳴」的影響，臣民時常非議朝政，主張「復古」的儒家學者主張「事不師古而能長久者，非所聞也」[1]，引起法家的不滿和秦始皇的憤怒，秦始皇下令焚《詩》、《書》，坑術士，儒學一度陷於困境。

漢代，儒學出現了新的轉機。漢武帝為鞏固政權，需要一種擴大統治陣營、強化中央集權的統治思想。當時的儒家代表人物

1　西漢・司馬遷著《史記》（下），第613頁。

董仲舒吸收法家、道家等各派主張，對儒學加以改造和發展，提出了「君權神授」、「大一統」的政治主張，適應了當時政治的需要，漢武帝欣然採納，下令「罷黜百家，獨尊儒術」。儒家的獨尊地位使得儒家的教育思想得到貫徹與流傳，國家把教育、考試與選官結合起來，尊儒興學，從此儒家思想居於統治地位，逐漸滲透到包括教育在內的社會各個方面，在客觀上形成了重視知識、重視教育的社會風尚。儘管後來儒家的教育思想也遭受了玄學的衝擊、佛教的震盪，特別是西學引發的教育改革的衝擊，但儒家教育思想仍是傳統教育思想的正統和核心，並影響至今。

❓ 儒家與法家在教育思想上有何不同？

儒家教育思想是以「仁」為核心，以「禮」、「中庸」、「有教無類」等為內容，以「內省」、「慎獨」、「知恥」等為踐行方法，以「和諧」為追求目標。在教育對象的選擇上，孔子提出的「有教無類」具有重要意義，他認為施教不應該分貧富、貴賤、種族、地域。他的主張打破了受教育者的等級界限，跨出了實現教育公平的第一步。孟子以「性善論」作為其教育思想的理論基礎，明確提出中國古代學校教育的目的——「明人倫」。他根據學生的不同特點提出了五種因材施教的方法：「君子之所以教者五：有如時雨化之者，有成德者，有達財者，有答問者，有私淑艾者」[1]，認為不同的對象和不同的資質，就要用不同的教育方法。

啟發式教育，是儒家最重要的教育思想。子曰：「不憤不啟，不悱不發。舉一隅不以三隅反，則不復也。」[2]孟子也主張啟發和誘導學生要採用引而不發的方法，激發學生的學習積極性，

---

1 王常則譯注《孟子》，第225頁。
2 陳曉芬、徐儒宗譯注《論語‧大學‧中庸》，第77頁。

引導學生自己思考。宋代朱熹說：「憤者，心求通而未得之意；悱者，口欲言而未能之貌。啟，謂開其意；發，謂達其辭。」[1] 這對孔子的啟發式教育作出了詳細的解釋。

儒家教育思想還重視指導學生的學習方法，培養其良好的學習習慣和進取精神。例如，要求學生「敏而好學，不恥下問」[2]，主張學思行結合、溫故而知新，認為學習要循序漸進。孔子說：「無欲速，無見小利。欲速，則不達；見小利，則大事不成」。[3] 孟子說：「流水之為物也，不盈科不行；君子之志於道也，不成章不達。」[4] 時刻告誡學生必須尊重學習規律，否則事與願違，欲速則不達。孔子講「志於道」[5]，又說「歲寒，然後知松柏之後凋也」[6]，要求學生樹立堅強的道德信念，經得起嚴峻考驗。孟子提倡「尚志」[7]，要求學生要有進取精神，養成「富貴不能淫，貧賤不能移，威武不能屈」[8] 的高尚品質。

管仲被視為法家先驅，他提出「禮、義、廉、恥」為國之「四維」[9]。最早討論法理的是李悝，著有《法經》。李悝是子夏的弟子，是儒家薰陶出來的。而真正使法家與儒家趨於對立的是衛國人商鞅。

在教育內容方面，商鞅反對用「禮、樂、詩、書」教育學生，對學生學習仁、義、禮、智等儒家道德準則十分反感。他

1　宋·朱熹《四書章句集注》，第95頁。
2　宋·朱熹《四書章句集注》，第79頁。
3　宋·朱熹《四書章句集注》，第146頁。
4　王常則譯注《孟子》，第218頁。
5　宋·朱熹《四書章句集注》，第94頁。
6　宋·朱熹《四書章句集注》，第116頁。
7　王常則譯注《孟子》，第222頁。
8　王常則譯注《孟子》，第88頁。
9　西漢·劉向彙編，賈太宏主編《管子通釋》，第2頁。

認為儒學是不切實際的「浮學」、「偽學」。為了培養「耕戰之士」和厲行「法治」的實用型人才，商鞅主張學習治國法令和耕戰知識。他強調：「法令者，民之命也，為治之本也。」[1]（《商君書·定分》）他認為「法」是治理國家的根本手段，對民眾必須加強「法治」教育。「言不中法者，不聽也；行不中法者，不高也；事不中法者，不為也。」[2]（《商君書·君臣》）也就是說，不符合法令的言論，不聽；不符合法令的行為，不肯定；不符合法令的事情，不做。商鞅強調「法治」教育是有必要的，但是他忽視了學校在教育中的特殊作用，過分強化了教育的政治功能，弱化了文化知識的傳授，違背了文化教育發展的客觀規律。他對儒家文化又採取了簡單粗暴的取締政策，對儒家文化有極深的偏執。商鞅為了使秦國富強，把農戰作為治國之要，他獎勵農戰，主張加強農戰教育。他說：「吾教令：民之欲利者，非耕不得；避害者，非戰不免。」[3]他的主張在很大程度上起到了富國強兵的作用。在教育途徑上，商鞅重視通過農戰的實踐鍛煉，增長人們的才幹，並總結出人們的智謀是在長期的作戰中成長起來的發展規律。

❓「立德為先、修身為本」的教育價值是甚麼？

中國傳統文化的主流價值觀都將修身立德放在做人的首位。《易經》中說「天行健，君子以自強不息；地勢坤，君子以厚德載物」，強調了品德和意志的價值。孔子把培養「君子」作為教育的目的，他認為君子應該「修己以安人」[4]，君子要有智、仁、勇三方

---

1 石磊譯注《商君書》，第 198 頁。

2 石磊譯注《商君書》，第 180 頁。

3 石磊譯注《商君書》，第 191 頁。

4 宋·朱熹《四書章句集注》，第 160 頁。

面的修養。孟子認為每一個人內心都有潛在的良知，經過教育會發展成為仁、義、禮、智等內心道德。宋代司馬光提出「正心以為本，修身以為基」[1] 的觀念。陶行知主張教育就是要教會學生追求真理，認為「千教萬教，教人求真；千學萬學，學做真人」[2]。由此可見，「立德為先、修身為本」的教育思想內涵就是要以道德為底線，讓學生不斷地修己、修身、自省、內察，使他們的本性不受損害，心靈得到淨化，教會學生做人，在知識豐富的同時，道德修養也逐漸提升。

當今，立德樹人仍然是教育的根本任務。

❓ 中國古代教育的學制經歷了怎樣的演變和發展？

學制，是指學校的教育制度。夏朝的學校稱之為「校」，當時的學校都把軍事教育作為重要內容，貴族子弟在這些地方受到嚴格的軍事訓練。商朝學校教育的主要內容是習禮和習武，算學也開始成為當時學校教學的內容。到西周時期，學校的建制逐漸發達起來，「學在官府」是西周教育制度的主要特徵。教育對象以貴族子弟為主，學校教育由官方來安排，從中央到地方有較為完善的學校教育體制。教育內容以禮、樂、射、御、書、數六藝為主體。而且對於教育對象的學業，有考核標準，根據《禮記·學記》記載：「比年入學，中年考校。一年視離經辨志，三年視敬業樂群，五年視博習親師，七年視論學取友，謂之小成；九年知類通達，強立而不反，謂之大成。」[3]

1　宋·司馬光《致知在格物論》，《司馬溫公集》卷十三，正誼堂全書本。
2　陶行知著，張素聞評注《陶行知教育集》，中國紡織出版社，2017年，第265頁。
3　胡平生、陳美蘭譯注《禮記》，中華書局，2017年，第107頁。

　　西漢時期，朝廷在長安建立太學，也就是中國古代的大學，設五經博士，招收弟子，學習年限沒有明確規定，但考試嚴格，通過「設科射策」的方式，每年考核一次。東漢時期考核周期拉長，每兩年考核一次，合格者即授予官職。隋唐時期的官學對學生年齡和學習年限有了明確的規定，考試更趨於細化，不及格者有留級、勒令退學等處罰。唐代最高學府是國子監，下設六館，其中律、書、算三學館培養專才，重點學習相關的專業知識；國子學、太學、四門學主要學習儒家經典，培養通才。北宋時期，太學實行「三舍法」，學生必須依照學業程度進行考核，通過者依次晉升。元代將學生分為三等六齋，用考核積分的辦法逐級升齋。明代沿用積分制，入國子監就讀的學生逐步升級，按月考試，以積分數量來選士進官。到了清朝，積分制變得有名無實，創立了「六等黜陟法」，實行分齋教學制度。

　　除上述官學外，中國古代中後期盛行的主要教育組織形式還有書院這種類似學校的教育機構。官辦書院始於唐，在宋代興盛。書院在教學行政組織、教學計劃、院規、課程設置等方面安排有序。直至清朝光緒三十一年（公元 1905 年），朝廷下令自光緒三十二年（公元 1906 年）起「廢除科舉，廣設學堂」，古代書院制度才結束。「洋務運動」中，京師大學堂的建立成為中國古代教育終結、近代教育開端的標誌。「辛亥革命」後，教育部公佈新學制，學堂一律改稱學校，一直沿用至今。

❓ 中國古代官學和私學的異同是甚麼？

　　中國古代的官學與私學以春秋時期為界，春秋之前「學在官府」，之後才開始「學術下移」。但無論是官學還是私學，教育的目的都是傳播思想和文化，培養人才，發展學術，官學和私學在

中國教育史上均發揮了重要作用。在古代，官學和私學是相對存在的。官學由國家主辦，經費開支由各級政府承擔，有固定的教學場所，是傳授管理國家經驗、培養治國人才的場所，備受歷代統治者重視。它實行學在官府的集中辦學方針，因此，學生身份多為貴族或統治者子孫。官學的教育目的，是按一定方向培養一定規格的人才，是為政治服務的。教學內容主要限於傳統的「六藝」。而私學倡導「學術下移」，教育對象有教無類，受教自由。私學教學方式靈活多樣，老師可以流動，制度不夠規範，但是政教分設，官師分離，思想自由。

❓「曾子殺豬」、「孟母三遷」對家庭教育有何啟示？

「曾子殺豬」和「孟母三遷」等故事為歷代所稱頌，並流傳至今。

曾子是孔子的弟子。他的妻子為了哄孩子，隨口答應要殺豬給孩子吃。事後，他的妻子並未打算兌現自己的諾言，而曾子認為答應了的事就要做到，不應該騙孩子，於是真的殺了豬。在故事中，曾子用自己的行動教育孩子，做人做事要言而有信、誠實可靠，不欺騙。真誠待人、取信於人在社會交往中非常重要。

孟子的母親非常重視對孟子的教育，但由於孟子小時候生性頑皮，模仿性強，常常從自家周圍的環境中模仿別人的言行，孟母因此三次搬家，目的是為了給孟子創造一個良好的學習和生活環境。這個故事告訴我們，家庭教育應該重視環境，因為孩子很容易被周圍的人或事物影響。

所謂言傳身教，家庭教育中往往身教重於言教。家庭教育，指家長對子女實施的教育和影響。幾千年來，「修身、齊家、治國、平天下」是中國家庭教育的要義。家庭教育是一個互動協同

的過程，在文化、心理、語言、環境等諸多因素中，家長的行為對孩子的影響最為深刻，往往會影響其一生。由於家長的行為在孩子的生命教育中具有啟蒙性，而且這種教育又是長期且全面的，因此家庭教育的重要性不言而喻。

❓ 中國古代教育對現代教育產生了哪些重要的影響？

中國的教育傳統源遠流長，所包含的思想博大精深。自漢代儒家思想的正統地位奠定之後，雖屢經衝擊和變革，但主流價值和基本構架始終是穩定的。現代教育是在傳統教育的基礎上發展起來的，古代豐富的教育思想是現代教育發展的重要資源。其作用和價值主要體現在四個方面：

第一，思想的啟迪。古代教育重視人格培養，與當代教育的立德樹人的教育理念相吻合。古代教育以倡導終生教育為目標，漢代教育家王充說：「河冰結合，非一日之寒；積土成山，非斯須之作。」[1] 現代教育呼籲終身學習，與古代思想一致。

第二，教育管理的理念傳承。關於用人之道，現代教育管理重視「德才兼備」，而儒家選用人才時，強調「量才授職」、「因能授官」。

第三，考試制度與人才選拔的趨同。通過考試選拔人才的傳統保持至今。

第四，教育方法的借鑒。現代教育中的個性化、多樣化教育理念，與孔子提出的「因材施教」一脈相承，啟發式教學法至今盛行。「學而不厭，誨人不倦」[2] 揭示了老師工作的本質特徵。現代教育倡導老師重視專業發展，崇尚師德，以育人為己任，跟孔

1　東漢・王充撰《論衡》，嶽麓書社，2015 年，第 177 頁。
2　宋・朱熹《四書章句集注》，第 93 頁。

子的思想是一致的。儒家以「六經」為教材，孔子則是中國教育史上第一個注意教材開發和課程改革的教育家。在現代教育中，以課程為核心，尋求多樣化的教學方式已成為當今教育改革中的中心任務之一。

第三章

文學漫步

文學，人類生命旅程中不可或缺的精神伴侶。

僅從實用角度看，文學或許是最沒有實用價值的。然而，人類的繁衍生息，從來沒有離開文學。

這不是一種判斷，而是一種事實。

因為，人類具有豐富的情感，人是會思考的蘆葦！

我們會借助詩歌、散文、戲劇和小說等不同文學形式表達情感，交流思想；同時，我們也會在閱讀過程中，到人類靈魂深處漫步，在藝術天堂徜徉……

第一節　詩詞曲賦

子曰:「《詩》可以興,可以觀,可以群,可以怨;邇之事父,遠之事君;多識於鳥獸草木之名。」[1] 孔子在這裏所說的「《詩》」,是指《詩經》,這是中國古典文藝理論中最早對於詩歌價值的經典闡述。正因為詩歌既具有抒發情感、表達理性的審美價值,又具有認識生活、建功立業的實用價值,因此詩歌是人類歷史上最早、最活躍的文學藝術形式。

關於詩歌的起源,文學界有多種說法。《詩經》的結集說明至少在先秦時期中國詩歌已經成形。中國古代詩歌不僅有抒情的功能,還具有社會教化的功能。經過千百年的發展,到了唐代,詩歌不僅形式已經成熟,而且出現了一批以李白和杜甫為代表的優秀的詩人與大量傑出的詩作。唐代之後,中國古代詩歌並沒有停下前行的腳步,在宋代又出現了一個新的高峰。

來自南方的「賦」,脫胎於《楚辭》,天生就具備着楚人恣意不羈、想像豐富的特點。「賦」在漢代正式確立了體例。司馬相如、揚雄、班固的「賦」體現了漢代一統天下的霸氣。漢代之後,「賦」不斷演化,魏晉出現「駢賦」,唐代有「律賦」。伴隨着古文運動,「文賦」興起,這股潮流一直延續到宋代,杜牧的《阿房宮賦》、蘇軾的《赤壁賦》都是文賦中的典範之作。

從草根走來的「詞」,有一個由「俗」變「雅」的過程。唐五代,詞的主要功能是娛樂,供伶人歌女演唱。但不少文人也有詞作流傳下來,南唐後主李煜的詞作是文學史上不可或缺的一頁。

1　宋·朱熹《四書章句集注》,第 179 頁。

到了宋代，一些文學大家在作詩之餘，也寫詞來抒發自己「私生活的幽約情愫」。直到文學大師——蘇軾出現，他對詞境進行了開拓，詞除了娛情之外，也可以抒發家國情懷和述志。「豪放派」由此開創，與「婉約派」共同成就了宋代詞的創作高峰。

散曲，是元代詩壇上的一種新樣式。在韻律上，散曲不像詩詞那麼嚴格，押韻比較靈活，在句中還可以使用襯字。在表現手法上，它運用了傳統「賦」的方式，講究鋪陳。「元曲之佳處何在？一言以蔽之，曰自然而已矣。」[1] 但可惜的是，散曲在元後期由於文人過分追求字詞雕琢，寫法向詩詞的形式靠近，反而失去了散曲自己靈動活潑的個性，逐步走向了衰落。

詩、詞、曲、賦都是中國文學史上璀璨的寶石。它們既各自散發着獨特的光彩，又相互影響，共同發展，每個朝代都有各自獨領風騷的文學體式，共同構成了波瀾壯闊的有韻文學的長河。

❓ 為甚麼詩歌會成為最古老的文學藝術形式？

現在一般把文學作品分為詩歌、散文、小說、戲劇四種體裁，其中詩歌是公認的最古老的文學藝術形式。原因在於：

第一，詩歌是最簡潔的表達形式。語言是人類在漫長的發展過程中逐漸形成的交際工具，文字產生於人類出現很久以後。散文、小說和戲劇一定是文字產生以後的藝術，而詩歌則在文字產生前就有了。口語從簡單的會意表達演變為成熟的語言系統，而詩歌在人類簡單的口語交流階段扮演了重要的角色。

第二，詩歌起源於勞動。據馬克思的理論，勞動創造了人，創造了詩歌。勞動的過程中人們需要交流，那些帶有鼓動性和爆發力的內容就成了詩歌，魯迅先生將其概括為「杭育杭育派」。

1　清·王國維著《宋元戲曲史》，中華書局，2016年，第116頁。

第三，古代的詩歌，在表現形式上往往是歌、樂、舞一體。比如一群人在圍攻一隻野獸，取勝以後，大家一起手舞足蹈，隨手抓起身邊的器物，敲擊出各種聲音，同時唸唸有詞，這些詞往往就成了最古老的詩歌。

❓ 如何理解詩歌「興、觀、群、怨」的內涵？

《論語‧陽貨》記載，孔子說：孩子們怎麼能不學《詩經》呢？《詩經》可以激發情志，可以讓你學會觀察社會與自然，可以讓你學會結交朋友，可以學會正確的批評。從近說，可以學會更好地孝敬父母；從遠說，可以更好地侍奉君王。還可以知道許多鳥獸草木的名稱。

「興、觀、群、怨」，這是儒家對詩歌功能最早的總結，是對詩歌社會價值和藝術價值的精練概括。深入理解這段話，關鍵在於把握這四個字的內涵。下面提供兩種不同層面的闡釋，以供參考。

孔安國和朱熹認為，所謂「興」，是「引譬連類」、「感發志意」，就是通過一定的藝術手段，激發想像，抒發情感；所謂「觀」，即「觀風俗之盛衰」、「考見得失」，即通過詩可以觀察政治的得失和社會風俗的好壞；所謂「群」，即「群居相切磋」，「和而不流」，這是講詩可以發揮團結群體的社會功能；所謂「怨」，就是批評，這裏指「怨刺上政」，是講詩有批評朝政的政治作用。

通俗的解釋：孔子對學生講：學習《詩經》，一可以抒發情感（興），二是可以了解社會（觀），三是可以與人交流（群），四是可以表達訴求（怨）。其中需要注意的是，「興」是一種正面肯定的情感，比如說年輕男女之戀、人對自然的崇拜與熱愛、對聖人君子的肯定與歌頌等；「怨」正好相反，側重訴求或者訴求得不到

滿足的表達，比如指責暴政；「觀」是要了解社會，這裏主要是指《詩經》所反映的不同國家的社會歷史狀況；「群」指的是在群體環境中的一種基本的生存能力，用孔子的一句話來說，就是「不學《詩》，無以言」[1]。

孔子的「興觀群怨」說，清晰且生動地闡釋了詩歌的實用價值和審美價值，在中國古代文學理論和創作上產生了深遠的影響，特別是在詩歌的價值觀和閱讀欣賞的視角上第一次做了系統的分析，奠定了中國詩學理論的基礎。

❓ 「建安風骨」何以成為中國詩史上的一面旗幟？

「建安」是東漢時期漢獻帝劉協的年號，「建安文學」因為獨特的審美風格而成為中國文學史上一道美麗的風景。東漢末年，社會的急劇變化影響了文學的發展。以曹操父子為首，包括「建安七子 (孔融、陳琳、王粲、徐幹、阮瑀、應瑒、劉楨)」等詩人，形成一個以鄴下為中心的文學集團，史稱「建安文學」。他們在詩歌上剛健挺拔的審美趨向和風格被稱為「建安風骨」。「建安文學」具有四個顯著特點：

第一，強烈的現實主義精神。「建安文學」不僅真實地再現了軍閥混戰所造成的社會災難，而且表現出一種結束戰亂、重建家園、振業興邦的強烈的擔當精神。曹操正是這一潮流的領袖人物，他的詩歌充分反映了建安時代的社會面貌，表達了建功立業的雄心壯志，把中國古代詩歌的寫實傳統推向了一個新的起點。

第二，明確的政治理想。曹操在治軍上採用了法家「講求實際、賞罰嚴明」的思想，在政治理想上卻追求儒家的「仁政」。他的詩在感慨人生無常的同時，還具有積極的社會理想和英雄

1　宋·朱熹《四書章句集注》，第175頁。

色彩，「老驥伏櫪，志在千里；烈士暮年，壯心不已」[1]（《龜雖壽》），正體現出了他的豪情壯志。曹丕、曹植兄弟，博通經史，文武兼備，頗有「救民濟世」之志。「建安七子」也不甘以文士自居，富有憂國之思和拯世之志。

第三，鮮明的個人風格。用劉勰的話說，「志深筆長、慷慨多氣」[2]是整個建安詩壇的基調。文學開始走向自覺是從建安時代開始的。建安詩人，就個體而言，性格鮮明，眼光高遠，卓爾不群，在詩歌創作中，追求創意，獨闢蹊徑。如曹操的詩古樸蒼健、氣韻雄沉，曹丕的詩雋秀婉約，曹植更是詩才橫溢，三人珠聯璧合，相得益彰，成為建安時代詩歌藝術最傑出的代表。

第四，濃郁的悲劇色彩。一方面連年戰亂引發的社會災難觸目驚心，另一方面擁有建功立業理想的英勇將士們不可避免地要付出巨大犧牲。令人悲歎的是，時代給他們提供了思考和吶喊的空間，但無法給他們提供建功立業的機會，空懷報國之志、英雄無用武之地的悲涼色彩油然而生。

正因為具備上述特點，「建安風骨」成為中國文學史上一座豐碑，它不但成為後代詩歌革新運動的典範，而且被後世文人作為追求創作獨立的旗幟。

❓ 陶淵明和蘇軾何以成為中國眾多知識分子精神追求的座標？

陶淵明與蘇軾是中國文學史上的兩座高峰。他們在中國知識

---

1 漢·曹操《龜雖壽》，張可禮、宿美麗編選《曹操曹丕曹植集》，鳳凰出版社，2009 年，第 17 頁。

2 南朝梁·劉勰著，清·黃叔琳注《文心雕龍》，浙江古籍出版社，2011 年，第 152 頁。

分子心中佔有重要地位，甚至成為眾多文人精神追求的座標。

從相同點來看，兩人都追求精神上的自由、人格的獨立。晚於陶淵明六百多年的蘇軾，一直把陶淵明當作知音。他甚至認為陶淵明是自己的前生：「夢中了了醉中醒，只淵明，是前生。走遍人間，依舊卻躬耕。」[1] 他對陶淵明的詩情有獨鍾，愛不釋手，並追和了一百多首。他更欣羨的是陶淵明在田園生活中表現出來的寧靜平和的人生態度。他們心懷理想，分別站在各自時代的前沿，與黑暗社會抗爭，不肯向庸俗的功利社會風氣妥協。這種剛正不阿的品格與氣節向來為歷代的知識分子所敬仰和追慕。

陶淵明與蘇軾又多有不同。前者那種虛懷若谷、沖淡曠遠的性格背後是平和，而後者那種厭倦仕途、追尋自然的情感背後是無奈，甚至是悲涼。所以陶淵明的回歸是徹底的，他的歸田不是仕途失敗、心灰意冷後的消極迴避，而是重新選擇另一種人生，而且真心快意於這種人生。這一切說明，他已經看透社會的污泥濁水，於是游離於社會功利之外，享受着大自然的無窮樂趣。而蘇軾一直渴望能夠在治國平天下的人生實踐中實現自己的報國夢想，然而在新舊黨爭中，他屢遭挫折，從失望走向絕望。儘管他也想避世，回歸自然，但是他執着的性格以及對國家社會的責任感，使他永遠不可能放下民生疾苦去做一個悠閒的詩人。

後世的中國知識分子在陶淵明和蘇軾的身上捕捉到了他們各自的閃光點，或者說自己最缺少、最需要的精神營養。在陶淵明身上，人們看到了一種純粹、率真的人生。他帶着恬然與快意進入創作，把內心情感與自然萬物完全融為一體，把田園詩寫到了極致，以至於歷代知識分子都在他的詩中找到一種由衷的釋放

---

1 宋·蘇軾《江城子·夢中了了醉中醒》，傅幹注，劉尚榮校證《東坡詞傅幹注校證》，上海古籍出版社，2016年，第200頁。

和溫暖的慰藉。而蘇軾的可貴之處在於，他的詩歌中體現出一種「穿越現實」的巨大張力，不同於西方的二元對立，也不同於道家的消極避世，儘管他內心充滿矛盾與痛苦，但他總能化解這種矛盾和痛苦，汲取儒、釋、道思想，從容面對世界，這種生存在現實世界中的智慧與獨立人格，為那些追求自由與獨立而處於痛苦與迷茫的知識分子們指示了一條出路。

❓ 為甚麼唐代會成為中國古典詩歌的鼎盛時代？

唐代成為中國古典詩歌的鼎盛時代不是偶然，主要原因是：

第一，從歷史發展角度看，唐代版圖遼闊，國勢強盛，南北文化融合，中外交流頻繁，為詩歌藝術提供了歷史機遇。

第二，從社會角度看，唐朝統治者建功立業，為唐朝的穩定繁榮奠定了堅實的政治基礎，也給了他們強大的自信，因而唐代的政治文化制度比較開明，文人的精神比較自由，批評時政的詩人也有生存和發展的空間，這為詩人的創作激情和創新形式提供了社會基礎。

第三，從文化角度來看，詩歌藝術本身也發展到了相當成熟的階段。從「風」、「騷」問世到「建安風骨」的形成，特別是樂府詩的長期積澱和大量普及，把中國詩歌推向了一個高潮，梁初的「永明體」從理論上為唐朝的近體詩（格律詩）出現做好了充分準備和蓄勢。

在上述背景下，大量天才詩人湧現，他們暢遊大江南北，或關注民生疾苦，或抒發英雄壯志，或描述邊塞奇觀，或流連田園風光。以王維、孟浩然為首的「田園詩派」，以高適、岑參為首的「邊塞詩派」，以孟郊、賈島為代表的「苦吟派」，以白居易、元稹為首的「新樂府派」，以杜牧、劉禹錫為代表的「詠史派」，還

有韓愈、柳宗元的瘦硬奇崛，李賀、李商隱的隱喻纏綿，流派紛呈，各領風騷。李白和杜甫的出現，更讓唐詩有了世界影響力。

❓ 為甚麼說李白和杜甫是中國偉大的詩人？

凡是讀過中國詩歌的人，無人不知李白和杜甫，他們是中國詩歌史上無法逾越的高峰。

偉大的浪漫主義詩人李白，生活在盛唐時期。他豪放不羈，遊蹤遍及大江南北。壯麗的山河給了他強烈的創作激情和動力，也啟發了他無限的想像力。他的詩歌有一種遠離人間功利與沉浮的仙氣，因此人們稱他為「詩仙」。他的詩歌從意境的組合、形象的塑造、素材的攝取到體裁的選擇和各種藝術手法的綜合運用，都顯示出典型的浪漫主義特徵。如果用兩個字來概括李白詩歌的主要特徵，那就是「飄逸」。此外，他常將奇特的想像寓於誇張、比喻、擬人等修辭手法之中，構成一種鬼斧神工、瑰麗動人的奇妙意境。七言歌行和絕句是李白最擅長的體裁。他最有代表性的作品當推《將進酒》、《蜀道難》、《夢遊天姥吟留別》、《靜夜思》、《送孟浩然之廣陵》等。

偉大的現實主義詩人杜甫，身處於唐朝由盛轉衰的時期，又值家道中衰，仕途上屢受重創，並且飽受亂離之苦。這種遭遇導致他的視野更多聚焦在底層勞動者，其詩多涉及社會動盪、政治黑暗、民生疾苦等內容，表達了仁愛精神和強烈的憂患意識。杜甫的詩歌最鮮明的風格是「沉鬱頓挫」，憂國憂民成為他永恆的主題，因此他的詩被稱為「詩史」。他的詩歌突出的藝術特點：第一是通過典型事物對現實生活作高度的藝術概括，第二是雄渾壯闊的藝術境界和細緻入微的表現手法的融合，第三是語言的通俗化與個性化。杜甫膾炙人口的詩篇有「三吏」(《新安吏》、

《石壕吏》、《潼關吏》)、「三別」(《新婚別》、《無家別》、《垂老別》)等。

❓ 為甚麼詞會在宋代興盛？

宋代是詞大放異彩的時代，詞完成了由「俗」到「雅」的蛻變。其實，詞在唐代就已經產生，但為甚麼詞直到宋代才會興盛呢？這和當時的社會、經濟、文人的審美傾向以及詞本身的發展都有關係。

「陳橋兵變」之後，趙匡胤建立宋朝，結束了自晚唐以來分裂動盪的局面。和平安定的社會環境促進了經濟繁榮，各種以娛樂為目的的文藝形式得到了快速的發展。詞天生就是為娛情而服務的。

宋詞的發展與文人的重視有密切的關係。宋初統治者採取了「崇文抑武」的政策，文官多有優厚的俸祿，他們大多會在家裏豢養伶人歌女，「輕歌曼舞」、「低吟淺唱」是這些文化官員常見的娛樂方式。他們嫌來自民間的詞太過粗鄙，便自己作詞來給歌女演唱。歐陽修、蘇軾都有給官伎作詞的故事流傳下來。文人詞作通過各種途徑流傳於民間，更有一些文人出入歌樓舞館直接為歌女寫詞，如柳永。詞的興盛刺激了詞人創作的熱情。詞又和詩歌述志的社會功用不同，其可以「暢敍幽情」。自由的體式，自由的抒情都使得文人傾心於詞的創作。

詞能在宋代盛行也是詞本身自然發展的結果。詞在唐代就已經出現，著名的詩人李白、白居易都有詞作傳世，晚唐以溫庭筠為代表的「花間派」興盛一時，五代南唐的李煜父子更是詞中高手，特別是李煜後期的詞作詞境擴大，是詞中精品。

　　宋詞就是這樣登上了歷史舞台，並且佔據了詞史中無與倫比的巔峰地位。

❓「婉約派」與「豪放派」有甚麼不同特點？

　　婉約和豪放是宋詞的兩種風格，在代表詞人、形成時間、題材內容、表現手法上都有自己鮮明的特點。「婉約派」的代表詞人有柳永、晏殊、晏幾道、周邦彥、秦觀、姜夔、歐陽修、李清照等；而「豪放派」除了蘇軾，還有辛棄疾、岳飛、陳亮、陸游、張孝祥、張元幹等。

　　從形成時間上看，「婉約派」要早於「豪放派」。詞在唐代誕生，它最初的使命就是為了「娛情」，詞的社會使命決定了它的題材範圍比較狹窄，大部分婉約詞寫的都是男女愛情、離別感傷等。從宋初開始，也有文人開始嘗試以詩入詞，或在詞中加入民歌的特點，試圖增加詞的表現力。直到蘇軾登上詞壇，「豪放派」才真正與「婉約派」相比肩。「豪放派」大大擴充了詞的題材範圍，國家大事、個人志向都可以入詞。

　　從情感表現的方式來看，「婉約派」含蓄委婉，「豪放派」則直抒胸臆。從語言風格上看，「婉約派」清新綺麗，婉轉有致，而「豪放派」境界開闊，一瀉千里。正如俞文豹《吹劍錄》的記載：東坡在玉堂日，有幕士善歌，因問：「我詞何如耆卿？」對曰：「郎中詞，只好十七八女子，執紅牙板，歌『楊柳岸曉風殘月』；學士詞，須關西大漢，銅琵琶，鐵綽板，唱『大江東去』。」[1] 這恰是對宋代詞壇不同詞風的形象概括。

1　宋・俞文豹撰，張宗祥校訂《吹劍錄全編》，古典文學出版社，1958 年，第 38 頁。

❓ 李清照的遭遇對她詞風的變化有甚麼影響？

在中國文學史上，很難看到女性的身影，直到李清照登上文壇。李清照出身書香門第，其父李格非是當時著名的文學家，良好的家庭環境為她的創作打下了堅實的基礎。她十八歲嫁給了趙明誠，幸福的婚姻和閨閣生活是她前期創作的主題。隨着丈夫的出仕，夫妻分居兩地，她寫出了一首首帶着思念和憂傷的望夫詞，其中也透露出夫妻心有靈犀的幸福感。

「靖康之難」將李清照的人生推向了不可預知的苦難。她與丈夫匆匆逃往江南，收集的金石文物和珍貴書籍也在戰火中遺失，更不幸的是丈夫也在路途中病逝。丈夫去世後，她拖着病體孤身一人逃難，詞作也多變成了沉重哀傷的生死悲歌，風格上也由明亮清新走向了沉重哀婉。往日看見大雁想到的是丈夫的關愛──「雲中誰寄錦書來，雁字回時，月滿西樓」[1]；如今再看到大雁是無比的傷心與絕望──「雁過也，正傷心，卻是舊時相識。」[2]李清照的詞作正是她生命歷程的映照，而其中的悲劇同時也是社會的悲劇。

李清照的詞作風格不落窠臼，在眾多詞人之中獨樹一幟。她善於從日常生活中汲取素材：「守着窗兒，獨自怎生得黑」[3]、「不如向簾兒底下，聽人笑語」[4]。窗、簾都是最常見的景物，但在李清照的筆下卻能巧妙表現出她老年寡居的寂寞和孤獨。

李清照的一生既尋找到了幸福的愛情與婚姻，也飽受過家破

---

1 宋・李清照《一剪梅・紅藕香殘玉簟秋》，凌楓等注釋解析《宋詞三百首》，上海古籍出版社，2015 年，第 207 頁。

2 宋・李清照《聲聲慢・尋尋覓覓》，凌楓等注釋解析《宋詞三百首》，第 211 頁。

3 宋・李清照《聲聲慢・尋尋覓覓》，凌楓等注釋解析《宋詞三百首》，第 211 頁。

4 宋・李清照《永遇樂》，凌楓等注釋解析《宋詞三百首》，第 214 頁。

人亡的苦難。她以女性特有的細膩與堅強創造了眾多情感豐富的詞作。在她的作品中我們既能感受到在和平年代女性對愛情的追求，也能感受到戰火紛亂中女性命運的悲苦。

❓「賦」是一種怎樣的文體？

賦作為一種文體，最早出現在《荀子》一書中，其主要特點是「不歌而誦」。它着重鋪敍和描寫，抒情不多；行文中韻散間出，詩文兼具；在篇章結構上，多採用問答形式。賦在漢代獲得極大的發展，是漢代有代表性的文體。

漢賦的發展一般分為三個階段。漢初的賦，被稱為「騷體賦」，繼承了楚辭的特點，代表作有賈誼的《吊屈原賦》、淮南小山的《招隱士》等。西漢盛年的賦被稱為「大賦」，這是漢賦的主要形式。大賦結構宏大，往往借物寓意，諷喻勸諫。藝術手法上鋪張揚厲，語言風格綿密細緻、富麗堂皇。枚乘的《七發》是開山之作，司馬相如的《子虛賦》和《上林賦》，揚雄的《甘泉賦》、《河東賦》，班固的《兩都賦》等也都是名篇。東漢中葉以後的賦被稱為「小賦」，以抒情、言志為主要特徵，代表作有張衡的《歸田賦》、趙壹的《刺世嫉邪賦》等。儘管大賦有華而不實、矯揉造作之嫌，但在豐富詞彙、辭句以及技法，特別是反映時代特徵、促進文學觀念的轉變方面，有着重要作用。

漢代之後，賦又經歷了俳賦、律賦和文賦等幾個階段。六朝賦又稱俳賦，是東漢抒情短賦的變體，篇幅短小，句式整齊，多為四六言，講究平仄，通篇押韻。唐宋階段講究韻律的賦稱為律賦，題目、字數、韻式、平仄都有嚴格限制。中唐以後產生的一種散文化的賦體被稱為文賦，句式錯落多變，押韻較自由。

❓ 唐、宋科舉考試怎樣寫「賦」？

科舉制度是通過考試選拔官員的一種制度。它源於漢朝，始於隋朝，確立於唐朝，完備於宋朝，興盛於明清，隨着中國封建社會的結束而退出歷史舞台。

科舉制一開始就建立了「自由報名、公開考試、平等競爭、擇優取士」的原則，打破了貴族世襲做官的壟斷，是新興地主和平民百姓進入仕途的通道。考試的方法從簡到繁，逐漸完備，科舉制也在歷史的發展中成為一種組織嚴密、操作性強的選拔制度。

唐代進士科試詩賦，產生了考試專用的律賦。律賦比駢賦更加注重對仗與聲律的工整嚴密，全篇字數、句數和韻式都有嚴格的限制。除此以外，還明確限定了韻腳字為四言兩句八字，即限八韻。

唐代的科舉賦才氣包舉、酣暢開闊，宋代的科舉賦以才為學、重視論議。這是社會制度和政治氣象在科舉中的反映。

❓ 散曲對詩詞的繼承與創新表現在哪裏？

元代是中國歷史上第一個由少數民族建立的統一政權。民族融合創造了不同文化深入交流與融合的機會，散曲作為一種抒情文學的新樣式應運而生，它短小靈活，可以獨立存在。相對於元雜劇而言，它往往表現為作家單純以短曲的形式抒情。在語言上，它遵守一定的格律，押韻較靈活，還可以根據情感來增加襯字。襯字口語化明顯，散曲形式上也更加自由活潑，內容豐富多彩。

雖然元朝統治者仍以「程朱理學」為統治思想，但是不可否認，儒學的影響日益減弱，加上元朝開國之君曾嘗試將蒙古與

中原文化進行融合，各種新的思想紛紛湧入中原。這些改變也促使文人的審美發生了變化，相比以往詩歌、詞的「哀而不傷」，講究含蓄之美，散曲沒有那麼多的束縛，它發揚了傳統的賦的手法，鋪陳直敘。同時正因為審美的變化，散曲的風格也是多種多樣，清代劉熙載在《藝概·詞曲概》中也把散曲分成三品：一曰清深，二曰豪曠，三曰婉麗。[1]在元後期，由於文人過分追求形式上的華麗，雕飾字詞，寫法逐漸向詩詞靠近，反而失去了散曲自己的獨特個性，走向衰微。

❓中國古典詩歌獨特的民族審美特徵有哪些？

第一，含蓄婉約。與外國詩歌的直抒胸臆不同，中國古典詩歌更多是追求詩意的含蓄和風格的深婉，追求一種「言外之意」和「韻外之致」。因此，古代詩論中有意象、意境、韻味等美學範疇。比如「枯藤老樹昏鴉，小橋流水人家，古道西風瘦馬」[2]通過一系列的意象組合，一種遊子天涯、孤愁苦旅的悲緒油然而生。

第二，音律和諧。在文字產生之前，詩、樂、舞同源。但是文字產生以後，詩歌的表達形式就根據不同的文字系統產生了分化。漢語是表意文字，大多為單音詞，又有四聲相區別，所以中國詩歌語言的組合、音節的變化就形成一套獨特的規律，從而造就了中國詩歌語言富有音樂性的特徵。唐代開始，大量的近體詩（格律詩）問世，講究平仄、對仗、押韻等規則，更是對詩歌音律的強化。

第三、教化功能。從《詩經》開始，以儒家為代表的正統觀

1　清·劉熙載著《藝概·詞曲概》，浙江人民美術出版社，2017年，第130頁。

2　元·馬致遠《天淨沙·秋思》，傅麗英、馬恆君校注《馬致遠全集校注》，語文出版社，2002年，第212頁。

念就要求詩歌所抒發的情感受到道德倫理的約束。如中國文人詩第一次創作高峰期的建安詩歌，或反映動亂現實、關心民生疾苦，或抒發豪情壯志、表現功業抱負等，都蘊含着文人的憂患意識和強烈的使命感，形成了「建安風骨」，成為中國詩史上寫實作品的一面旗幟。就中國古代詩歌的主流而言，從《詩經》到漢樂府民歌，從屈原創制的「楚辭」到近代傑出的愛國詩人黃遵憲的「新派詩」，都傳播着真、善、美的情懷，自覺地承擔起關照民族興亡的社會使命。

第二節　散文精華

　　中國是一個散文大國。與詩歌、小説、戲劇等其他文體相比，散文不但數量多，而且創作內容廣，綿延時間長，時代影響大。現代著名作家郁達夫曾説：「中國古來的文章，一向就以散文為主要文體。」[1]

　　迄今為止，中國散文已走過了約三千年的歷程。甲骨卜辭是散文的雛形，而《尚書》被奉為古典散文之祖。先秦時期，歷史散文與諸子散文是當時極為矯健的兩翼。到漢代，散文延續了先秦「文章經世」的傳統，論説散文與史傳散文的創作成就較高。魏晉南北朝時期，社會大動盪、大分裂，民族矛盾日趨激烈，除「建安文學」現出些微光芒外，散文總體上黯淡無光。唐宋時期，散文達到了巔峰，通過一系列文學運動的推動，散文的文風、文體演變迅猛，發展勢頭空前強勁。元代散文秉承唐宋風采，創作上主張「宗唐得古」。明清時期，散文的文體日趨多樣，流派多方並存。

　　縱觀民族發展的歷史長河，自先秦到晚清，散文在古代文壇上從未缺席。特別是在文道結合理念的作用下，散文與社會經濟、政治局勢的關係緊密，時代烙印鮮明。散文創作名家輩出，燦若星辰，先秦有儒家、道家、法家等諸子百家，漢代有司馬遷、賈誼、班固，唐宋有韓愈、柳宗元、歐陽修、「三蘇」父子、王安石、曾鞏八大家，明清有歸有光、袁宏道、張岱、姚鼐等。其經典作品無不表達着對社會、人生的獨特感悟，同時也記錄着

1　郁達夫編選《中國新文學大系・散文二集》，上海文藝出版社，2003 年，第 1 頁。

偉大的中華文明動態發展的歷程。散文以其強大的藝術表現力，成為中華民族前進道路上無可替代的文化載體，在華夏文化史上閃耀着不朽的光輝。

❓ 何謂散文？中國古代散文如何分類？

散文流傳之初，稱為「文」、「文章」或「古文」，最早從文學角度提及「散文」一詞是在北宋時期。當時「散文」僅指與駢文相對的散行文字。

散文的概念有廣義和狹義之分：

從廣義而言，散文的內容包括歷史、哲學、政治等一切生活領域，文體涉及韻文之外的所有文體。

從狹義而言，散文是與詩歌、小説、戲劇並列的一種文學體裁，是指用凝練生動、優美的文學語言，寫成的敍事、記人、狀物、寫景的短小文章。

古代散文的分類方式，往往以內容為主，形式為輔，通常分為四類。第一類是寫景狀物散文；第二類是記人記事散文，也叫記敍散文；第三類是説理論道散文，也叫議論散文；第四類是抒情言志類散文，也叫抒情散文。

❓ 中國散文最早的標誌性作品有哪些？

最早的散文片段是殷商甲骨文的卜辭，簡短記錄了當時的生活或重要活動，被視為早期片段式的散文；成篇散文的出現應該追溯到《尚書》。相傳《尚書》最早名為《書》，約成書於公元前五世紀。《尚書》原有 100 篇，孔子編纂並為之作序。後來因社會變遷，幾度焚毀修補，流傳至今。《尚書》是散文發展史上標誌性的作品，是迄今為止發現的最早的成篇的散文集。它記載了從堯

舜到夏商周兩千餘年的社會情況，內容豐富，感情真摯，善用譬喻，描寫生動，結構完整，有些膾炙人口的成語即出自本書，例如「綱舉目張」、「星星之火，可以燎原」等。

❓ 為甚麼宋代是古代散文發展最輝煌的時代？

兩宋時期，散文名家及作品層出不窮。明代文學家宋濂曾斷言：「自秦以下，文莫盛於宋。」[1] 在「唐宋八大家」中，宋代就佔了六席：歐陽修、蘇洵、蘇軾、蘇轍、曾鞏、王安石。宋代散文數量巨大，風格流派多樣，內容上以論道與論政為主，筆記文章也不失情趣。此外，散文理論和體式奮力拓展的時代也是在宋代，「散文」概念被提出並走向成熟。

❓ 小品文是怎樣一種文體？

「小品」一詞源於佛經翻譯，較詳的譯本為「大品」，較簡的為「小品」。小品文作為散文的一種，基本特徵就是「小」。一是在內容上的「小」，它記述的主要是瑣碎事情、偶然雜感。二是在篇幅上的「小」，文字精練，結構靈活，類似宋人筆記，但更廣泛更活潑自由，序跋、書簡、遊記、札記等皆在小品之列。小品文可隨意選取敘事、抒情、議論等手法，體式靈活且又不失審美情趣。

❓ 何謂「形散而神不散」？

「形散而神不散」被稱為散文最突出的特點。「形散」是指散文取材廣泛自由，表現手法靈活多樣。「神不散」是指立意要明

1　明·蘇伯衡《蘇平仲文集》原序，《四部叢刊初編》本，上海商務印書館，1922 年。

確。散文中寫人寫事只是表層，情感才是文章的靈魂，這些感悟就是不散的「神」，而作為寫作題材的人、事、景則是自由的「形」。散文在結構上往往借助線索將材料貫穿為一個整體。

❓ 如何品味「風情萬千」的散文語言？

語言優美是散文的重要特質，表現為情韻美、節奏美、形式美。對散文語言的品味，通常從三個方面展開。首先從修辭角度上品味，散文中常靈活運用各種修辭手法來增強表情達意的效果，因此我們要把握全文的感情基調，結合上下文，揣摩運用修辭手法的句子含義與表達作用；其次從遣詞造句角度上品味，捕捉那些鮮明生動、具體可感的詞語，深刻領會語句含義與文章主旨；最後從表現手法上品味，散文的表現手法豐富多樣，只有全面結合語境、把握文章風格，才能準確領會這些手法的藝術效果。

❓ 如何透過散文觀察作者的內心世界？

散文主旨是作者內心世界的表現，我們應運用合理的方法揣摩作者的內心。首先，要關注重要語句，如文中的抒情性、議論性語句，作者往往借助這些句子傳達個人的思想感情；還要關注寫作背景及意在言外、含義豐富的語句，這些語句往往出現在總起、總結、過渡等關鍵位置，是理解文章主旨的鑰匙。其次，要準確把握文中人、事、物的特點，領悟作者的感情傾向。通過品讀文中的內容重點，準確體會出作者的思想情感。再次，要理清文章線索，這有助於領會作者的內心世界。最後，要關注文章的詳略安排。對文章內容的詳略處理，自然是由其與文章主旨的關聯程度決定的。

第三節　小說創作

「小說」一詞，最早見於《莊子‧外物》，當時是指瑣屑修飾的言論。在記載春秋戰國的文獻中，諸子百家為了宣傳其學說，借用了不少史料、神話或者寓言。莊子認為這些言論與大道理相差甚遠，所以稱之為「小說」。

東漢時，「小說家」開始自成一派，班固在《漢書‧藝文志》中提到的所謂「小說家」，創作的內容基本出自野史，多是根據道聽途說的內容加工改造而成。班固還提到孔子對「小說家」的評價：雖然只是小道理，但也有其合理之處。同時，這種「小說」用於治國安邦又未免不足，所以君子是絕對不會去涉足這類文字的。班固的這段表述，基本繼承了莊子對「小說」的定位，認為其不能用於教化百姓、治國安邦，但同時也觸及了小說的一些基本特點：來源於生活而又未盡真實。當然，此時的小說的意思已經不同於莊子的定位，開始接近現代小說的特點。

小說與其他文學形式一樣，經歷了漫長的醞釀和積累，到南北朝時初具雛形，到唐代才真正形成。又經過了宋、元、明、清幾朝的發展，小說從成熟走向繁榮，日益被民眾接受，但從文學地位上，小說還是沒有改變末流的形象。戊戌變法時，梁啟超試圖藉小說在民眾中的廣泛影響為變法助力，大力倡導小說界革命，至此，小說才得以翻身。

今天小說的概念，是借鑒了西方文藝理論的說法，是與詩歌、散文、戲劇並稱的四大文學體裁之一。傳統意義的小說，作者往往借助鮮明的人物形象、完整的故事情節和典型的社會環

境，再現社會生活的某種狀態，並以此來表達作者的思想感情或者對生活的態度。

人物、情節、環境是傳統小說的三要素。小說中的人物，往往有生活的原型，但又綜合了其他人的一些事跡，雖然生活中沒有這個人，但這樣的一類人卻總能夠在生活中找到一些影子。而一部優秀的小說之所以被人銘記，很大程度上也是因為它塑造了許多形象豐滿、令人印象深刻的人物。情節是小說的生命，小說中的人物形象和主題都需要情節的推進來體現。與人物一樣，小說的情節也必須來源於生活，但並不是生活的複製和照搬，有時它會以一種荒誕的形式出現，但是它一定有其內在的邏輯性，它比現實生活更集中、更典型，因而更具有代表性。至於環境，恩格斯說過小說就是塑造典型環境中的典型人物，所以環境是人物存在的前提，它與小說的主題有着極其緊密的聯繫。環境包括自然環境和社會環境兩種，其中社會環境往往與人物和故事有直接關係，甚至有時社會環境就是故事情節的一部分，社會中的種種複雜關係，包括人物的身份、地位、社交等等都構成故事，也豐富了人物的內心世界。自然環境也不可或缺，它對表現人物心理、反映人物性格、連接情節以及表達主題等都有不可忽視的作用。

中國小說的發展按照時間基本分為古代部分和近現代部分，從先秦、兩漢時的萌發，到現代小說的百花齊放，中國小說經歷了漫長的發展歷程。

❓ 唐代傳奇有哪些經典名篇？

小說發展到唐代，漸趨成熟，唐傳奇就是唐代小說的代名詞。南宋文學家洪邁提出唐傳奇可以與唐詩媲美的觀點（《唐人說

薈》例言）。唐傳奇經歷了從發揚、興盛到衰落的過程。

發揚期主要經歷了初唐和盛唐兩個階段。南北朝時期的小説，特別是志怪小説，多以描寫神仙鬼怪為能事，到了初唐和盛唐，小説的描寫對象開始轉向生活中的人物。王度的《古鏡記》最為典型。到了中唐，傳奇達到鼎盛，內容題材豐富。神仙鬼怪類以《枕中記》和《南柯太守傳》為代表，歷史傳奇小説當推《長恨歌傳》，愛情類傳奇代表作有《霍小玉傳》、《李娃傳》、《鶯鶯傳》、《任氏傳》、《柳毅傳》等，俠義傳奇的代表作當屬《謝小娥傳》。晚唐小説逐漸走向衰弱，但《傳奇》等小説集作品仍有一定地位和影響。

唐傳奇是文言短篇，屬於文人的有意識創作，但創作者中基本沒有專門的小説作家。此後，文言短篇小説的創作多借鑒唐傳奇的樣式。蒲松齡的《聊齋志異》就汲取了唐傳奇的創作特色。唐傳奇的創作特色對話本小説也有影響，比如敍述、議論相結合的手法，比如詩歌的融入，比如傳神的細節描寫和對話描寫等。此外，很多題材和人物成為話本小説創作的素材。宋代時以其為藍本的話本小説就有不少。

古代戲曲中也出現了許多以唐傳奇為原型的經典曲目。如金代董解元的《西廂記諸宮調》和元代王實甫的《西廂記》，都以元稹的《鶯鶯傳》中的故事為原型。明代湯顯祖的戲曲「臨川四夢」更是以三部傳奇小説為原型。

❓ 宋元話本與唐傳奇有甚麼區別？

唐傳奇到宋元話本，中國古代小説完成了一次飛躍。二者的區別主要體現在以下幾個方面：

首先是創作隊伍的改變。唐傳奇的作者基本上都是有身份、

有地位的知識分子，沈既濟、許堯佐、李公佐、白行簡等都是進士出身，《玄怪錄》的作者牛僧孺更是官至宰相。而宋元話本的編寫者則以失意文人和低級官吏為主，還有「書會」中的才人、醫生、商人等。唐傳奇的描寫內容基本局限於社會中上層。而宋元話本的創作者因為本身扎根於市民社會，所以小說的內容也往往直接取材於市民的日常生活，反映市民的情感和意識。更加明顯的區別是，宋元話本往往將下層民眾作為小說的主角。

其次是思想觀念的變化。受作家出身和審美傾向的影響，宋元話本小說在對某些問題的看法上也出現了明顯的變化，突出表現在他們對婚姻、門第和女性等問題的看法上。唐傳奇非常自覺地維護男子的中心地位。宋元話本中很多女性則大膽、潑辣，敢於追求自由的愛情和婚姻。

最後是語言的平民化。由於宋元話本的作者群階層下移，話本突破了之前以文言為主的語言傳統，開始採用白話進行創作，把文學創作推進到一個全新的階段。這種文學的白話語言是在民間口語的基礎上吸收了一部分文言成分的全新文學語言。這種白話語言由於更貼近生活，敘述時往往給人以鮮明深刻的印象和生活經驗的啟示，特別是人物語言的通俗化，使得小說中的人物顯得更加鮮活和貼近實際。

❓ 明代擬話本相對於唐傳奇有哪些演變？

從唐傳奇、宋元話本，再到明代的擬話本，這是中國古典小說演變的一個過程。擬話本通常是指明代文人模擬宋元話本而寫的白話小說，題材主要來自於普通市民生活，表現市民的生活情趣與價值追求。由於明代工商業發展很快，促進了文化的發展，特別是嘉靖以後，書坊的大量湧現，刺激了刻書業，擬話本創作

興旺繁榮。[1] 許多擬話本直接取材於唐傳奇，但又有了不少發展變化。

擬話本相對於唐傳奇而言更貼近生活。唐傳奇受六朝志怪小說影響，所以其中的許多故事假託神仙鬼怪，而擬話本小說則更傾向於描寫時事。而且，擬話本小說的取材相當廣泛，除普通民眾的生活外，對官場、考場中的醜惡、腐敗也有所觸及。

擬話本的說教功能增強。唐傳奇的創作體現出明顯的興趣化特點，往往供讀者做茶餘飯後的談資。到了明代，文人成為小說創作的主角，開始強調小說的說理和教化功能。例如《醒世恆言》第三十八卷《李道人獨步雲門》中，李清從仙界返回人間，賑濟百姓，最後得道成仙，其中勸人行善、淡泊名利的教化意義溢於言表。

擬話本說教功能的增強與當時傳統禮教的回歸不無關係。明初統治者在思想、文化方面都加強了控制，同時也鼓勵通俗文藝宣揚封建教化。在這種雙重政策的引導和壓力下，通俗文學作家多以維護風化、勸善懲惡為己任，這與唐傳奇「作意好奇」的風格和「鬼物假託」的手法完全不同。

❓ 小說發展到明清時期為甚麼出現空前的繁榮？

王國維對古典文學的發展有過一個經典的概括，即「一代有一代之文學」[2]。如戰國的楚辭、漢代賦、南北朝駢文、唐詩、宋詞、元曲，到了明清時期，小說，特別是長篇章回體小說出現井噴式的繁榮，究其原因有以下幾個方面：

1　程國賦《從唐傳奇到話本小說之嬗變研究》，《江蘇社會科學》1995 年第 1 期，第 112 頁。

2　清·王國維《宋元戲曲史》，上海古籍出版社，1998 年，第 1 頁。

　　首先是市民階層的需要。明代中後期，資本主義萌芽開始出現，都市更加繁榮，市民階層也更為壯大。市民階層雖然文化水平總體不高，但是他們同樣有精神方面的需求。而在這一點上，傳統的詩歌已經沒有辦法滿足他們的需求，此時最能夠滿足市民階層的小說，便乘勢發展。

　　其次與意識形態的衝突相關。明清兩代不斷強化封建禮教以加強思想統治，但隨着資本主義萌芽的出現，民眾中反對封建禮教、追求個性解放的呼聲暗潮湧動，再加上一些進步思想家的宣傳引導，在文學上就亟需一個寄託和宣泄的出口。這時，小說便承擔起了這一份責任。

　　再次，出版印刷業的快速發展，也是小說迅速繁榮的一個原因。在資本主義萌芽的過程中，明清兩朝的出版印刷業率先走上了商業化的道路，市民階級對通俗文學的需求急劇增長。於是，那些最能反映當時市民階層思想和生活的小說就被反覆印刷，這也極大地擴大了小說的傳播範圍。同時，消費市場的繁榮又反過來刺激了小說的創作，促進了小說創作和傳播的空前繁榮。

　　當然，從傳承角度來說，明清小說的繁榮也是文學自身發展規律的產物。前有唐、宋、元三代的深厚積澱，上千年的小說發展過程中在藝術方法、情節建構、語言運用、人物塑造等方面積累了寶貴經驗，這些都為明清時期小說的繁榮打下了堅實的基礎。同時代的一些文學家和批評家搖旗吶喊，也將創作實踐拉到了一個理論的高度，擴大了影響。如李贄、袁宏道等人，他們打破傳統的文學偏見，對小說等通俗文學作出極為崇高的定性和評價，在理論上為小說的發展開拓了道路。

❓《金瓶梅》在中國小說史中具有怎樣的地位？

《金瓶梅》與《水滸傳》、《三國演義》、《西遊記》並稱「明代四大奇書」，但被統治者視為淫書而遭到封禁。該書於明朝隆慶至萬曆年間著成，作者筆名「蘭陵笑笑生」，但具體是何人，至今爭論不休。在此之前，中國的長篇小說的創作模式以「搜集＋加工」為主，題材上也限於歷史故事或者神話傳說。《金瓶梅》成書則完全基於文人的獨立創作，小說以基本寫實的方式表現民眾的現實生活。可以說，《金瓶梅》是古典小說中人情小說的開端。

從《水滸傳》「武松殺嫂」一段脫化而出，《金瓶梅》主要描寫了西門慶從發家到敗落的過程。「金瓶梅」中的「金」指潘金蓮，「瓶」指西門慶的另一小妾李瓶兒，「梅」指西門慶寵婢龐春梅。小說以北宋為時代背景，但研究者大多認為故事內容直指明朝社會。

《金瓶梅》人物龐雜，涉及 200 多人，但並沒有給讀者以混亂的感覺。與以往小說中更多着重安排故事情節不同，《金瓶梅》在人物描寫上濃墨重彩，小說在刻畫人物性格方面也更注重從多個方面、層次入手，人物形象也更加豐滿。

魯迅在《中國小說史略》中提到，《金瓶梅》的作者對於當時的人情世故理解得非常透徹，並認為當時的小說沒有一部超過《金瓶梅》。鄭振鐸也認為，要論能夠體現當時中國社會百態的小說，沒有一部可以出其右。

❓ 中國古典小說「四大名著」有何藝術價值？

「四大名著」的說法確定時間不詳，這種提法大致起源於「四大奇書」。明代時，《水滸傳》、《三國演義》、《西遊記》和《金瓶

梅》並稱為「四大奇書」。《紅樓夢》問世之後，取代了《金瓶梅》的位置。

《三國演義》是歷史演義小說的代表作，作者為羅貫中。全書以東漢末年黃巾起義到西晉統一這一百多年間的歷史為背景，重點敍述了魏、蜀、吳三個政權的興建、發展再到滅亡的過程。小說共 120 回，塑造了近 200 個歷史人物，其中一些人物和事件為虛構。小說的眾多人物中，以諸葛亮、關羽和曹操最為著名：在中國民間，諸葛亮是智慧的化身，關羽則象徵着忠義，而曹操儼然是奸詐的代名詞。當然，讀者對人物形象的解讀與小說中的政治傾向——「擁劉貶曹」有着密切聯繫。

《水滸傳》是英雄傳奇小說的代表作，作者施耐庵。小說以宋徽宗宣和元年（公元 1119 年）發生的宋江起義為主要原型，藝術地再現了中國古代人民反抗壓迫、英勇鬥爭的悲壯畫面。小說的成功之處在於塑造了眾多鮮明的梁山好漢形象。《水滸傳》有不同版本，內容各有增刪。

《西遊記》是神魔小說的代表作，作者吳承恩。小說以唐貞觀年間玄奘赴印度取經為背景，以一系列跌宕起伏、扣人心弦的神話故事，成功地塑造了唐僧師徒四人的不同形象。孫悟空身上體現出的那種桀驁不馴、不畏艱險、嫉惡如仇的性格正是人們所追求的。而這一形象在取經前和取經後截然不同的表現，也體現了小說在個體價值和社會價值兩方面的追求：「大鬧天宮」中蘊含的是桀驁不馴的個體自由精神，「西天取經」則體現不畏艱險的追求探索精神。

《紅樓夢》是世情小說的代表作，作者曹雪芹。小說具有曲折隱晦的藝術手法、淒涼深切的情感格調與強烈深刻的思想底蘊，也成功塑造了眾多個性鮮明的人物形象。小說在古代民俗、封建

制度、社會圖景、建築藝術、服裝飲食等不同領域都極具研究價值，被譽為中國封建社會的「百科全書」。《紅樓夢》是公認的中國古典小說的代表作，後世關於《紅樓夢》的研究形成了一門專門的學問——「紅學」。

❓ 中國現代小說與古代小說有甚麼區別？

文學史上一般將「五四」到新中國建立這一時期定義為「現代」，「現代小說」一般指創作於這一時期的小說。但「現代」不僅是時間概念，現代小說是與古典小說不同的一種新型小說。現代小說的「新」可以從以下幾個方面來理解：

1. 現代小說宣揚的理念和塑造的形象與古典小說完全不同。「五四」和新文化運動帶來了民主和科學的精神，這種精神也成為現代小說的主要理念。在形象塑造上，最平凡的工人、農民和知識分子開始成為小說的表現對象。

2. 現代小說對人物性格的重視突破了古典小說的不足。中國的大部分古典小說重視故事情節，現代小說受西方性格小說的影響，大量作品都開始將重心轉移到人物性格的刻畫上。

3. 現代小說開始重視小說的結構和體式。中國古典小說的長篇以章回體為主，短篇也可以看成是長篇的壓縮，小說結構形式完全與情節發展重疊在一起。而現代小說無論短篇和長篇，都很重視結構。人物的形象和內心世界通過生活的某些橫截面來體現，甚至採用電影蒙太奇式的組接法等來塑造。

4. 現代小說在敘述視角和敘述人稱上有重大突破。中國古典小說大多採用全知視角（或上帝視角）。在敘述人稱上，也是以第三人稱為主。現代小說中也有全知視角，但從某個特定人物的角度來敘述故事的小說成為主流，稱為有限視角。小說在採用有限

視角敍述時，人稱可以是第三人稱，也可以是第一人稱。

5. 現代小說對心理描寫和心理分析非常重視。前面提到，中國古典小說缺少對人物細緻的心理描寫。而現代小說借鑒西方小說，在讓人物自己來表現自己的傳統基礎上，增加了心理分析的元素，這也是中國小說現代化的一個重要標誌。

❓ 為甚麼說《中國小說史略》是一部開山之作？

1920 年開始，魯迅先生應邀到北京各高校講授中國傳統小說的發展，《中國小說史略》（以下簡稱《史略》）就是在其講義基礎上增補而成，1923 年正式出版，全書加上提要，總共為 29 篇。胡適稱讚這本書是「開山的創作」[1]。

《史略》對中國傳統小說的梳理，一方面依據朝代，涵蓋漢、六朝、唐、宋、元、明、清等歷史時期，展現了小說從發端、成形、成熟、轉折到繁榮的發展歷程。另一方面，立足於各個階段小說的特點，並依此進行分類，從形式上來講，有唐傳奇、宋元話本、明朝擬話本等；從內容和主題上來分，則有六朝時的志人志怪小說，元明時期的講史小說，明朝的神魔小說和人情小說，以及清朝的諷刺小說、狹邪小說、俠義公案小說和譴責小說等等。

全書在梳理各階段小說的成就和特點的同時，對作品在創作上的得失也都給出了獨到的見解。比如魯迅先生認為《三國演義》在對劉備和諸葛亮的描寫上還是存在着一些不足。《兒女英雄傳》中的俠女形象脫離生活，人物形象過於類型化等。此外，《史略》對小說的社會歷史背景和思想文化背景都作了系統的闡述，對歷代的重要小說作家和代表性作品也都有較為詳細的介紹。

1　胡適著《白話文學史》，百花文藝出版社，2001 年，第 6 頁。

可以這樣説，《史略》是一本自成體系的中國小説通史。魯迅先生在《史略》中採用的類型研究方式也成為此後小説研究的基本模式。

第四節　戲曲雜劇

　　中國戲曲，興於民間，與希臘悲喜劇、印度梵劇同樣古老，同樣經典，而當後兩者逐漸進入博物館，成為需要搶救的非物質文化遺產時，中國戲曲卻在多年後又爆發出了蓬勃的生命力。君不見《遊園驚夢》連演不衰，《白蛇傳》場場爆滿，《1699 桃花扇》叫好又叫座。崑曲的聲腔在海內外又漸次響起，在詩詞、小說日漸式微的現代，戲曲持續上演華麗逆襲的好戲。

　　源於「百戲」的戲曲本是無名無分的藝術形式，它長期倚傍於雜技，看歌舞的顏色行事。兩宋政局的屢弱讓很多附着在雜技、歌舞上的文化形式漸漸淡出了人們的視線，唯獨戲曲，卻在此時蓬勃發展，以不可阻擋之勢，在中國文學史上留下了濃墨重彩的一筆。文化在元代的蕭條有目共睹，而戲曲卻在這文化沙漠時代開出了絢爛的花朵，令人稱奇。元朝以降，明清兩代的戲曲，依然展示其逆勢上揚的姿態，官府愈禁演，民間愈火爆，北方雜劇雖漸沒落，南方戲曲卻方興未艾。社會輿論瞧不起戲曲藝人，但那些文化精英、風流才子卻創作出一折折懷金悼玉的好戲。

　　戲曲之所以能歷千年而韶光正好，與它出身民間是分不開的。從來沒有哪個朝代可以以戲取士，戲曲向來都是不入流的行當。正是「野狐禪」的身份，讓它少了很多羈絆。文雅典麗絕不是它追求的目標，文人案頭絕不是它的最終歸宿。它的生命力在於民間，在於草台班子的四方巡演；它不用取悅達官顯貴，關注的是百姓的需求，在意的是百姓的叫好聲。戲曲，是老百姓「捧」

出來的。

「五四」以來，新文化運動興起，西方話劇在中國漸熱。話劇的出現為戲劇這一古老的藝術形式增添活力的同時，很大程度上也湮沒了民族戲劇的本來面貌。一段時間以來，人們習慣於欣賞西方的話劇台詞，習慣於圭臬般的「三一律」，卻很少能夠聽懂圓潤柔美、悠揚徐緩的曲詞，很少有人能看懂戲曲的曲牌聯套。幸而，當下戲曲又迎來了涅槃重生的時刻，正所謂「一代有一代之戲曲」，古老的戲曲在綿延不絕的發展中更加搖曳多姿、熠熠生輝。

❓ 戲曲為甚麼興盛於元代？

首先，是戲曲自身的演進使然。經過漫長的孕育和發展，金末元初，以元雜劇為代表的戲曲進入了它的成熟期。歷史記載，金章宗時，雜劇「鳳凰四飛」已經在中都（燕京）演出。晉南地區出土的雜劇磚雕墓葬群所顯示的歌舞說唱表演體制已經與後世的雜劇無異。

其次，市民文化的迅速崛起。自唐宋起，世家貴族走向衰落，商人地主階層崛起。社會結構的變化導致城市勾欄、瓦肆的出現和市民遊冶之風的興起。人們的審美需求也開始發生變化，描摹世俗生活，曲盡世間百態，講述悲歡離合的通俗文藝受到人們的喜愛。最著名的例子就是描寫男女愛情的唐傳奇《鶯鶯傳》，宋時被改編為說唱流傳於民間，而到了金章宗時期又被董解元改寫為諸宮調，後來又成為元雜劇《西廂記》的藍本。

此外，文人參與雜劇的編寫，成為元雜劇興盛的重要原因。金末元初，一批文人或絕意仕途，或為異族壓迫，無仕進之望，遂流連於勾欄、瓦舍，這就使他們能夠熟悉戲曲演出的形式，

進而他們開始大量寫作劇本，從而促進了元代文人雜劇創作的興盛。

❓ 諸宮調和元曲有甚麼關係？

諸宮調就是在一齣戲中使用若干宮調中的若干曲子，結構和表現形式更加靈活。它説、唱結合，使戲曲由單純的歌舞向敍事過渡。宮調指每段樂曲的調高和調式，並用特定稱謂做標誌。每段樂曲都有所屬之宮調，比如【端正好】屬於仙呂宮，【一枝花】屬於南呂宮。現存金代中葉董解元的《西廂記諸宮調》可以稱為代表作，它的出現為元雜劇的誕生鋪平了道路。元曲所用曲牌如【點絳脣】、【端正好】等皆出於諸宮調。每一宮調之下統攝若干支曲子，曲間有唸白，這些元曲的樣式皆出自諸宮調。

❓ 甚麼是元雜劇？

「雜劇」一詞，宋代就有，它是包括滑稽戲、訝鼓、皮影等雜戲，採用大曲、法曲等樂曲的「百戲」的通稱。至元代，雜劇走向成熟。雜劇有固定體式，每劇四折，或加一楔子，每折使用一種宮調。曲本講、唱結合，採用代言體（第一人稱敍事）。曲本中標示動作曰科，標示言語曰白，標示歌唱曰曲。雜劇之中分末、旦、淨、丑四種角色。雜劇每折之中只限一人唱，其餘角色只能在楔子中唱。其作家多為布衣小吏，深知百姓疾苦，劇本反映現實生活，深受百姓喜愛。元雜劇在元代初期最為鼎盛，元代中後期開始衰落，漸漸與南戲相融。

❓ 甚麼是南戲？

南戲是與元雜劇並行的戲曲，流行於南方，語言輕柔曲折，

體制更加靈活。元初期，元雜劇文學成就更高，南戲未能得到充分發展，元代中期以後，雜劇創作中心南移，劇作家鄭光祖、宮天挺等久居餘杭，北劇與南曲漸漸融合。南戲代表作有：柯丹丘的《荊釵記》，永嘉書會才人的《白兔記》，元人施惠的《拜月亭》，作者不詳的《殺狗記》，最有名的當屬元末明初高明寫的《琵琶記》。20 世紀初發現的《張協狀元》，是迄今為止中國最早的也是保存最完整的劇本，證明了南戲在南宋時已經出現。

❷ 明代戲曲有甚麼特點？

明代出現了中國戲曲發展的第二個高峰，具體表現在三個方面。

一是家樂盛行，戲曲深入民間。尤其是江南一帶，如湯顯祖、沈璟等家中皆備戲班。署名為「據梧子」所撰的《筆夢》一書，詳細記載了常熟士大夫錢岱家中的家樂戲班。明代無論是富戶還是貧民，為看戲曲演出，均不惜廢市罷業。

二是創作異常繁榮，作品數倍於元代。明代戲曲作者遍及社會各個階層，有皇室貴胄，也有飽學鴻儒，如理學名臣邱濬，也有失意文人，如湯顯祖、徐渭等。戲劇的社會地位、創作水平得到了極大提高。

同時，許多戲劇家對戲曲創作經驗的分析總結，也使得戲曲批評得到了空前發展，如朱權的《太和正音譜》、魏良輔的《曲律》等。

明代對戲曲最重要的貢獻是在南方孕育出了戲曲新樣式——傳奇，其唱腔（唱法）對作品的創作產生了極大的影響。南方方言駁雜，南戲（傳奇）中有四大唱腔，弋陽、海鹽、崑山、餘姚，此外尚有多種聲腔。嘉靖年間魏良輔等人對崑山腔做了重大

改革，使得被士大夫目為「極厭觀聽」的崑山腔溫潤高雅，深得士大夫喜愛。明隆慶年間，梁辰魚根據「崑山腔」寫的《浣紗記》搬上舞台，大獲成功。從此，傳奇取代雜劇盛行於世。

❓《西廂記》對《紅樓夢》產生了甚麼影響？

首先，《紅樓夢》借用《西廂記》語言鋪排情節。第四十九回賈寶玉覺得林黛玉與薛寶釵關係變好，就很納悶，於是寶玉就借用《西廂記》來表示疑問，既有雅趣，又凸顯出寶黛二人的親近。

黛玉聽了，便知有文章，因笑道：「你唸出來我聽聽。」寶玉笑道：「那《鬧簡》上有一句說得最好，『是幾時孟光接了梁鴻案？』這句最妙。『孟光接了梁鴻案』這五個字，不過是現成的典，難為他這『是幾時』三個虛字問得有趣。是幾時接了？你說說我聽聽。」黛玉聽了，禁不住也笑起來，因笑道：「這原問的好。他也問的好，你也問的好。」寶玉道：「先時你只疑我，如今你也沒的說，我反落了單。」黛玉笑道：「誰知他竟真是個好人，我素日只當他藏奸。」因把說錯了酒令起，連送燕窩病中所談之事，細細告訴了寶玉。

其次，化用《西廂記》語言創設情境。《紅樓夢》中有不少場景的描寫化用了《西廂記》的詞曲。如第二十五回寶玉早上起來尋找小紅：

一時下了窗子，隔着紗屜子，向外看的真切，只見好幾個丫頭在那裏掃地，都擦胭抹粉，簪花插柳的，獨不見昨兒那一個。寶玉便靸了鞋晃出了房門，只裝着看花兒，這裏瞧瞧，那裏望望，一抬頭，只見西南角上遊廊底下欄杆上似有一個人倚在那裏，卻恨面前有一株海棠花遮着，看不真切。

一段看似平淡無奇的生活場景描寫，脂硯齋對此大加讚賞，「余所謂此書之妙皆從詩詞句中翻出者，皆係此等筆墨也。試問觀者，此非『隔花陰人遠天涯近』乎？」

王實甫和曹雪芹對封建禮教扼殺人性、摧殘愛情的惡行有共同的憎惡和強烈的悲憤。《老殘遊記·自序》中就說道：「王實甫寄哭泣於《西廂》，曹雪芹寄哭泣於《紅樓夢》。」[1] 曹雪芹在思想上超越王實甫之處在於《紅樓夢》道出了平等自由的婚姻愛情觀。

當然，《西廂記》詞曲優美，文采絢麗，鶯鶯、張生、紅娘等人形象鮮明，曹雪芹在文中不止一次借寶黛之口稱讚《西廂記》「詞句警人」，「果然有趣」。

❓《竇娥冤》何以成為那個時代最受歡迎的作品？

在關漢卿眾多作品中，《竇娥冤》是最有代表性的作品。日本學者青木正兒讚曰：「此劇為元曲悲劇的第一傑作。」[2] 該劇之所以深受歡迎，有以下幾個原因：

第一，表達了普通民眾的內心期許。《竇娥冤》深刻揭示了「官吏無心正法，百姓有口難言」的社會現實，但竇娥希望有「清如鏡，明如水」的統治者來替她伸冤，戲曲的結局也是如此。顯然，這裏想要強調的是王法，清官終將戰勝罪惡。符合中國普通民眾的內心期待。

第二，符合大眾的欣賞習慣。《竇娥冤》多種衝突交織，具有強烈的戲劇性。失去父親、丈夫亡故、遇見歹人、遭遇貪官、被迫認罪，現實的殘酷震懾着觀眾的靈魂；情節曲折複雜，節奏緊

1　清·劉鶚《老殘遊記》，浙江古籍出版社，2010 年，第 1 頁。

2　日·青木正兒著，隋樹森譯《元人雜劇序說》，山西人民出版社，2015 年，第 68 頁。

湊，極大地調動了觀眾的驚奇感。《竇娥冤》也被認為是中國最早的公案劇。

第三，人物形象極易引起情感共鳴。竇娥身上有堅強的一面，符合當時社會的倫理要求。她孝順婆母、恪守婦道，她的反抗更多的是為了維護傳統。因此，她的死亡能夠激起當時的觀眾深深的同情和悲憫。

第四，通俗的語言符合演出需求。雜劇主要是給文化水平相對不高的老百姓看的，語言通俗是戲曲作品成功的一個重要標準。那段最著名的【滾繡球】，使用了大量的修辭手段，但其語言卻直白易懂。

❓ 如何理解戲曲中的「本色當行」？

一部好的戲曲，人們通常用「本色當行」來評價。「本色」和「當行」本是兩個概念。

「本色」由詩論移植而來，本指戲曲的語言特色，延伸為指曲文語言切合劇中人物身份和個性，貼近社會生活；也指戲曲藝術地表現生活本來面目。「當行」本指精通某種業務或技能的行家，在戲曲創作上，要求曲文的創作符合舞台演出的要求，要可演可傳。明代，戲曲理論家逐漸將「本色」、「當行」並用。「本色當行」的曲文具有如下特點：

一是俗文學性。突出語言的通俗性、生動性，根據扮演人物的要求、演出環境的需要，該俚俗俚俗，該典雅典雅。

二是可供舞台演出。要充分考慮舞台表演的要求，曲文要「勝場」，而非僅供於案頭。

三是語言代言性格。演員與劇中人物之間的距離要儘可能縮短，作家創作人物語言時要「求肖似、合口吻」。

四是可唱性。曲文要曲詞結合，曲調合拍。

❓ 中國文學史上哪些劇碼最有影響力？

元明清三代都有里程碑式的作品，元雜劇現實主義的代表作是「四大悲劇」——關漢卿的《竇娥冤》、馬致遠的《漢宮秋》、白樸的《梧桐雨》、紀君祥的《趙氏孤兒》。王實甫的《西廂記》則開闢了浪漫主義的道路。

元代高明根據宋元時期流行於民間的蔡伯喈的故事創作了《琵琶記》，標誌着南戲的成熟，被譽為「曲祖」、「南曲之宗」。其後，徐渭創作的《四聲猿》（《雌木蘭替父從軍》、《狂鼓史漁陽三弄》、《玉禪師翠鄉一夢》、《女狀元辭凰得鳳》四齣短劇總稱），其思想內涵在明代雜劇中無與倫比，藝術上亦莊亦諧，雅俗共賞。

明隆慶年間，梁辰魚根據崑山腔寫就的《浣紗記》搬上舞台，大獲成功。從此，南方戲曲傳奇取代雜劇鼎盛於世。

明末，戲劇大家湯顯祖驚艷亮相，「臨川四夢」（《紫釵記》、《牡丹亭》、《南柯記》、《邯鄲記》）影響深遠。尤以《牡丹亭》成就最高，詞曲典雅，清遠婉轉，已有多種文字的譯本。

清初，洪昇的《長生殿》和孔尚任的《桃花扇》雙峰並峙，蔚為奇觀。《長生殿》旋律優美，曲詞文雅，結構細密，莊諧參差，交錯有致。近代戲曲大家吳梅稱其「集古今耐唱耐做之曲於一傳中」[1]。《桃花扇》是清代傳奇代表作，戲中故事都「確考時地，全無假借」[2]，通篇佈局工整，詞采出眾，王公貴紳，爭相傳抄，康熙曾將劇本傳入宮中觀閱，之後譽滿京華。

1　吳梅著，馮統一點校《中國戲曲概論》，中國人民大學出版社，2004 年，第 198 頁。

2　周妙中著《清代戲曲史》，中州古籍出版社，1987 年，第 143 頁。

第四章

語言文字

　　語言學是國學的基本內容之一，中國傳統的語言學包括文字學、音韻學、訓詁學等，在歷史上統稱為「小學」。一般來講，文字學側重字形的研究，音韻學側重字音的研究，訓詁學側重字義的研究。

　　「文」與「字」在語言學中是兩個概念。最早從學術角度闡述這兩個概念的是東漢的許慎。「倉頡之初作書也，蓋依類象形，故謂之文。其後形聲相益，即謂之字。文者物象之本，字者言孳乳而浸多也。」[1] 許慎首先把字分為獨體與合體。他認為，從描摹物體形狀的圖畫演變來的象形字、抽象符號形成的指事字，形體結構是獨體的，這是由文的紋飾引申為物象意義的，因此叫作文；在

---

[1]　東漢·許慎《說文解字》，上海教育出版社，2003 年，第 1 頁。

獨體字的基礎上，由象形字、指事字相互組合，構加部分都作為形符的形聲字，即「形相益」，構加部分都作為聲符的形聲字，即「聲相益」，這是由字的本義引申為文字形體「孳乳」意義的，這些合體結構的字才叫作「字」。許慎認為，「文」是倉頡最初造字的形體，「字」是在「文」的基礎上不斷發展的結果。

漢字是世界上最古老的三大文字系統（漢字、古埃及的聖書字和蘇美爾人的楔形文字）中唯一沿用至今的文字。

第一節 漢字演變

漢字、古埃及的聖書字和蘇美爾人的楔形文字，是世界上最古老的三大文字系統，沿用至今的只有漢字。

關於漢字的起源，有「結繩説」、「刻契説」等，影響最大的是「倉頡造字」説。傳説倉頡造字，泄露了天地造化的靈祕之氣，以至於「天雨粟，鬼夜哭」[1]。倉頡，是傳説中黃帝的史官，有可能收集、整理、統一過漢字。但漢字書寫符號系統複雜，不可能成於一人之手。可以設想，在「獸蹄鳥跡之道交於中國」[2]（《孟子·滕文公上》）的年代，我們的先人在生產實踐中，在鳥獸的蹄跡中得到啟發。於是，他們「依類象形」、「分理別異」，在一些寫實性圖畫或原始花紋圖案的基礎上，將一些圖案固定下來，逐漸創造了文字。

歷史上的「文」是獨體字，「字」是合體字，「文」與「字」是兩個概念。根據許慎的説法，起源於象形字的獨體字為「文」，由「文」派生出來的合體字是「字」。

漢字的完整體系在商朝時大體形成。其演變趨勢是由繁到簡，分成古文字和隸楷兩個階段。古文字階段大概可以追溯到公元前 1400 年到公元前 300 年，約一千年。唐蘭先生根據字形特徵，把這約千年的演變文字分為商代文字、西周春秋文字、戰國文字以及秦文字四大類。商代文字主要都是藉由甲骨文來認識，西周文字主要是透過銅器的銘文認識。春秋、戰國之際，古文字

1　陳廣忠《淮南子譯注》（上），上海古籍出版社，2017 年，第 290 頁。

2　楊伯峻《孟子譯注》，中華書局，2016 年，第 113 頁。

變化劇烈。大約戰國中期，俗體字的發展突飛猛進。秦系文字主要繼承了西周的文字，有正體與俗體之分。秦代「書同文」的過程中，秦始皇在命令李斯創立小篆後，也採納了經程邈整理的隸書。隸書是古今文字的分水嶺，因為隸書奠定了現代漢字字形結構的基礎。至唐，隸書向楷體過渡，衍生出草書。宋代印刷術發明之後，出現了宋體。

❓ 漢字起源於何時？

甲骨文是迄今為止公認的最早的漢字，距今已有三千六百多年。隨着考古的發展，許多學者以出土的陶文為基礎對漢字起源時間做出以下推測：

1. 賈湖契刻、大地灣陶文。賈湖契刻發現於 20 世紀 60 年代初期，位於河南省舞陽縣北舞渡鎮賈湖村。1987 年出土的甲骨契刻符號，距今約八千年，1978 年甘肅秦安大地灣遺址發現的符號，距今七千餘年。

2. 半坡仰韶文化的彩陶符。1921 年，陝西西安半坡仰韶文化遺址被發現。其後出土了不少距今約五六千年的彩陶，刻有許多重複出現的簡單的幾何符號。郭沫若、于省吾等學者認為這些簡單的幾何符號是文字。

3. 陵陽河遺址的陶器符。1957 年，山東莒縣陵陽河遺址被發現，在隨後出土的陶器上發現四個象形符號，距今四千多年。李學勤、高明等學者認為大汶口象形符號是最早的漢字。

❓ 漢字起源的淵源物有哪些？

漢字起源的淵源物歷來為學者所重視。流傳較廣的有以下五種：

1. 八卦説。認為文字起源於八卦。八卦是二進制，與「數」理和計數工具有關，而數字是原始初文的重要組成部分。

2. 河圖洛書説。「河圖」的傳説發生在洛陽的孟津縣，指的是「龍馬負圖出於河」獻給伏羲的傳説。「洛書」的傳説發生在洛陽的洛寧縣，指的是「神龜負文出於洛」獻給大禹的傳説，大禹據此定下九章大法以治理天下。

3. 結繩説。據民俗學考證，很多原始部落都採用過結繩記事的方法。北魏先世的生活就曾是「不為文字，刻木結繩而已。」[1] 結繩記事用來記錄數目尚可，完整記事則難。

4. 契刻説。古時雙方需要契約或憑證的時候，就把一些數字符號或象形符號刻劃在竹片、木片或陶器上以幫助記憶。這種形式有可能逐漸演化成類似青銅器上的族徽文或是竹簡木牘之類的文書。

5. 圖畫説。現代學者多認為漢字起源於原始的記事圖畫，出現了以梁東漢（認為「圖畫是文字的唯一源泉」[2]）和唐蘭（明確提出「文字的起源是圖畫」[3]）為代表的「一元論」主張，以劉大白、郭沫若為代表的「二元論」（認為刻畫和圖畫並存）主張，以汪寧生為代表的「三元論」（文字由物件記事、符號記事、圖畫記事這三類記事方法引導出來）主張。

❓ 漢字演變發展經歷了哪幾個重要的階段？

從整個漢字演變發展歷程看，甲骨文、小篆和隸書這三個階段具有里程碑意義。

1　北齊‧魏收《魏書》，中華書局，2017 年，第 1 頁。

2　梁東漢《漢字的結構及其流變》，上海教育出版社，1959 年，第 25–26 頁。

3　唐蘭《中國文字學》，上海古籍出版社，2005 年，第 50 頁。

1. 甲骨文——類似圖符的漢字。各地出土的器物上保留着許多類似圖畫的象形符號，有的是類似圖符的雛形文字。殷墟甲骨的辨識，確認了漢字出現的年代。甲骨文是現代漢字的源頭。

2. 小篆——第一次由官方統一規範定型的文字。與甲骨文相比，在小篆之前的金文（大篆）結構漸趨緊湊，字形漸趨穩定，行款排列順序上也有了條理，但仍未擺脫甲骨文的圖畫風格，形體沒有規則且未固定，結構鬆散，書寫形式要描畫進行。

大約從商代後期開始，漢字的形體結構一直保持着金文的形式，其後千年漢字使用差異很大。秦統一六國，秦始皇決定統一文字，漢字就此進入小篆階段。小篆的特點是整體呈長方形，每字大小一致，且結構方正協調，筆畫纖細勻稱，筆順形體固定。小篆的統一推行，是漢字發展史上第一次由官方主導的規範化行為，結束了春秋戰國以來漢字使用的混亂局面，奠定了漢字的方塊形的字形基礎，也為漢字過渡到今文階段奠定了堅實基礎。

3. 隸書——漢字形體結構演變的最後一站。小篆雖然由官方規範，但它的形體結構畢竟還沒有完全擺脫金文（大篆）象形圖畫的書寫特點，筆畫結構繁雜，且不易書寫，只能歸屬於古文字階段。

小篆一統標準的同時，「簡寫體」漢字也悄然興起，即快速簡寫的小篆（根據出土簡牘，隸書起源於戰國）。因這種「簡體」首先從「徒隸」之手興起，後人便把它叫作「隸書」。

成熟的隸書，省去了許多結構複雜的象形部分，改變了漢字原先象形圖畫式的特徵，橫畫長，豎畫短，字形寬扁，由此漢字也成了偏方形的抽象符號。

楷書早在東漢就已出現，書寫也比隸書更為方便，形體更為端正大方，尤其是基本筆畫更趨標準化。但楷書與隸書相比，差

異僅是筆畫的走勢和筆法運用而已。

隸書的出現使漢字從此進入今文字或現代漢字階段，史稱「隸變」。從此，漢字正式定型。

❓ 何謂「六書」？

關於漢字構造最早的理論是「六書」說，「六書」分別是指「象形、指事、會意、形聲、假借、轉注」。前面四種為造字法，後面兩種為用字法。「六書」最初是周王室用來教育貴冑子弟的「六藝」之一，但《周禮》沒有具體解說「六書」的內容。到了漢代，大儒鄭眾、班固和許慎等把「六書」解釋為漢字構造的六種基本原則。許慎在《說文解字‧敘》中分別給「六書」下了定義，並舉例說明，此說法被認可並沿用至今。

❓ 「六書」產生的時間有先後嗎？

「六書說」對文字學的發展貢獻巨大，並成為漢字研究的中心和基礎。但從漢字的創制歷史看，「六書」起源則有早晚之別，這種差異同時是思維發展的過程。

第一階段：象形、指事、會意。世界上任何一種獨立形成的文字，都從記事圖畫脫胎而來。但「日、月」等象形文字，只能表示具體事物，於是指事造字法出現了。指事造字法是直接用指事性的符號表示抽象概念，或在象形字上加上指事性符號來表示抽象概念。但在象形字上加上指事性符號來表示抽象意義十分困難，急需一種新的造字方法彌補缺陷，於是出現了會意法。會意法造字就是將兩個或兩個以上的獨體字合在一起，利用原有的象形或指事字來表示一種新的意義。從理論上講，會意法造字只需要排列組合就能將幾百個獨體字組成很多漢字，但在實踐中這種

方法卻並不成立。首先很難事事表意。其次是事事表意，那就造不勝造、記不勝記。再次是事事表意，等於把圖畫性極強的獨體字合在一起，這樣的文字難寫、難記、難辨。所以，會意法造字仍難滿足需要。

第二階段：假借法。先人想到了字形和字音之間的聯繫，於是借用一個同音的表意字來記錄一個詞，或是借表意字來充當表音字，這就是假借法。

與假借法同時出現的一種用字法是轉注，即「建類一首，同意相受，考、老是也」[1]。由於許慎定義不明，後人難辨。清代學者朱駿聲認為轉注是用已有的文字來表示新的意義。不同之處是，假借是借音，轉注是借形。但是這兩種造字方法的局限性也非常明顯，即容易混淆，造成表意的不精確，造成認識混亂。於是，先人就在同音字旁加上「形旁」或「意符」以示區分，在同形的表意字旁加注「聲旁」或「聲符」以示區分，這等於把表意和表音兩種方法結合了起來，於是形聲字產生了。

第三階段：形聲字。形聲字很好地解決了同音、同形造成的混淆的問題，使漢字既保持了歷史的傳承性，又克服了形意文字造字局限和表音文字形音相續的缺陷，大大增強了漢字的造字能力，基本滿足了社會需要。

❓ 漢字造字本身蘊含了哪些文化價值？

縱觀漢字演變歷史，我們發現，中華傳統文化起着重要的引導作用；反觀漢字，我們會發現漢字本身就具有獨特的文化價值。

1　東漢·許慎《說文解字》，第1頁。

1. 造字方法的文化價值。漢字具有鮮明的「繪畫性」，但漢字象形和繪畫藝術有着質的區別。漢字重「象」，繪畫重「形」。如「山」字，既有現實的「形似」，又有浪漫的「神似」，賦予「山」字特定的含義。就哲學來說，漢字以現實主義創造方法為主，如「人、象、鳥」等象形字，「末、刃、逆」等指事字；而「析、男、女」等會意字，「材、斧、聞」等形聲字，都是在現實主義的基礎上融入了浪漫想像。

2. 漢字結體原則的文化價值。漢字結體原則是辯證相生、中正和平。

(1) 漢字結構整體的文化價值。重心平穩是漢字結體的第一要求。「永」字八法，重心不失是字的基本需求，同時也是中國文化「中和之美」內涵的內在要求。行書和草書，不拘一格，追求整體平衡，《蘭亭集序》中「之」字各有造型，但整部作品平衡有致。

(2) 漢字線條直筆和曲筆的文化價值。漢字可以說是在線條的直筆和曲筆這一對「矛盾體」組合過程中結體形成。如「回」字曲帶方圓，「正」字橫豎相接，「同」字方圓相依，其中的生剋變化，有着無窮無盡的奧妙，體現了對立統一。在各種組合中，實現特定的邏輯價值，體現着共性與個性、普遍性與特殊性的辯證關係。如同一偏旁的字群，每個漢字各不相同，都有着自身的特殊性，而它們共同的偏旁顯示了該漢字的普遍屬性，如「言」字做部首，造出如「講」、「訴」、「話」等一系列字來。沒有共性就沒有個性，沒有普遍性也就沒有特殊性，這正是中正平和美學原則的體現。漢字，用幾組簡潔的符號，組成了無限複雜的表述系統，體現着陰陽生剋同構的文化特徵。

(3) 漢字點、線、面構成關係的文化價值。首先是漢字既獨立又有機關聯，有着系統的整體性。如「木」字，由橫、豎、

撇、捺等幾個筆畫組合而成，作為基本符號元素，橫、豎、撇、捺本身無多大意義，但按一定邏輯組合成字，其中橫、豎、撇、捺等元素相互進行了資訊交換，構成了「木」字。「木」字質變成為偏旁「木」字，進而構成「林」字，「木」字再起質變。整個漢字系統的演變過程，就是在不同資訊、能量的交換中注入新的活力的進化過程。

總之，漢字以其獨特的表意特徵和內部構成形式，體現了漢民族獨特的理念與智慧，承載了漢民族豐富的歷史文化底蘊，成為了中華民族的象徵，成為了東方文化的精髓。

❓ 漢字文化對於文言文解讀有哪些幫助？

漢字是中國文化獨特的「思維」和「情感」載體，我們可以通過漢字文化來觀照漢民族的文化心理及其演變。漢字經過長久的文化浸染，已經深深地刻在中國人的精神生活中。如果從中華文化的發生發展學角度出發考察，通過漢字，幾乎可以考察到中國記憶、中國思維的原點，這就是文言文閱讀的漢字文化觀照視角。縱觀每一篇經典的文言文，幾乎都有表現文章之「質」的漢字存在，如《勸學》講「生（性）」、《季氏將伐顓臾》講「均」、《寡人之於國也》講「民」、《阿房宮賦》講「愛」、《燭之武退秦師》講「禮」、《諫太宗十思疏》講「德」、《指南錄後序》、《五人墓碑記》講「義」、《始得西山宴遊記》講「合」、《赤壁賦》講「適」、《逍遙遊》講「無」、《陳情表》講「孝」、《項脊軒志》講「成」、《滕王閣序（並詩）》講「命」、《報任安書（節選）》講「惑」、《漁父》講「聖」、《秋聲賦》講「宜」、《六國論》講「勢」等。這些漢字，或者直通儒家政治、倫理、人格思想的核心，或者精闢地提煉了道家哲學的核心概念，這些「質」性漢字文化與具體的文本對接，互見互

證，從而構成了中華民族的文化血脈。因此，漢字文化觀照，其實是文言文解讀的天然視角。所以，自覺的文言文解讀，絕不會把漢字當作難以理解的文言表達來看待，僅僅停留在辨析古今意義、用法差別的技術層面上，而應自覺地站在漢字文化的高度來審視作品的內涵。

❓ 如何認識漢字歷史上的簡化現象？

漢字在演變過程中也有為了區別同音異義字而添加形旁，導致字形結構繁化的現象，但是簡化是漢字演變的主流。漢字簡化的過程就是漢民族思維抽象化的過程。

這種思維抽象化首先是指稱事物形成概念，讓漢字字形具有標識功能，這是思維抽象化的第一步。如隨着思維的發展，「雨」才從圖畫到文字，慢慢確定為一個單一的、確定的形式和意義的聯繫，由此形成真正意義上的文字體系。

其次是類化事物。事物的概念產生之後，先人又開始識別各種事物之間的區別與聯繫，進行歸納分類，認知進一步提高。

「彳、辶、犭、飠、扌、氵、糹」等偏旁的出現，就是認知功能進步的表現。形旁表示同種屬的事物的集合，聲旁大體上可以表示發音相同或相似的文字的集合。

再次，在簡化的過程中有了分析綜合的能力。分析綜合需要理清同一類事物的共性和個性，這需要更高一層的認知能力。

漢字筆畫正是漢字使用者根據字形內部構造進行拆分和組合時產生的最小的字形構造單位。更加基礎的點、橫、豎、撇、捺就是所有漢字的共性，用這幾個固定的筆畫，又可以造出許多不同的漢字，這又涉及漢字的個性。

　　總之，漢字字形的演變發展史，就是漢字使用者對漢字概念的形成、分類與歸納、分析與綜合等認識進化的過程，也是漢民族思維抽象化的過程。

第二節　音韻訓詁

　　音韻學也稱作聲韻學，是專門研究中國古代各個歷史時期的漢字讀音及其變化規律的一門傳統學問。

　　訓詁學是中國古代傳統語言學的分支學科，以語言解釋為主要研究對象。「訓」的本義是勸導、教誨，引申出訓釋、解說義。「詁」就是解釋古語。「訓詁」合用始見於漢朝的典籍，訓詁就是解釋的意思。中國訓詁學有兩條發展主線：一是通釋語義，以普通語言為研究對象；二是解釋經書，以古代文獻為研究內容。當代訓詁學的任務：一是整理古代文獻，二是總結語義發展規律，三是指導辭書編纂。

　　音韻訓詁學源遠流長，其發展階段一般可分為：先秦時期的萌芽，兩漢時期的興盛，魏晉南北朝、隋唐時期的擴展，宋、元、明時期的衰弱，清朝時期的復興、全盛、創新，現當代時期的更新等。不同時期的訓詁異彩紛呈，各具特色。

❓ 音韻學的發展時期及特點是甚麼？

1. 聲訓為主的時期

　　古代文字的研究包括字形、字義和字音三個方面。專門分析字音的著作出現得比較晚。三國時期魏國李登的《聲類》是中國最早出現的韻書，已失傳。目前中國現存最早的一部韻書是隋朝陸法言著的《切韻》。

2. 韻書為主的時期

漢魏以前，漢字注音一般採取「譬況」的方法。這種打比方的注音方法，顯然是很不準確的。漢代開始出現用一個同音字給某個字注音的直音法。陸法言的《切韻》開創了韻書修撰的體例。《廣韻》是中國歷史上第一部由官方修撰的韻書，是《切韻》最重要的增訂本，使音韻研究進入了以韻書為主的時期。

與宋同期的金代，崇慶元年（公元 1212 年）韓道昭撰寫了《五音集韻》，《五音集韻》合併《切韻》的韻部為一百六十韻，每一個韻的字都是按照三十六字母排列的，這是韻書在技術上的改進。宋元之際的黃公紹的《古今韻會》和清李光地等撰的《音韻闡微》也都是按三十六字母排列。

至元，周德清撰寫了史稱「中國兩大韻書」之一的《中原音韻》（另一部是《切韻》）。《切韻》對照古今，頗受到士大夫的重視；而《中原音韻》是為北曲而作，使用的範圍狹窄，影響較小。但是《中原音韻》的價值，比《切韻》要高，因為它基本上是以實際語音為根據，標誌着以韻書為主的音韻學發展日趨成熟。

3. 聲訓全面發展的時期

明代，被譽為開中國古音韻學研究之先河的古音學學者陳第提出了「蓋時有古今，地有南北，字有更革，音有轉移，亦勢所必至」[1] 這個重要的古音學思想，為打破長久以來的「叶音說」奠定了基礎，開啟了古音學的研究，並直接影響了顧炎武等學者，進而促進聲訓的全面發展。

清代出現了不少著名的古音學家。顧炎武用離析「唐韻」的方法研究古韻，成為古音學的奠基者。而著有《音學十書》、《詩

1　明·陳第著，唐瑞琮點校《毛詩古音考》，中華書局，1988 年，第 7 頁。

經韻讀》等著作的安徽歙縣音韻學家江有誥，則以等韻為輔，創造性地從「一字兩讀」、「諧聲偏旁」和「先秦韻文押韻」這三個方面入手來分析古韻，解決了平入相配和四聲相配問題，進而勾畫出了先秦語音系統的全貌。

❓ 音韻學中常用的基本概念有哪些？

反切

一種注音方法，在中文拼音發明之前，漢字認讀的方法是用兩個漢字來注出另一個漢字的讀音，是中國古代對漢字字音結構分析的一種方法。如「都，黨孤切」。

聲紐

在傳統音韻學上，聲母簡稱為「聲」，又叫「紐」，或者合起來叫「聲紐」。早些時候並沒有聲紐、字母、聲類等這些概念名稱，直到唐代，才有人參照梵文的體文給漢語創制了表示聲母的字母。

宋人三十六字母

宋朝韻圖代表中古漢語的聲類的字母系統。字母即聲母的代表字，這是由於古代沒有拼音字母，只好找出作為聲母代表的三十六個漢字替代。

韻書

相當於現在的寫作字典，在中國這個「詩的國度」裏寫詩是讀書人的必備技能，於是古人將同韻字編排在一起，供寫作韻文者查檢使用。

平水韻

因此書的刊行者劉淵是平水（今山西臨汾）人而得名。早在金哀宗正大六年（公元1229年），山西平水管理圖書印刷的地方官員王文郁編成《平水新刊韻略》，收韻106韻。

等韻學

它最初是分析韻書中的反切。韻書產生之後，人們把韻母加上三十六聲母，構成韻圖，正像今天我們的普通話拼音表一樣。韻圖等於一種反切圖或「查音表」，可以幫助人們正確拼讀字音。

❓ 訓詁主要包括哪些內容？

1. 解釋詞義

閱讀古文首先要弄明白古文每個詞的意義，因此解釋詞義是訓詁的核心內容。如《史記·項羽本紀》：「項王曰：『賜之彘肩。』則與一生彘肩。」[1] 邢昺以「牲」釋「生」，可見「生」、「牲」兩字是通用的。而「牲」字，《說文》：「牲，牛完全也。」[2] 那麼「生彘肩」的意思是「一個沒有切細的完整的豬蹄」，因此下文「拔劍切而啖之」的內容才順理成章。

2. 理解文句

（1）辨明句讀：古書是不斷句的，前人讀書首先要辨明句讀，句讀不明，難以讀懂文意。如《歸田錄·佚文》：「公生於洛中，祖第正寢至易，簀亦在其寢。」[3] 這裏的斷句就存在問題。孔子的學生曾參臨死時，覺得睡的席子太華美，不合當時禮制，

1　文天譯注《史記》，中華書局，2016年，第69頁。

2　東漢·許慎《說文解字》，第30頁。

3　宋·歐陽修《歸田錄》，中華書局，1981年，第40–56頁。

叫他的兒子扶他起來換席子。換席子以後，還沒躺穩就死了。這裏「易」字後不應用逗號，又「洛中」後也不應用逗號，逗號應移至「正寢」後，正確的斷句為「公生於洛中祖第正寢，至易簀亦在其寢。」

(2) 疏通句意：古人注釋古書，一般在詮釋字、句外，還要串講文意，以便更好地幫助讀者理解文章內容。如「窈窕淑女，君子好逑」句，《毛傳》說「言后妃有關雎之德，是幽閒貞專之善女，宜為君子之好匹」[1]，這就是疏通句意。

(3) 闡明語法：《毛傳》在串講句意時，往往把詞與詞，或者句與句的關係確定下來，這就暗示了語法結構。這既涉及闡明語法問題，也關係到疏通句意、辨明句讀的問題。

3. 分析篇章結構

篇章結構是文章的組織形式，注重內容的彼此層次、轉承呼應，是文章表達思想內容的脈絡線索。如：「學而時習之，不亦說乎？有朋自遠方來，不亦樂乎？人不知而不慍，不亦君子乎？」[2] 這三句並不關聯，令人費解。但據《史記·孔子世家》記載，原來這是孔子在講述自己定公五年整理《詩》、《書》、《禮》、《樂》時，教育學生的心情。依據文獻，聯繫篇章，這樣理解文章的篇章脈絡就清楚了。

4. 說明修辭手段

對修辭的重視也是古人在注釋古書時常見的。因此通過對古書的注解，可以更好地了解古人用詞造句在修辭上的妙用。如

1　漢·毛亨傳，漢·鄭玄箋，唐·孔穎達疏《毛詩注疏》(上)，上海古籍出版社，2013 年，第 28 頁。

2　宋·朱熹《四書章句集注》，第 47 頁。

「東人之子，職勞不來。西人之子，粲粲衣服。」鄭箋：「東人勞苦而不見謂勤，京師人衣服鮮潔而逸豫，言王政偏甚也。」[1] 鄭箋用「言王政偏甚也」一句使我們進而認識到對比手法的妙用。

❓ 訓詁基本方法有哪些？

1. 形訓——因形求義

形訓，是依據漢字的形體結構來解說字詞含義的一種傳統的訓詁方法，也可以稱之為「因形求義」，即憑藉對字形的分析來判定本字及其本義。如蘇洵《六國論》中：「齊人未嘗賂秦，終繼五國遷滅，何哉？與嬴而不助五國也。」[2] 其中「與」字，一般是「賜予」的意思，用在這裏是講不通的。「與」，《說文》曰：「黨與也。從舁從与。」[3]「黨與」即朋群、朋黨、朋友的意思。朋友有通財之義，故字「從舁（並舉也）」會意，取共舉與之的意思。「嬴」是秦國君的姓，「與嬴」即「黨與秦」（「和秦國結交成朋友」）的意思，這樣全句的意思就好懂了。

2. 聲訓——因聲求義

聲訓，即通過語音的線索來尋求語義的訓詁方法，簡單地說就是因聲求義，也叫音訓。

（1）第一種是音同為訓。如《易·序卦》：「蒙者蒙也，物之稚也。」[4]「蒙者蒙也」，前一個「蒙」是卦名，後一個「蒙」指的是

---

1 漢·毛亨傳，漢·鄭玄箋，唐·陸德明釋文《宋本毛詩詁訓傳》（第二冊），國家圖書館出版社，2017 年，第 139 頁。

2 宋·蘇洵《六國論》，丁放等選注《宋文選》，人民文學出版社，2013 年，第 242 頁。

3 清·段玉裁《說文解字注》，中華書局，2013 年，第 722 頁。

4 周振甫譯注《周易譯注》，中華書局，2016 年，第 310 頁。

「蒙昧」。兩個「蒙」字，字形相同而音義、詞性並不完全相通。

(2) 第二種是音近為訓。如《說文·日部》：「晚，莫也。」[1]「晚」上古明母元部，「莫」上古明母鐸部，聲母相同韻相近。《說文·一部》：「天，顛也。」[2]「天」上古透母真部，「顛」端母真部，聲近而韻同。

(3) 第三種是音轉為訓。指在以古聲紐系統為準的雙聲字之中，韻母相近、主要母音相同的字可以相互訓釋、轉換。音轉又可分為對轉和旁轉。對轉如《衛風·氓》：「淇則有岸，隰則有泮。」[3] 其中「泮」讀為「坡」，「泮」訓「坡」。旁轉如《詩經·王風·揚之水》：「彼其之子，不與我戍申。」[4] 其中「戍」訓「守」。

聲訓的作用有兩方面：一是探析詞語源流，二是探求通假字的本字。

3. 義訓——比照互證

義訓，是訓詁的基本方法，指的是不通過語音和字形的分析來解釋古代詞語或方言詞詞義，而是直接用當代通行的詞語去解釋。義訓的方法主要有三種：

(1) 同義為訓：凡是用與被解釋詞意義相同或相近的詞來解釋被解釋詞的意義的方法叫同義為訓。

(2) 反義為訓：即以方言詞互相解釋。如「亂，治也。」[5]「亂」的本義是「治理亂絲」。從後世常用義看，「混亂」和「安定」意義相反，以「治」釋「亂」成了反訓。但從本義看，「理絲」和「治

1　東漢·許慎《說文解字》，第178頁。

2　東漢·許慎《說文解字》，第1頁。

3　吳兆基編譯《詩經》（上冊），長城出版社，1993年，第96頁。

4　吳兆基編譯《詩經》（上冊），第113頁。

5　晉·郭璞注，宋·邢昺疏《爾雅注疏》，上海古籍出版社，2010年，第76頁。

水」都有「治理」的意思，意義可以相通。

（3）義隔相訓：即打破兩個詞語義隔閡，溝通語義。如《毛詩·小雅·黃鳥》：「此邦之人，不可與明。」鄭箋説：「明當為盟。明，信也。」[1]

義訓的訓詁方法還有「設立界説」，即採用下定義的方式，如《説文·口部》：「口，人所以言食也。」[2]或者運用描寫、説明、比擬等方式，如《爾雅·釋獸》「兕，似牛」、「犀，似豕」[3]等。義訓時應注意釋義的準確、通俗、具體、客觀，否則容易望文生義，混淆語義。

4. 境訓——觀境求義

境訓就是依據相關的語境因素探求或解説被釋字詞的含義。語境既包括內部語境（如語法規則、語義搭配等），也包括外部語境（如情景場合、文化背景等）。境訓常用的方式有：

（1）依據上下文意判定字詞含義。如《韓非子·五蠹》：「兔走觸株，折頸而死。」[4]要理解「走」字含義，就得聯繫「折頸而死」，可以看出兔子速度非常快，不然怎會折斷脖子而死呢？所以「走」應該是「跑」，這樣才符合事理。

（2）依據文章主旨判定字詞含義。如李斯《諫逐客書》：「臣聞吏議逐客，竊以為過矣。」[5]李斯此文多處用到「客」字，其準確含義是甚麼呢？是客人、賓客的意思，還是門客的意思呢？

---

1 漢·毛亨傳，漢·鄭玄箋，唐·陸德明釋文《宋本毛詩詁訓傳》（二），國家圖書館出版社，2017年，第80頁。

2 東漢·許慎《説文解字》，第32頁。

3 晉·郭璞注，宋·邢昺疏《爾雅注疏》，第574頁。

4 陳耀南導讀，陳秉才譯注《韓非子》，中華書局，2013年，第326頁。

5 西漢·司馬遷《史記·李斯列傳》，萬卷出版公司，2017年，第117頁。

這就需要聯繫文章背景：文中的「客」既不是「賓客、客人」的意思，也不是「門客」的意思，而是指在秦國做官的其他諸侯國的人，即「客卿」。

（3）依據句法關係判定字詞含義。要弄懂某些關鍵字含義，需要從一定的句法入手，才能準確理解。有時可以依據對文特點推敲。如陸機《文賦》：「考殿最於錙銖，定去留於毫芒。」[1] 從對句「去留」分析，「去」、「留」是兩個反義詞，是揚棄與吸收的意思。因此「殿」、「最」也應該是兩個反義詞，「最」是最好的意思，那麼「殿」就是最劣的意思。

另外還可以從通假關係、詞類活用、複詞現象等方面判斷字詞含義，這都需要聯繫語句的語境準確理解。

❓ 訓詁有哪些常用術語？

訓詁術語主要是由漢代的一些訓詁常用詞語和格式逐漸形成的，在漢代以後不斷豐富完善。下面就較為常見的作些簡析、例舉。

1. 釋義術語

釋義常常採用「某，某也」或「某者，某也」的判斷格式來解釋字詞。釋義常用的術語分為以下幾類：

（1）「曰」、「為」、「謂」。主要訓釋同義詞之間的行為差別。

如《毛詩 · 邶風 · 谷風》：「習習谷風，以陰以雨。」毛傳：「東風謂之谷風。」[2]

（2）「貌」。主要用來訓釋形容人或事物行為性狀。如《毛

1　張懷瑾《文賦譯注》，北京出版社，1984 年，第 34 頁。

2　漢 · 毛亨傳，漢 · 鄭玄箋，唐 · 孔穎達疏《毛詩注疏》（上），上海古籍出版社，2013 年，第 198 頁。

詩‧衛風‧氓》：「氓之蚩蚩，抱布貿絲。」毛傳：「蚩蚩，敦厚貌。」[1]

（3）「猶」。主要是用比況的方式訓釋同義詞。如《左傳‧莊公十年》：「肉食者謀之，又何間焉。」杜預注：「間，猶與也。」[2]

（4）「屬」、「別」。主要指用共名訓釋別名的術語。「屬」是指出被訓釋的詞所代表的事物屬於哪一類，如《説文‧禾部》：「秔，稻屬。」[3]「別」是指出被訓釋的詞所代表的事物屬於哪一類而又有區別。如《毛詩‧召南‧江有汜》：「江有沱。」毛傳：「江之別者。」[4]

（5）「辭」。主要是用來説明語氣助詞的術語。如《毛詩‧周南‧漢廣》：「南有喬木，不可休思。」毛傳：「思，辭也。」[5]

2. 釋音術語

（1）「之言」、「之為言」。主要是用來説明音義相通的術語。如《禮記‧禮器》：「喪祭之用，賓客之交，義也。」鄭玄注：「義之言宜也。」[6]

（2）「讀為」、「讀曰」。主要是破讀常用的術語，其特點是用本字來説明通假字，二字讀音相同或相近。如《漢書‧高帝紀》：

1　漢‧毛亨傳，漢‧鄭玄箋，唐‧孔穎達疏《毛詩注疏》（上），第310頁。

2　唐‧孔穎達《春秋左傳正義》，《十三經注疏》（下），浙江古籍出版社，1998年，第1767頁。

3　東漢‧許慎《説文解字》，第186頁。

4　漢‧毛亨傳，漢‧鄭玄箋，唐‧孔穎達疏《毛詩注疏》（上），第131頁。

5　漢‧毛亨傳，漢‧鄭玄箋，唐‧孔穎達疏《毛詩注疏》（上），第70頁。

6　漢‧鄭玄注，唐‧孔穎達正義《禮記正義》（中），上海古籍出版社，2008年，第960頁。

「公巨能入乎？」顏師古注：「巨讀曰詎。」[1]

（3）「讀若」、「讀如」。主要是用來注音或說明同借的術語。如《說文·犬部》：「默，犬暫逐人也。從犬，黑聲。讀若墨。」[2]

3. 校勘術語

（1）「當為」、「當作」。主要用來糾正古籍原文中錯字、誤字的術語。如《禮記·文王世子》：「兌命曰。」鄭玄注：「『兌』當為『說』，字之誤也。《說命》，《書》篇名。」[3]《禮記·緇衣》：「夏日暑雨，小民惟曰怨；資冬祈寒，小民亦惟曰怨。」鄭玄注：「『資』當為『至』，齊魯之語，聲之誤也。」[4]

（2）「或為」、「或作」。主要用來說明古籍因版本不同而文字有異的術語。如《文選·七發》：「從容猗靡，消息陽陰。」李善注：「消息，或為須臾。」[5]《禮記·聘義》：「溫潤而澤，仁也。」鄭玄注：「潤，或為濡。」[6]

（3）「衍」。主要是校勘古籍時標明文中有誤增之字的常用術語。如《論語·微子》：「子路行以告，夫子憮然。」阮元《十三經注疏校勘記》：「漢石經無『行』字、『夫』字。案《史記·孔子世家》亦無『行』字，因丈人章而誤衍也。」[7]

1　東漢·班固《漢書·高祖上》，戴逸主編《二十六史·漢書（卷一）》，吉林人民出版社，1998 年，第 17–18 頁。

2　東漢·許慎《說文解字》，第 265 頁。

3　漢·鄭玄注，唐·孔穎達正義《禮記正義》（中），第 872 頁。

4　李學勤主編《十三經注疏·禮記正義（上、中、下）》，北京大學出版社，1999 年，第 1515 頁。

5　漢·枚乘《七發》，梁·蕭統編，唐·李善注《文選》，上海古籍出版社，1998 年，第 1566 頁。

6　李學勤主編《十三經注疏·禮記正義（上、中、下）》，第 1670 頁。

7　清·阮元校刻《十三經注疏（附校勘記）》（下冊），中華書局，1983 年，第 74 頁。

其他如「脱」、「奪」等也在注明文句有脱漏的字時運用，不再例述。

❓ 訓詁包括哪些體式？

依據周大璞《訓詁學要略》的研究，訓詁體式基本分為「隨文釋義的注疏」和「通釋語義的專著」兩類。

1. 隨文釋義的注疏：注疏名稱較多，最初叫傳、説、解，也叫詁、訓。後來又有箋、注、釋、詮、述、訂、校、考、證、義、疏、音義、章句等。

(1) 傳：就是「以今言傳古言」，如解釋《春秋》的，就有《左氏傳》、《公羊傳》、《穀梁傳》。

(2) 説、解：「説」即説明，「解」即解釋詞語。如解釋《詩》，就有《魯説》、《韓説》兩種，《禮記》有《經解》等。

(3) 訓、詁：漢代較為常用的注書方法，有時連用。如：《魯詩故》（「故」同「詁」）、《尚書訓》、《左氏傳訓詁》等。

(4) 注、箋：「注」就是把自己的閱讀理解和體會記載在原文下面。如《水經注》、《老子注》。「箋」和「注」相似，是把原文中隱晦和太過簡略的內容加以補充。

(5) 訂：就是對所注經書進行評議的意思。如《論語訂釋》、《孟子訂釋》等。

(6) 義疏：就是疏通意義的意思。如《論語義疏》等。

(7) 音義：即辨音釋義，通過辨析字音來推測字義，也稱音訓、音詁、音注、音釋。如《周禮音義》、《論語音義》等。

(8) 章句：就是分析古文的章節和句讀來解説古籍的大義。如《楚辭章句》等。

(9) 集解：就是對同一典籍在語言和思想內容等方面彙集不

同學者的解釋，再用自己的思想去判斷，以助讀者理解。集解有兩類，一類是跨典籍注解（兩部書合起來注解），如西晉杜預所著的《春秋經傳集解》；一類是集合各家之言對同一部典籍的注解，如《老子集解》、《莊子集解》等。

2. 通釋語義的專著：注疏的釋義是隨文注釋，不必考慮某一詞語在別的書或別的句中所含的意義，而通釋語義的專著正好相反，要全面研究各個詞語的含義，融會貫通，給出準確、簡明的解釋。依據周大璞《訓詁學要略》論述，大體分為三類：

（1）單解語義的專著：《爾雅》、《釋名》等。

（2）音義兼注的專著：《經典釋文》、《群經音辨》等。

（3）形音義結合的專著：《說文解字》、《康熙字典》、《辭源》等。

❓ 訓詁學有哪些主要的代表人物與經典文獻？

無名氏與《爾雅》：作者不詳，相傳成書於漢初，譽為「辭書之祖」。它彙集了春秋戰國至秦漢時期中國訓詁學研究的豐富資料，加以系統整理，分類編排，開創辭書編輯的先河。

毛亨與《毛詩故訓傳》：毛亨，戰國末年魯國人，曾師從荀子，大經學家。《毛詩故訓傳》簡稱《毛傳》，是現存最早最完整的《詩經》注解，也是最早的體例完備的傳注體著作。

許慎與《說文解字》：許慎（約58-147），被尊為「字聖」，東漢時期著名的經學家、文字學家。《說文解字》是世界上最早的字典之一，是後人掌握上古語音、詞彙和讀通先秦兩漢古籍的文獻語言學的奠基之作。

皇侃與《論語義疏》：皇侃（488-545），南朝梁經學家，其字不詳。《論語義疏》全稱《論語集解義疏》，成書於南朝梁武帝年

間，是「南學」的主要經注之一。皇侃以何晏《論語集解》為主，博採各家學說，兼採老莊玄學，闡發經義。

劉孝標與《世說新語注》：劉孝標 (462–521)，名峻，南朝梁學者兼文學家。所著《世說新語注》注釋重點不在訓釋文字，而以輯補史料為主，並對原書錯誤多予糾正。注中保存了大量六朝俗詞語，為研究者提供了價值較高的資料，為後世所推崇。

孔穎達與《五經正義》：孔穎達 (574–648)，隋唐經學家。他曾奉唐太宗之命主編《五經正義》，對魏晉以來的經書注釋進行了全面的梳理和總結，融合南北經學家的見解於一書，《五經正義》也成為唐代科舉取士的「教科書」，影響巨大。

顏師古與《漢書注》：顏師古 (581–645)，唐初經學家，名籀。他是研究《漢書》的專家，擅長文字訓詁、聲韻和校勘學。顏師古另有《匡謬正俗》、《急就章注》、《廣陵集》等著作。

顧炎武與《日知錄》：顧炎武治學重考據，開清代樸學風氣。最大的貢獻是考訂古音，分古韻為十部，奠定了古音學基礎。三十二卷的《日知錄》是他一生的考據結晶。

段玉裁與《說文解字注》：段玉裁 (1735–1815)，清代徽派樸學大師中的傑出代表。《說文解字注》是段玉裁在許慎《說文解字》析義基礎上的擴展，典籍所涉訓詁逐一採集考訂，所引之書達 226 種之多，使簡奧的原本脈絡清晰，成為段玉裁的代表作。

章炳麟與《國故論衡》：章炳麟 (1869–1936)，清末民初小學家、樸學大師，原名學乘，字枚叔，號太炎，世稱「太炎先生」。《國故論衡》系統論述了文字音韻學、文學、文獻學、經學、諸子學等內容，其特點是從中國語言文字的民族特點着眼，聯繫中國古代文化背景，採用系統貫通的方法著述，成為後世的典範之作。

黃侃（1886–1935）：為章太炎門生，治學勤奮，英年早逝，但留下大批校勘筆錄，後人將其整理編成《黃侃論學雜著》、《文字聲韻訓詁筆記》等。黃侃系統地總結前人治學方法，建立了訓詁學理論體系，使之成為完全獨立的學科。

王力（1900–1986）：現代語言學家、教育家、翻譯家、中國現代語言學奠基人之一。主要著作有《中國音韻學》等，為現代音韻學、語言學研究開闢了新篇章。

❓ 訓詁學發展分為哪些階段？有甚麼特點與成就？

1. 訓詁萌芽——先秦時期字詞訓詁與思想闡發

先秦時期，是訓詁的孕育萌芽時期。與後世訓詁相比，先秦訓詁主要有三大特點與成就：

一是形成以字詞訓詁為主的正文體。先秦的字詞解釋散見於文獻資料的正文裏，是正文的組成部分。

二是以補充材料或闡發思想為訓詁的重點。先秦時期的訓詁側重解釋字詞，但更多的是補充材料或闡發思想。

三是初步出現訓詁的基本方法和訓詁專著。先秦時期形訓、聲訓、直訓的基本訓詁方法已出現。先秦訓詁雖然處於孕育發展階段，但其成就初顯。

2. 訓詁興盛——兩漢時期通釋語義與典籍專著

兩漢時期，遍注群經，通釋語義，其體例與方法多為後世遵循，呈現出獨特的特點；文獻古籍的注疏注重語言文字的疏通與解釋，風格樸實，成為後世古書注釋的範例。這一時期，西漢出現了孔安國、揚雄，東漢出現了馬融、鄭玄、許慎等一批影響深遠、貢獻巨大的訓詁學家，其成就突出表現在典籍注解、纂輯資

料著書立説等方面。字典、辭典之類專書的出現，奠定了訓詁的基礎。這些注解主要有隨文注解和通釋語義兩種形式，標誌着訓詁學走向成熟。

3. 訓詁擴展——魏晉南北朝、隋唐時期徵引考辨與創新形式

魏晉南北朝時期逐漸形成儒、道、釋三家爭雄的局面。這時各家弟子爭相誦經注疏，學術思想日趨活躍，文人們開始走出漢代儒家經學獨尊的狹小天地，開始對史籍、佛教經典作注解，徵引考辨，訓詁範圍不斷擴大，訓詁形式有了新發展。

本時期訓詁突出的特點與成就表現在：

一是擴大訓詁範圍。魏晉南北朝時期的注解，以儒家經典為主，《易》、《書》、《詩》、《禮》、《春秋》、《論語》、《孝經》等，都有數十家注解。

二是注重徵引資料、考辨異同。如裴松之的《三國志注》，引書159種，補闕備異，考證審辨，注文差不多是正文的三倍，開創了注書新體例。

三是創新訓詁形式。在這一時期，出現兩種新的訓詁形式：義疏和集解。

四是新注不斷湧現。文獻訓詁新作和通釋語義的訓詁專書不斷湧現，出現了許多訓詁專著，如劉孝標《世説新語注》、酈道元《水經注》等。

4. 訓詁衰弱——宋、元、明時期理學禁錮與突破

宋代訓詁學突破傳統的束縛，開拓了新的領域，治學方法和風格有不少值得後世借鑒。

一是疑古創新。宋儒大膽疑古、創新。但往往出現主觀臆斷

的訓釋。中國經學史上有「漢學」和「宋學」之說，也稱「樸學」和「理學」。漢學即樸學，宋學即理學。在宋代，訓詁在一定程度上變成理學的工具。

二是宋代學者王聖美創立了「右文説」，為研究語音與語義關係提供了線索。王聖美認為，「凡字，其類在左，其義在右」。[1]此論雖然不免以偏概全，但深刻闡發了語音和語義關係，為因聲求義的訓詁方法提供了重要線索。

三是訓詁學與金石學有機結合。如朱熹的《詩集傳》就多處引用銘文印證經傳文字，開創了訓詁學的新局面。

5. 訓詁復興、全盛、創新——清朝時期治學嚴謹與科學方法

清朝時期是中國封建文化的鼎盛時期，訓詁學的復興由多種因素共同促成。

首先，文化建設備受重視。清朝統一後，對漢族知識分子採取籠絡策略，康熙開設博學鴻詞科，招攬名士，組織他們整理古籍，編纂圖書，大大促進了訓詁學的發展。

其次，學者提倡經世致用，研讀經史，重視文字、音韻訓詁。學者或隱居著書立説，或與新統治者合作，以期維護傳統漢學，改善社會。

第三，學科融通，相互促進。萌芽於先秦的中國語言文字的研究，歷經兩漢隋唐元明近兩千年的發展，不僅有了大量的文獻注釋，而且發展成文字學、音韻學、訓詁學這三個相互區別又相互聯繫的學科。

清代訓詁超越前代，其特點主要表現在：

1　宋·沈括《夢溪筆談》，時代文藝出版社，2001 年，第 144 頁。

　　一是治學嚴謹，形成科學系統的研究方法。清代學者不再靜止孤立地考察字義，而是從語言的角度歷史地、系統地研究語言文字並揭示其規律。

　　二是普遍運用因聲求義的訓詁方法。清以前的學者考求訓詁，有時不免為字形所蔽，多執形說義，望文生義，穿鑿附會。因聲求義而不局限於形體，是清代學者對訓詁理論的巨大貢獻。

　　三是全面展開古籍整理。清代學者堅持實事求是的態度，以明確的歷史發展觀，對古籍進行了全面細緻的梳理，不僅新注了一批古書，而且給已有注釋的古書重新作注，推動了訓詁學的發展，名家輩出，成就空前。

6. 訓詁更新──現當代時期體系構建與科學定位

　　隨着社會的進步發展，現當代訓詁學取得了巨大發展，進入不斷更新時期。

　　一是總結歷代研究成果，使訓詁學呈現嶄新的面貌。章炳麟把研究語言作為訓詁實踐的主要內容，使小學從經學附庸變成獨立學科，為現代語言學做出了巨大貢獻。其門生黃侃則系統地總結前人的治學方法，建立了訓詁學的理論體系，使之成為完全獨立的學科。

　　二是大學開設訓詁學，加強學術交流。1982 年中國訓詁學研究會成立，與訓詁學研究有密切關係的學術團體如中國語言學會、中國音韻學研究會、中國文字學會等之間的交流增加，拓展了研究思路，培養了不少青年學者。同時，訓詁理論著作大量出現，出版了大量的古籍新注和辭書。如《新華字典》、《辭源》等工具書，體現了現當代訓詁學的巨大成就。

？ 訓詁學在語言學中的地位及其與相關學科的關係是怎樣的？

訓詁學側重詞義，與漢字字音、字形密不可分，還與語義學、文字學、音韻學、語法學、詞源學、修辭學、方言學、詞典學等關係密切。

訓詁學與語言學相關學科的關係主要表現為：

一是與語義學關係尤為密切。訓詁學屬於語義學範疇，重點研究的是語義。兩者的研究對象主要集中於語言的含義及其演變規律，兩者的區別在於研究的重點不一樣，訓詁學還常常要涉及語法結構、篇章大意和修辭手段等，需要闡明涉及的名物制度、史實等內容。

二是與詞源學的研究息息相關。首先，研究詞源屬於研究語義變化發展的一部分，研究的本身就是訓詁學研究的一項任務。其次，研究詞源必須掌握大量的諸如音變音轉各種知識的訓詁資料。

三是與語音學不可分割。因為語言的音與義同時產生，相互依存，所以不懂語音學就無法進行訓詁。因聲求義的訓詁方法也揭示出訓詁學與語音學不可分割。

四是與語法學密切相連。訓詁離不開語法分析，否則無法弄清文意。

五是與修辭學不可分離。訓詁的目的是弄懂文意，必然要涉及對各種修辭手段的分析。

六是與文字學難以分割。漢字屬於表意文字，原始的漢字都是依據詞義，用象形、指事、會意、形聲等造字法創造出來的，儘管漢字字體不斷變化，但因形求義亦是訓詁的重要方法。

七是與詞典學的一脈相承。詞典學在過去和訓詁學原本就是一家。

訓詁學還與其他學科諸如文學、史學、法學、哲學、經濟學以及校勘學、版本學等也有密切聯繫。訓詁學依靠這些知識闡明語義，而語義的闡明又為這些學科提供考證的依據。

第三節　成 語 妙 趣

《辭源》1915 年版最早提出「成語」這個概念：「謂古語也。」[1]
成語其中兩個基本特徵是：具有結構的凝固性和意義的整體性。
成語專家莫彭齡先生認為，成語是傳統上習慣使用的固定短語，
帶有書面語色彩，常見的基本格式是「四字格」。[2] 他還認為，成
語也是語言文化的「全息塊」。他從語言和文化相結合的視角出
發，把成語研究放到了一個全新的高度，提出了「成語文化」的
概念，這是一個有厚度和廣度的概念。

　　成語是熟語的一種，大多來源於古代傳說、典故和古詩文
等；成語的結構大多不能隨意變動順序；成語常常帶有感情色
彩，除了中性的，還包括褒義和貶義的。

❓ 成語有哪些基本形式和基礎特徵？

　　現存成語共有五萬多條，其中 96% 為四個字組成，如「美
不勝收」、「津津有味」、「恍然大悟」等。也有三字的，如「忘年
交」、「鴻門宴」、「白日夢」等。也有四字以上的，如「樹倒猢猻
散」、「城門失火殃及池魚」等。有的成語分成兩部分，中間有逗
號隔開，如「一日不見，如隔三秋」、「只見樹木，不見森林」等。

　　成語的基本特徵如下：

1　商務印書館編輯部編《辭源（修訂本）》，商務印書館，1995 年，第 642 頁。
2　莫彭齡《關於成語定義的再探討》，《常州工業技術學院學報》1999 年第 1 期，
　　第 54–59 頁。

1. 結構固定性

成語的結構和構成是固定的，語序也不能隨意改變。例如「鏡花水月」，不能改為「水月鏡花」；「黃粱一夢」也不能改為「一夢黃粱」。

2. 意義整體性

成語在意義上具有整體性，並不是對其構成意義的相加。如「明日黃花」，原來的意思是指「重陽節過後逐漸萎謝的菊花」，現多比喻「過時的事物或消息」；而「七月流火」常被錯誤地理解為「七月驕陽似火」，實則指「農曆七月，大火星西行，天氣轉涼」。

3. 語法功能的多樣性

成語在句子裏充當着一個短語的角色，從而在句中充當不同的成分，所以成語的語法功能具有多樣性。如「紙醉金迷」，「形容奢侈豪華、腐朽享樂的生活」，也「比喻使人沉醉的繁華富麗的環境」，可以做謂語或定語。

❓ 成語與俗語、諺語的區別有哪些？

俗語和諺語都屬於口語，不限於四個字；而成語大都屬於書面語，大多是四字。使用俗語，使描寫生動活潑；使用成語，則使文字鏗鏘有力。

俗語是反映人民生活經驗和願望的常用語，有的來自人民群眾的口頭創作，有的來自詩文名句、歷史典故等。它的句子簡練形象。如「八抬大轎請不去」、「不打不相識」和「吃飽了撐的」等。

諺語，是俗語的一種，多是通俗易懂的短句或韻語，總結了農業生產等各方面的社會活動經驗，如「今冬麥蓋三層被，來年枕着饅頭睡」、「路遙知馬力，日久見人心」和「寒從腳起，病從

口入」等。

成語是語言中經過長期使用和錘煉形成的固定短語。它以精練為特色，文字上更趨典雅，且大都有一定的出處。

❓ 成語的來源有哪些？

大部分成語都有源頭：有源於神話傳說和寓言故事的，有源於古詩文名句的，有源於歷史典故的，有源於截用或改易古人語句的，有來源於外民族語言的，等等。下面分類説明。

1. 源於神話傳説和寓言故事

源於神話傳説的成語如「精衛填海」，相傳精衛本是炎帝神農氏的小女兒，一日她到東海遊玩，淹死在水中，死後化身為鳥。她發誓要復仇填平東海。她每天從山上銜來草木和石頭，投入東海後就會發出「精衛、精衛」的悲鳴。這一成語原比喻仇恨極深，立志報復，後形容意志堅決，不畏艱難。

這類成語還有：嫦娥奔月、女媧補天和夸父追日等。

源於寓言故事的成語如「捕風捉影」，源於《漢書·郊祀志下》。比喻説話做事沒有絲毫事實根據。

這類成語還有：杯弓蛇影、伯樂相馬、揠苗助長等。

2. 源於古詩文名句

成語裏有一部分是直接源於古詩文名句的。如「似曾相識」就源於北宋晏殊的詞《浣溪沙·一曲新詞酒一杯》中的「無可奈何花落去，似曾相識燕歸來，小園香徑獨徘徊」。[1] 形容見過的事物再度出現。

---

1 北宋·晏殊《浣溪沙·一曲新詞酒一杯》，上海古籍出版社編《宋詞三百首》，上海古籍出版社，2015年，第14頁。

3. 源於歷史人物和歷史事件的典故

如「敝帚千金」源於曹丕在《典論‧論文》裏所説：「里語曰，家有敝帚，享之千金。」[1] 比喻自己的東西雖然微賤，但對自己來説，卻是十分珍貴的。如「亡羊補牢」源於《戰國策‧楚策》：「臣聞鄙語曰：亡羊補牢，未為遲也。」[2] 比喻出了問題以後想辦法補救，還不為遲，可以防止繼續受損失。

4. 源於截用或改易古人語句

如「近水樓台」這個成語源於北宋的范仲淹和蘇鱗。范在任杭州知州時，身邊的很多官員得到他的提拔或推薦，只有在杭州所屬的外縣做巡察的蘇鱗沒被推薦。一次，蘇鱗因事到杭州見范仲淹，趁機寫了一首詩，其中有這樣兩句：「近水樓台先得月，向陽花木易為春。」[3] 暗示范只提拔身邊的人。范看到詩後，立即寫了封推薦信，使蘇的願望得以實現。「近水樓台」比喻由於環境或職務上的便利而獲得優先的機會。

5. 源於外來民族的成語

自魏晉至隋唐時期，中國翻譯了不少流行於西域和印度的佛經。佛經裏的一些故事和典故，慢慢地演化成了成語。如「一塵不染」、「回頭是岸」。明清後，中國跟世界各國的文化交流逐漸多起來。西方神話傳説裏的部分故事和典故譯成漢語的部分格言，也變成了成語，如「以眼還眼」。

1　三國‧魏‧曹丕《典論‧論文》，易健賢譯注《魏文帝全譯》，貴州人民出版社，2008 年，第 249 頁。

2　西漢‧劉向《戰國策‧楚策》，繆文遠編著《戰國策》，中華書局，2011 年，第 90 頁。

3　宋‧蘇鱗《獻范仲淹詩》，走木《范仲淹用人之誤：「重近輕遠」》，《領導科學》，1991 年 03 期，第 19 頁。

6. 改造的成語

如「物極則反」這個成語原出於《周易‧豐》:「日中則昃,月盈則食。」[1] 意思為事物發展到極限就會向相反的方面轉化。南北朝時,北周的庾信作《哀江南賦》就把它改為「物極不反」,表達他那無可奈何的憤慨之情。我們現在常常使用的「物極必反」就是通過改造出現的成語。又如「脫胎換骨」原出於宋代釋惠洪《冷齋夜話》卷一的「然不易其意而造其語,謂之換骨法;窺入其意而形容之,謂之奪胎法」。原本是道教用語,指修道者得道以後就轉凡胎為聖胎,換凡骨為仙骨。現比喻通過教育思想得到徹底改造,徹底改變立場。

7. 新生成語

社會在不斷的變化中產生了新的成語。如分秒必爭、推陳出新、厚今薄古、百花齊放等。

❓ 成語中的數位是指具體數目嗎?

成語中的數位,只是作為概數來統稱的。一般都是非確指的虛指,如「一樹百穫」中的「百」就是虛指,比喻培養人才可以長期有很多的收益。只有極個別是表示確數,如「八仙過海,各顯神通」就是實指八個神仙過海,各顯神通。這類成語還有三從四德、七竅生煙、十惡不赦等。

成語中的數字常含有誇張的含義。如百無禁忌、千方百計等。

有些成語中的數字,原本是實指或確指,後來才演變為虛指或概指。如「六韜三略」,《六韜》、《三略》都是古代有名的兵

1　周振甫譯注《周易譯注》,中華書局,2016年,第207頁。

書，這一成語後來泛指所有的兵書，這樣，「六」和「三」也就變成了虛指。「十室九空」也是如此。

有個別數位成語中一些固定的結構有特別含義。如「七 A 八 B」和「A 七 B 八」的結構，多表示雜亂無章的意思。而「千 A 萬 B」式，這種格式中的「千 A」和「萬 B」往往是同義成分。比如千軍萬馬＝萬馬千軍、千門萬戶＝萬門千戶。

❓「成語接龍」等遊戲蘊含着怎樣的文化背景？

在遊戲中練習使用成語，是一種將知識性和趣味性完美結合的鞏固學習的方式。成語接龍不僅能鞏固學生學過的成語，同時對於團隊的協作和默契也是一種相當大的考驗，能起到一舉多得的效果。成語接龍的長興不衰，充分體現了大家對成語的喜愛和文化傳統在學習和生活中的重要地位。

成語是中華民族的優秀文化瑰寶。通過成語遊戲，可以更好地練習並鞏固知識，也能更好地傳承中國的文化傳統。

第四節　俗語論道

俗語大多數是人們在生活中創造出來的，是對生活經驗的直接反映。俗語具有結構固定、風格通俗、使用廣泛的特徵，它包括諺語、歇後語、慣用語，還有俚語、土語方言等。

❓ 俗語有哪些來源？

1. 源於生活與實踐。「三句話不離本行」是人們耳熟能詳的俗語。據說是有兄弟倆為分家爭吵，鄰居們前去調解。廚師說：「鍋碗瓢盆哪有不磕磕碰碰的。」裁縫說：「針過得去，線也要過得去。」船工的妻子則笑着說：「你們是三句話不離本行，賣甚麼吆喝甚麼。」大家都笑了，原來船工妻子是做買賣的。

2. 源於與書面語的相互轉化。如杜甫有詩句「朔方健兒好身手」[1]，化為俗語「大顯身手」。在流傳過程中，俗語也被書面語採用，如《紅樓夢》第三十回金釧對寶玉說：「金簪子掉在井裏頭——有你的只是有你的」。[2]

3. 源於歷史沿革及人物傳說。有三種情況：一是與朝代、國名有關。商朝滅亡後，首次出現專以做買賣為生的人，就出現了「商人」。二是歷史人物的故事傳說。比如「賠了夫人又折兵」。三是源於歷史上的某些制度或做法，比如民間稱新婚男子為「新郎」、「新郎官」等。

1　唐·杜甫《哀王孫》，顧青編注《唐詩三百首》，中華書局，2016 年，第 164 頁。
2　清·曹雪芹，清·高鶚，古木校點《紅樓夢》，上海古籍出版社，2009 年，第 223 頁。

4. 源於流傳中的訛變。有些語詞，人們在使用時因諧音替換、以易代難等原因將其改動，衍生出新的詞彙。如遊牧民族中，青壯年男子白天外出放牧，留婦孺和長者在帳篷裏。遊手好閒的小伙子乘機混進帳篷，長者便罵小伙子「混帳東西」。久而久之，「混帳」成為罵人的話，多指言語行動無禮無恥，後來「帳」又寫作「賬」，與「混進帳篷」已經無關了。

❓ 俗語在形式上有哪些類別？

1. 歇後語

歇後語有比喻和解釋兩部分，而「歇（隱）」去後半部分就可以揣摩出前半部分的本意，故名為「歇後語」。

2. 諺語

諺語貼近日常生活，以短句或韻語為主，有農用諺語、事理諺語、常識諺語等。

3. 俚語

俚語是指民間具有地方特色的詞語，通常用在非正式的場合。

❓ 俗語通常包含哪些傳統價值觀？

我們從小受俗語的薰染，俗語很多時候是我們的行為指南，成為生活和思考的定式，甚至成為我們觀念和立場的支撐。

1. 受儒家思想影響的傳統價值觀

儒家思想內涵豐富，儒家倡導的「德」，首先表現在仁愛、禮義、謙卑、孝順等價值取向和行為準則上。如「君子愛財，取之

有道」[1]、「百善孝為先」[2] 等。

儒家思想的哲學背景是中庸之道，而中庸的至高目標是「和」，所以君子處世還講究「忍」，如「忍得一時憤，終身無煩惱」[3]。

2. 受小農意識影響的傳統價值觀

中國傳統的經濟模式使國民的性格有強烈的自足性，其心理表現就是知足常樂。人們足不出鄉，安土重遷，自然產生了一種鄉土情結。如「金窩銀窩不如自己的草窩」。

3. 受面子觀念影響的傳統價值觀

「面子」二字，常常置人們於兩難境地。爭面子，根本原因是內心的虛榮，圖的是一時的快意，這是中國人特有的一種精神氣質。

4. 受佛教文化影響的傳統價值觀

佛教自東漢時期傳入中國，經過歷代高僧以及帝王公侯的弘揚，深入社會各個階層，產生了許多相關的俗語。如「救人一命勝造七級浮屠」[4]、「諸惡莫作，眾善奉行」[5]。這些俗語裏蘊含了豐富的佛教倫理觀念，旨在勸人存善念、行善事，悲憫人間一切疾苦乃至萬物。

---

1 清·佚名著，陳才俊主編《增廣賢文全集》，海潮出版社，2011 年，第 87 頁。

2 清·王永彬《圍爐夜話》，北京燕山出版社，2001 年，第 108 頁。

3 張魯原編著《中華古諺語大辭典》，上海大學出版社，2011 年，第 228 頁。

4 明·馮夢龍《醒世恆言》（第十卷·劉小官雌雄兄弟），華齡出版社，1998 年，第 151 頁。

5 中國佛教文化研究所點校《增一阿含經》卷一，宗教文化出版社，1999 年，第 6 頁。

❓ 怎麼理解俗語中許多矛盾的表達？

俗語中有許多矛盾的表達，如「萬般皆下品，唯有讀書高」與「百無一用是書生」。從不同角度來解讀，在「官本位」的體制下，讀書人希望「學而優則仕」。然而不幸落第的書生，沒有生產技能，於是「百無一用是書生」。這反映了中國傳統價值觀的多元性與複雜性。

❓ 中國俗語有哪些鮮明的地方特色？

1. 上有天堂，下有蘇杭

蘇杭受到推崇，因為秀麗的自然風光、富庶的經濟和文人墨客留下的詩詞佳句。

2. 無紹不成衙，無寧不成市

沒有紹興師爺成不了衙門，沒有寧波商人成不了市面。紹興舊時多出幕僚，俗稱「師爺」；寧波多出商人，形成著名的寧波商幫。

3. 唸佛唸一世，不如過橋石板鋪一記

「世」，方言中音「西」；「過橋石板」，跨越水溝以連通道路的石板；「一記」，一塊。民間注重實際功德，有修橋鋪路做好事為求來生的說法。

很多俗語是一代代口耳相傳的，從中可以窺見鮮明的地方色彩和當地風物的痕跡。如：

城外樓外樓，城裏天香樓。（指兩個著名飯館）

初二、十六，店員吃肉。（舊杭州商界習俗）

打得船來，過了端午。（譬喻丟失時機）

❓ 日常生活中讓人受益的諺語有哪些？

諺語的內容涉及到社會生活的各個方面。大體有以下幾種：

氣象：觀察氣象的經驗總結。如：

1. 螞蟻搬家蛇過道，大雨不久就來到。

2. 朝霞不出門，晚霞行千里。

3. 天上鈎鈎雲，地下水淋淋。

農業：農事經驗的總結。如：

1. 棗芽發，種棉花。

2. 春雷響，萬物長。

衛生：衛生保健知識的總結。如：

1. 飯後百步走，活到九十九。

2. 傷筋動骨一百天。

社會：為人處世、待人接物、治家治國等的總結。如：

1. 人不可貌相，海水不可斗量。

2. 若要人不知，除非己莫為。

3. 良藥苦口利於病，忠言逆耳利於行。

學習：學習經驗的總結，激勵人們發奮學習。如：

1. 刀不磨要生鏽，人不學要落後。

2. 世上無難事，只怕有心人。

❓ 諺語和成語、歇後語有甚麼區別？

諺語的內容涉及到社會生活的各個方面，語義淺顯。

成語來自古代經典、歷史故事等，是古代漢語詞彙中長期沿用的固定短語。

歇後語一般由兩部分構成，前半截是比喻，後半截是說明。

❓ 歇後語有哪些類別？

歇後語有多種類別：

第一，諧音類。如：空棺材出葬——目（墓）中無人。

這類歇後語利用同音字或近音字相諧，引申出所需説明的另一種含義。因為語義巧妙地隱藏在語音中，頗能引發讀者的閱讀興趣。

第二，喻事類。如：弄堂裏搬木頭——直來直去。

這類歇後語巧用比喻，需要對設比的事理有所了解，才能領悟其隱喻意義。

第三，喻物類。如：棋盤裏的卒子——只能進不能退。

這類歇後語通常用生活中常見的事物作比，領悟意思並不困難。

第四，故事類。如：劉備借荊州——只借不還。

典故、寓言和神話傳説是這類歇後語常用來引述的內容，熟悉歷史故事是理解歇後語的基礎。

第五章

自然視窗

中華民族對自然界的探索，已有幾千年的歷史。春秋戰國時期，迎來了中國古代哲學的第一個高峰，也開啟了自然探索之旅。在這個時期，雖然人們對各類自然現象的研究並沒有形成獨立的學科，但天文、曆法、氣象、算學、幾何等方面的研究在當時均居世界領先地位，同時，對聲、光、力等現象的研究也發展到了一定的水平，從而帶動了中國古代自然科學的全面發展，並奠定了其在世界上的地位。

中國古代人們往往專注於自然科學在生產生活中的應用，而忽略了將實踐經驗轉化為理論成果，而且受儒家思想和政治制度的影響，更多的讀書人選擇了入仕從政，自然科學只能成為少數人的追求，這些在一定程度上限制了自然科學的縱深發展。即便如此，中國古代在自然科學方面仍然做出了巨大貢獻，如「四大發明」，成為我們民族傳統文化的驕傲。

第一節　算學經緯

中國古代數學的核心為算學，偏重代數運算，形成演算法。算學又分內算與外算。內算主要研究天文、曆法、占卜等，外算指的是《九章算術》所載的內容以及有關測量方位、地形之高、深、遠、近的方法。中華算學起於文明萌芽之初，興於兩漢，在宋元發展到頂峰。明清時期隨着西方數學傳入，中國近代以後逐步融入世界數學發展的大潮當中。

❓《周易》中有算學嗎？

《周易》相傳為文王所演，分為「《易》經」、「《易》傳」兩部分。從《周易》來看，世界上的事物皆分陰陽，八卦就是陰陽系統的具體分類，「—」代表陽，「- -」代表陰，以這兩種符號為基礎，有八種不同組合方式。具體來說，是乾卦（☰），坤卦（☷），巽卦（☴），震卦（☳），坎卦（☵），離卦（☲），艮卦（☶），兌卦（☱）。

❓「風水」與算學有甚麼關係嗎？

風水，又稱堪輿術，是中國古代算學的一種。不過它不是一種單純的算學，風水家通過對地理環境的觀察、分析以推測吉凶。風水中的算學主要體現在用八卦組合來分析自然環境。《易經》裏八個本卦通過排列組合形成六十四卦。風水中將不同的方位對應於八個卦象，而卦象之間的組合會產生不同的效果。

如「乾」為天，「坤」為地，乾坤互動，意味着萬物誕生。

❓ 取名字與算學有關嗎？

陰陽五行是中國古代的一種物質闡釋學說，陰陽最初指日光的向背，後又用來解釋兩種對立消長的勢力。五行最早出現在《洪範》中，戰國後期，鄒衍融合陰陽五行並將其用於推演朝代更替，「陰陽五行說」至此初步成型。我們的長輩在起名字時都講究陰陽五行的搭配，是運用數學的方法追求一種內在的和諧，是算學的一種應用。

❓「逢凶化吉」有科學依據嗎？

人在短時間內遇到諸多不順，找不到合理的解釋，通常會抱怨自己「倒霉」。遇到困難俗稱遇到「坎兒」了。坎在《周易》中代表水，也代表危險。坎卦是由兩個坎組成，分為上坎和下坎，又稱「習坎」。「習」有重複、反覆之意。面臨坎險，最重要的是以孚信之心待人處事。《易經》中的「孚」一般都指誠信、孚信。心懷誠信，勇往直前，竭盡全力，才可能創造奇跡。「習」還有另一種解釋，即練習。沒有人一帆風順，只能有計劃有目的地認識它、分析它、化解它。遇到「習坎」，智慧之人能入於險中，又出乎險外。每個人的一生，都可能會面臨困難和危險，要有憂患意識，做到有備無患。同時也要學會合理地利用資源，如果遇到某些自己看不清的險境，要主動諮詢朋友和身邊的明白人。

❓「幾何」的由來是怎樣的？

「幾何」最初在古代漢語中有「多少」的意思，它並不表示一個確定的數量，而是一個根據語言情境有所變化的詞，例如曹操

的詩「對酒當歌，人生幾何」[1]。「幾何」作為數學概念在中國最早出現在明代數學家徐光啟《幾何原本》的譯本中。《幾何原本》是古希臘數學家歐幾里得的一部偉大的數學著作。徐光啟《幾何原本》譯本中「幾何」的譯名是泛指度量和與度量有關的內容。這是中國現存的第一部數學譯著，也是第一次將西方數學的邏輯體系和推理方法引入中國。

中國古代數學在宋元時期達到了鼎盛，之後卻停滯不前。到明代，傳統數學幾乎失傳，數學書籍也大量失散。明末清初，西方數學開始傳入中國，當時一些學者對傳入的數學知識做了許多有價值的翻譯和研究工作，使停滯的數學進入了一個新的發展時期。在外來的數學譯著中，除《幾何原本》之外，還有《割圓勾股八線表》、《測量全義》等三角學著作。到了清代，除了古代初等數學，還有解析幾何、微積分等近代數學也陸續傳入中國。鴉片戰爭以後，學者們又翻譯了一批近代數學著作，例如《代數學》、《微積溯源》、《決疑數學》等書籍，系統介紹了代數學、三角學、微積分學和概率論的前沿成果。在翻譯的同時，數學家們通過中西數學著作的比較研究，對數學的研究和探討也更進了一步，取得了很多成就。

明清時期西方數學的傳入對中國數學發展的影響是巨大的，它推動了當時停滯不前的中國數學迅速前進，中國數學開始由初等數學向高等數學發展。

❓ 中國古代計算工具的演變過程是怎樣的？中國古代有哪些進制？

算籌是中國古代特有的一種記數工具，用它進行十進制記數

1　三國 · 曹操《短歌行》，《曹操集譯注》，中華書局，1979 年，第 19 頁。

已有兩千多年的歷史。算籌是用一些長短粗細相同的小棍做成的一種計數工具。用算籌計數有縱、橫兩種排列方式。由算籌演變而來的算盤，是中國古代算學的又一創造性發明，與算籌相比，算盤計算快速、輕便實用，是計算工具的一大進步與突破，而且對今天的電腦也產生了一定的影響。

「半斤八兩」作為一個成語表示彼此實力相當。我們以十六兩為一斤來計算，所以半斤就是八兩。這種度量衡是十六進制的。不過十六進制通常只用於重量、貨幣的度量，古代度量衡的主流還是十進制。事實上，中國是最早使用十進制的國家，商代的甲骨文上就有十進制的計數法。除了十進制和十六進制以外，古代還有二進制和十二進制等。《易經》中卦是通過陰爻和陽爻組成的二進制數字；時間的度量上使用十二進制，十二個時辰為一天等。

❓「勾股定理」等著名的數學定理都是誰發現的？

勾股定理是描述直角三角形三邊數量關係的重要定理，在西方被稱為畢達哥拉斯定理（畢氏定理）。那麼究竟是誰最先發現了勾股定理呢？在公元前一世紀的中國古代數學著作《周髀算經》中，記載了西周初算學家商高在公元前 1000 年前發現了「勾三股四弦五」的特例。《周髀算經》卷上記載，在公元前七世紀，陳子提出欲求斜邊長可用「勾股各自乘，並而開方除之」的方法。所以，在中國勾股定理又被稱為商高定理或陳子定理。商高發現勾股定理比畢達哥拉斯（公元前約 500 年）要早幾百年。

除了勾股定理之外，中國古代數學還有很多偉大的成就。例如剩餘定理和祖暅原理。《孫子算經》中的剩餘定理又稱孫子定理，是古代求解一次同餘式組的方法。祖暅原理，是由祖沖之與

兒子祖暅在研究球體積的計算方法時提出的。

❓中國關於圓周率的計算取得了哪些突破？

準確地推求圓周率的數值，是數學領域的一個重要課題，攻克這道難關，是中華民族對數學的特殊貢獻。

中國古代的數學家們對這個問題的研究遠遠領先於西方。我們的古人經過長期的觀察與反覆的試驗，探究出圓周與直徑的基本關係，最早在成書於公元前一世紀的《周髀算經》中就提出了「徑一周三」的觀點。這種說法雖然不夠準確，但是基本方向正確。此後，經過歷代數學家的不斷探索，推算出日益精確的圓周率數值。到了魏晉時期，著名數學家劉徽在為《九章算術》作注時，創造了推算圓周率的新方法——割圓術（公元263年）。他推算的圓周率的數值是3.14。值得注意的是，劉徽在割圓術的演算中，已經認識到了數學中的「極限」概念。後來人們為紀念劉徽對數學的貢獻，把他算出的圓周率數值稱為「徽率」或「徽術」。

在圓周率計算過程中，最具有代表性的是南北朝時期的數學家祖沖之。公元480年左右，在劉徽割圓術的基礎上，祖沖之進一步研究計算，得出精確到小數點後七位的結果。這一成果使他成為世界上第一個把圓周率的準確數值計算到小數點之後七位數字的人，而且這一最精準的圓周率世界記錄一直保持了九百多年，以致於有數學史家呼籲應將這一成果命名為「祖率」。直到1000年後，這個記錄才被阿拉伯數學家阿爾·凱西和法國數學家維葉特所打破，祖沖之提出的「密率」，也是直到1000年以後，才有德國人發現，被命名為「安托尼茲率」。

❓「九九口訣」和「增乘開方」對數學有何價值？

在古代，人們背誦的乘法口訣與我們今天背誦的順序是不同的，他們先從「九九八十一」開始。因為口訣開頭兩個字是「九九」，所以，人們就習慣於把它稱之為「九九歌」。

九九乘法表是中國人發明的。根據《九章算術》記載，伏羲氏根據八卦，作九九合爻之變。在《管子》、《老子》、《戰國策》等先秦典籍中，也有「二七十四」、「六七四十二」等字句，可見九九乘法表在春秋戰國時代就已相當普及。九九乘法表的主要價值是改進演算法和提高運算速度。相比之下，古代埃及做乘法卻要用倍乘的方式進行，如算 23 × 13，就需要從 23 開始，23 × 1，23 × 2，23 × 4，23 × 8，然後注意到 13 ＝ 1 ＋ 4 ＋ 8，於是 23 ＋ 23 × 4 ＋ 23 × 8 加起來的結果就是 23 × 13。從比較中不難看出中國人使用九九乘法表的優越性了。九九乘法口訣還有一個突出的優點，就是利用漢語發音的優勢，朗誦起來音節明快，朗朗上口，便於流傳。後來發展起來的珠算口訣也繼承了這一優勢。

「增乘開方法」是中國古代的一種開方和求高次方程數值解的方法，由宋元時期數學家所創造。11 世紀賈憲在《黃帝九章演算法細草》中首創了這種開任意高次冪的「增乘開方法」。後來經 12 世紀劉益的繼續研究與探索，又進一步地發展和完善了「增乘開方法」，直到 13 世紀秦九韶最後完成。另外，《孫子算經》、《張邱建算經》、《緝古算經》以及傳本《夏侯陽算經》都有開方問題的記載。「增乘開方法」的主要作用是奠定了中國古代方程論的基礎，方程論也因此形成了一門比較完整的學科，而且是最能體現中國傳統算學機械化特徵的典型範例。

第二節　天文曆法

天文學可以説是中國古代自然科學中發展得最早的學科之一，主要原因是天文學與人類的生產、生活息息相關。中國古代天文學的成就不僅有對天文現象和規律的發現，而且有對天文觀測儀器的發明，也出現了許多有重要影響的天文著作。中國古代的天文學在相當長的時間內不是獨立的一門學科，其構想和發展過程與中國複雜的歷史文化是緊密相關的。也可以説它不僅僅屬於「自然科學」，還具有一定的「政治特徵」。王朝天文機構的建立，往往表明了統治者為了給自己的政權提供合法的依據與象徵，因此這不僅是一件科學方面的事務，還是政治上的大事。朝廷為了保障天文學成為統治工具，甚至對天文學施行嚴格的壟斷措施，其中最典型的表現就是歷代王朝對「私習天文」行為所頒佈的各種禁令。

❓天文學與氣象學有何關係？對人類有何影響？

中國古代自然科學通常分為四大類：天文學、數學、中醫藥學、農學。中國古代天文學非常發達，當時的多項成就領先於世界。比如在春秋時代就有哈雷彗星的確切記錄，比歐洲早六百多年；戰國時期，世界上最早的天文學著作《甘石星經》誕生。天文學的巨大成就，帶動了氣象學的發展，再加上「天人合一、人地和諧」的人文思想的影響，中國古代的氣象學與天文學之間自然產生了密切的聯繫。

我們的祖先在採集果實和漁獵的過程中，逐步積累了對動物活動規律、植物生長規律、寒來暑往、月圓月缺等自然現象的認識。隨着以原始農牧業生產為主的新石器時代的到來，人們逐漸發現了天象與氣候之間的密切關係，並且開始有意識地運用這些知識服務於生產與生活。到了商代，天文氣象資料迅速增長，從河南安陽殷墟出土的甲骨文就可以找到佐證。在周朝，生產力有了前所未有的發展，特別是鐵器農具的使用和牛耕技術的推廣，有力地促進了天文氣象的發展和農業科技的進步，也湧現了一批科學家，他們努力探索天氣變化的原因，用樸素的自然觀解釋世界。其中「二十四節氣」就是中國人歷經長期的實踐探索在天文氣象學方面的智慧結晶。

❓ 中國古代天文學與政治有何關係？

中國古代的天文學和現代有很大不同，不僅在農業發展中起到了重要的作用，而且有濃重的政治色彩。這體現在天文學始終受控並服務於皇權，統治者把天文觀象用於占卜皇權盛衰、國家興亡和自然災害，因此，有學者稱之為「政治天文學」。這與統治階級奉為圭臬的「君權神授」理論一脈相承。

戰國時代，呂不韋主持編撰的《呂氏春秋》中就提出要按天道法則行事。天道之法就是「月令」，其他所有的事物，包括氣候、物候、曆數、禮儀、祭祀等，都依據天象確定。天子所為，就是在規定的時間地點，按規定的方式和程序，循禮舉行祭祀；臣民則做好相關生產、宗教和社會活動。這種以天文曆法為基礎的「月令」行為，實際上是把「敬天」的宗教和「通天」的巫術做了社會化的處理。其目的是要確定「君權神授」的權威。

❓ 古代著名的測量儀有哪些？它們有何作用？

古代的天文學家在從事天文觀測時，發明了很多儀器，重要的有圭表、渾儀、渾象、日晷和儀象台等。

圭表是一種測量天象的儀器，由垂直的表和水平的圭組成。圭表的主要功能是測定冬至日的準確時刻，並確定回歸年長度。此外，根據觀測表影的變化軌跡可確定日影方向和節氣。目前保存完好的圭表在河南登封的觀星台上。

渾儀，又稱渾天儀，也是中國古代一種重要的天文觀測儀器。「渾」，在古代有圓球的意思，古人認為天就像一個蛋殼，日月星辰是鑲嵌在蛋殼上的彈丸，地球是蛋黃，人們觀測天體就像站在蛋黃上觀察蛋殼上的彈丸，所以人們把這種觀測天體位置的儀器叫作「渾儀」。

渾象，是一種用於演示天象的儀器。通過它的演示，我們可以直觀、形象地了解日、月、星辰的相互位置和運動變化，可以說它是現代天球儀的鼻祖。中國現存最早的、保存完好的天體儀安置在北京古觀象台上。

日晷，又稱「日規」。晷，就是影子。日晷就是利用太陽的影子測時的一種儀器。其主要構件是銅製的指針和石製的圓盤。銅製的指標稱「晷針」，在圓盤中心垂直穿過，在圭表中起着立竿成影的作用，因此，晷針又稱「表」。石製的圓盤稱「晷面」，晷面平行於赤道面。

水運儀象台，是一座大型天文觀測儀器，由宋代蘇頌、韓公廉等人設計製造。它高約 12 米，寬約 7 米，呈上窄下寬的正方台形，全部為木建築結構。它把渾儀、渾象以及報時裝置巧妙地融為一體。

❓ 數學對天文學有哪些推動作用？

數學在古代天文學的發展中起到了巨大的推動作用，三角函數、圓錐曲線、函數和數列等在古代天文學中都有廣泛涉及。比如《授時曆》於 1280 年編制成功時，郭守敬在給忽必烈的奏報中提到：自西漢《三統曆》到北宋《紀元曆》共一千一百八十多年，曆法改了七十次，其中新創法有十三家。從《紀元曆》到至元十七年，又一百七十多年，《授時曆》考正共七事，新創法又五事，都涉及到對天文資料的重新測定。此外，採用數學方法來進行測定的還包括冬至時刻、回歸年長度、太陽月亮的位置、交食的辰刻、二十八宿距度和太陽出入時刻，其中測二十八宿距度遠遠超過北宋崇寧年間觀測的精細度。回歸年長度採用了《統天曆》的資料而加以證明。創法五事都是對天文計算的改革。

古代很多的天文學家同時也是數學家。最典型的當屬南北朝時期的祖沖之。他曾修訂曆法，從對天文的觀察中，得到一些極精確的計算法。例如他算得月球繞地球一周時長為 27.21223 天，這與現代公認的 27.21222 天極為接近。這一點就可以奠定他在天文學史中的重要地位。

❓ 年、月、日是如何產生的？「北京時間」是甚麼意思？

遠古時代，人們在生活和生產實踐中，漸漸發現日月星辰的升落、氣候的變換、動物的出沒和植物的枯榮等自然現象與人類的生存密切相關。於是在觀察自然現象的過程中，總結了一些規律，古代曆法由此而生。

太陽的升落造成了白晝和黑夜的交替，古人日出而作，日落而息，久而久之便產生了「日」這個時間單位。「年」這個時間單位反映了春夏秋冬四季交替，直接關係着農事的耕種收藏。年嫌

其長，日嫌其短，人們開始觀測月亮的隱現圓缺變化，發現其周期約為 30 日，進而產生了「月」這個時間單位。這便是最初的觀象授時。

古人紀時是憑視覺做出判斷，最初把一晝夜模糊地劃分為十二辰，但並沒有等距離劃分的標準。到西漢初期，漢武帝頒行太初曆後，才正式將一晝夜劃分為 12 時段，並參照天象變化分別給以命名。之後，古人用日晷測日影或銅壺滴漏紀時，將一晝夜劃分為一百刻或一百刻的近似值。清朝後期，鐘錶傳入中國，將一晝夜劃分為 24 小時、1440 分、86400 秒，時段的劃分較前精細。20 世紀中後期，出現了石英鐘和原子鐘，可以確定每秒的量度。

鐘錶出現之前，人們通常把太陽在正南方的時刻記作中午（十二點），這時在地球的另一邊是午夜（零點）。在觀測者所在地點觀察太陽的位置，由此確定的時間叫作地方時。在同一經線上的地方時是一樣的。隨着交往的日益頻繁，建立一個統一的時間系統變得必不可少。1884 年，國際經度會議決定在世界範圍內實行統一的分區計時制度。將地球表面劃分為 24 個時區，每 15 經度範圍內為一個時區。選取各時區內一個具有代表意義的城市作為該時區標準時間的名稱。比如，東八區就選取了北京作為標準時間的名稱。

❓ 曆法有哪幾類？為甚麼公曆、農曆同時存在？

迄今為止，世界曆法分為三種：陽曆、陰曆、陰陽合曆。

陽曆：也稱太陽曆，以地球圍繞太陽公轉的運動周期為基礎。現今世界通行的公曆就是陽曆，平年 365 天，閏年 366 天。

陰曆：也稱太陰曆，以月球的運動為依據，把朔望月作為基

本周期。這種曆法在一些文明古國的上古時代多採用過。現在阿拉伯國家通行的「伊斯蘭曆」中有一種太陰曆制度，就是「陰曆」。

陰陽合曆：它同時考慮太陽和月亮的運動，把回歸年、朔望月並列為制曆的基本周期。陰陽曆曆月的平均長度接近朔望月，陰陽曆曆年的平均長度接近回歸年，是一種「陰月陽年」式的曆法。中國農曆就是一種典型的陰陽曆。

春秋戰國時期，各諸侯國分別使用黃帝、顓頊、夏、殷、周、魯六種曆法，合稱「古六曆」，皆為陰陽合曆。其中夏曆在歷史上應用的時間最長。16世紀以後，西方曆法開始傳入中國。辛亥革命後，中華民國成立，宣佈從1912年1月開始使用公曆，這是第一階段；1949年9月21日，中國人民政治協商會議在北京舉行第一次全體會議，27日通過了關於中國國旗、國歌、國都、紀年的決議，從1949年10月中國開始使用公元紀年法，這是第二階段。但在民間，夏曆依然被廣泛地使用，由於農業人口在中國佔大多數，夏曆中的二十四節氣跟農業密切相關，農諺也都是根據農曆編成的，潮水的漲落、日食或月食在農曆中也有固定的日期，所以中國民間一直延續使用農曆。這就是日曆中同時存在公曆、農曆兩種曆法的主要原因。

❓ 為甚麼十九年要置七閏？為甚麼有「一年兩頭春」？

中國的農曆，又稱「陰曆」，主要依據朔望月（月亮繞地球周期），同時兼顧回歸年來確定，也就是一種陰陽合曆。農曆一年十二個月，一般六大六小，只有354日，比一個回歸年少11.2422日。不到三年必須加一月，使朔望月與回歸年相適應，也就是用置閏辦法來調整回歸年與朔望月之間的關係，使月份與季節吻合。中國古代曆法的每一次變化，主要內容之一就是調配

回歸年與朔望月的長度，使之匹配。

為甚麼十九年要置七閏呢？因為春秋中期之後，根據圭表測影的方法，已初步掌握了一個回歸年的長度為 365.24219 日。根據這個數值，年、月、日的調配就有了可能。四分曆由回歸年的長度 365.24219 日推出朔望月長度（朔策）為 29.53085 日。19 年中要有 235 個朔望月才能與 19 個回歸年日數大體相等，而 1 年 12 個月，19 年即 228 個月必須再加上 7 個閏月才能達到目的。這就是十九年七閏的來源。

農曆乙丑年，也就是公曆 2009 年，出現兩個立春日，分別是正月初十和十二月二十一，這種一年之中出現的兩次立春現象就被稱為「一年兩頭春」。由於農曆的曆月是以月亮圓缺變化的周期（朔望月）為根據制定的，在 19 年中設置 7 個閏年，閏年增加一個月，為 13 個月，一年為 383 天或 384 天，比一個回歸年長 18 天左右，所以在閏年中至少有 25 個節氣，必然會出現兩個相同的節氣。對應的第二年一般就只能有 23 個節氣了。

❓ 公元紀年與干支紀年如何換算？

干支是天干和地支的總稱。我們的祖先將甲、乙、丙、丁、戊、己、庚、辛、壬、癸這十個字稱為「天干」，將子、丑、寅、卯、辰、巳、午、未、申、酉、戌、亥這十二個字稱為「地支」。將天干中的一個字與地支中的一個字按順序配成 60 個組合，古代稱為「六十花甲子」。

1. 公元紀年與干支紀年的換算

由於公元 4 年為甲子年，所以可以將天干與地支按照下表進行編號：

公元紀年與干支紀年換算表

甲	乙	丙	丁	戊	己	庚	辛	壬	癸		
4	5	6	7	8	9	0	1	2	3		
子	丑	寅	卯	辰	巳	午	未	申	酉	戌	亥
4	5	6	7	8	9	10	11	0	1	2	3

公元紀年換算成干支紀年方法：先找出公元年的尾數相對應的天干，然後，將公元紀年除以 12，用餘數在地支中找出所對應的地支。這樣，公元紀年就換算成了干支紀年。例如，公元 1975 年，用該年尾數 5 找出對應的天干為「乙」。然後，用 1975 除以 12 得餘數為 7。用餘數 7 找出相對應的地支為「卯」。那麼，公元 1975 年則為干支曆乙卯年。

2. 公元前紀年與干支紀年的換算

由於公元前 1 年為庚申年，所以可以將天干與地支按照下表進行編號：

公元前紀年與干支紀年換算表

甲	乙	丙	丁	戊	己	庚	辛	壬	癸		
7	6	5	4	3	2	1	0	9	8		
子	丑	寅	卯	辰	巳	午	未	申	酉	戌	亥
9	8	7	6	5	4	3	2	1	12	11	10

具體換算方法與上述相同，例如，公元前 155 年，因為年份尾數為 5，所以取天干中的「丙」，155 除以 12 的餘數是 11，所以相應地取地支中的「戌」。因此，該年則為丙戌年。

第三節 山水地名

　　地球表面呈現出千姿百態的自然景觀，山的沉穩、水的靈動都是自然之美的靈魂。水的形象豐富多彩，有宛如平鏡的湖泊深潭，有歡快跳躍的山澗小溪，有飛流直下的山川瀑布，有波濤洶湧的大江滄海。而每一條奔騰入海的江河，都發源於山，成長於山。山的姿態氣象萬千，有的高插雲天，有的層巒疊嶂，有的峭拔險峻，無不展現出大自然的鬼斧神工。

　　自古以來，祖國的壯美河山就是國人引以為豪的寶貴財富。山水文化是中國特有的審美形態，從開天闢地、萬物誕生的神話傳說到帝王登泰山而封禪的歷史記載，從哲人在山水風雲中抽象出宇宙構成原理到詩人借山水抒懷的千古絕唱，從文人遊歷名勝、寄情山水的詩文歌賦到平民百姓勞動中傳唱的山歌水謠，無不貫穿着中華民族特有的自然山水與人文精神有機融合的文化特徵。

　　中國地域遼闊，地名眾多：有的歷史悠久，流傳至今；有的如今雖榮耀不再，但曾在歷史長河中佔有一席之地，屢見於文獻名著；有的幾經變更，仍折射出曲折的歷史背影；有的地名雖已湮滅消失，卻可考諸青史。取自詩歌典故的地名，儒雅雋美；反映自然地貌的地名，千奇百怪；記錄歷史印記的地名，令人敬畏；反映姓氏望族的地名，彌足珍貴；反映功能分區的地名，形象直觀。地名不僅是一個稱呼，一個地理符號，更是一塊活化石，一個萬花筒，它包涵了自然和人文、藝術和經濟、過往和現在、民族和姓氏等多種元素，而且還會因中國的地域差異、人口

流動融合等出現一些生僻變化的讀音，是中華文化的集成，值得我們去了解和研究。

每個地名自有一段來歷，蘊含着豐富的文化，述說着動人的故事，反映着中華山河的自然之美，體現着中華文化的博大精深，蘊藏着中華悠久深厚的歷史。所以，重視祖國的地名文化，走近它、了解它、探究它、運用它是十分必要的。

❓ 中國有哪些名山、名水？

中國是一個多山的國家，主要山脈有阿爾泰山、崑崙山、祁連山、賀蘭山、橫斷山、大興安嶺、長白山、太行山、秦嶺、武夷山等。

在千姿百態、各具特色的中國名山中，「五嶽」（東嶽泰山、西嶽華山、南嶽衡山、北嶽恆山、中嶽嵩山）為皇家帝王所偏愛，成為巡獵、封禪、祭祀的名山。後被道教所繼承，被視為道教名山。道教名山除上述「五嶽」之外，還有一百多處，名氣最大的當屬湖北武當山、四川青城山、江西龍虎山與安徽齊雲山，被稱為「道教四大名山」。佛教名山也具有很高的地位。據統計，佛教名山在中國有二百多處，遍及全國。最有影響的當屬「四大佛教名山」，包括山西五台山——文殊菩薩的道場，浙江普陀山——觀世音菩薩的道場，四川峨眉山——普賢菩薩的道場，安徽九華山——地藏王菩薩的道場。

還有一些以風景獨特而聞名的山。古人云「五嶽歸來不看山，黃山歸來不看嶽」[1]，「天下名景集黃山」。怪石、雲海、奇松、溫泉被視為安徽黃山「四絕」。飛瀑瀉泉、雲霧繚繞的江西盧

---

1 明·徐霞客《漫遊黃山仙境》，過竹、黃利群主編《山水文化》，高等教育出版社，2014年，第172頁。

山自古就是人們探奇尋幽的勝地;福建的武夷山,給人一種「武夷山水天下奇,千峰萬壑皆畫圖」[1]的美感;浙江溫州的雁蕩山以奇峰、怪石、飛瀑、幽洞、深谷聞名於世。此外,九寨溝、武陵源、黃龍、長白山天池這些世界級風景名勝區,也都坐落在群山懷抱中,各有千秋。

中華大地幅員遼闊,地形起伏,季風性氣候顯著,獨特的地理氣候形成了中國特有的江河、湖澤、海洋、泉瀑等各類水體。文明始自河流,中華大地水系豐富而富於變化,自北往南,由西向東,奔流着數不清的江河,在民族心理中已成為一種根深蒂固的情結,甚至是一種圖騰和象徵。中國外流河自北到南分佈着松花江、遼河、海河、黃河、淮河、長江、珠江七大水系;中國的內流河主要有塔里木河和黑河。

中國是一個湖泊眾多的國家,從西到東以海拔為序分佈着五大湖群,即青藏高原湖群、蒙新高原湖群、雲貴高原湖群、東北平原湖群和長江中下游平原湖群。著名湖泊有:鄱陽湖、洞庭湖、太湖、西湖、玄武湖、青海湖等。民間有「洞庭雄闊,鄱陽奇偉,太湖深秀,西湖嫵媚」的說法,每個湖泊各有自己的性格特徵。

泉水滋養了大地,也滋養了人類,給了我們秀美的山川景色,也呈現了不同的氣質類型:溫泉四季如湯,冷泉刺骨冰肌;承壓水泉噴湧而出,飛翠流玉;潛水泉清澈如鏡,汩汩外溢;噴泉騰地而起,水霧瀰漫;間歇泉時淌時停,含情帶意;還有離奇古怪的水火泉、甘苦泉、鴛鴦泉等。中國名泉主要有:濟南趵突泉、廬山三疊泉、杭州虎跑泉、陝西臨潼華清池等。

1　鄭國銓《中國山水文化導論》,《中國人民大學學報》1992 年第 3 期,第 49 頁。

❓中國山水文化表現形態有哪些？

以山水為表現對象的文化形態或以山水為載體的文化形態稱之為山水文化，包括山水面貌、山水詩文、山水繪畫、山水音樂、山水園林、山水神話和傳說等等。

山水面貌，包括山的高度、形態特點，水的長度，流域範圍，以及外在形態所蘊含的內在氣質等等。

山水詩文是以山水為載體的文化形態，起萌於先秦，發展於兩漢，興盛於魏晉南北朝，成熟於唐宋。唐宋時期，大量山水詩人寄情山水，觸景生情，落於文字，將山水文化推上了歷史的高峰，在整個社會文化中產生了巨大影響。

山水繪畫始於魏晉南北朝，發展於隋唐。唐末中國山水畫開始成熟，宋代的山水畫達到高度成熟，產生了多位「百代標程」、「照耀千古」的大山水畫家，如孫位、荊浩、關仝、李成、范寬、董源、巨然等，他們都有千古名作流傳後世。

山水園林藝術從崇尚自然到創造寫意，將自然山水賦予了思想、意境、追求，傳遞了藝術家的價值觀、人生觀和審美傾向。中國山水園林在世界園林史中獨樹一幟，題材主要由假山、水池、花木、建築組合而成，是一種綜合藝術，園林藝術講究詩情畫意，追求意境的創造。明、清兩代是中國園林創作的高峰。明代以江南的私家園林為代表，清代康熙、乾隆時期是皇家園林創建的活躍時期，社會的穩定與繁榮給建造大規模寫意自然園林提供了有利條件。江南私家園林以蘇州「四大名園」為代表，分別是建於宋朝的滄浪亭、建於元朝的獅子林、建於明朝的拙政園以及建於清朝的留園。皇家園林的代表有北京的圓明園、頤和園和承德的避暑山莊等。

? 中國山水的經典著作有哪些？

1.《山海經》

《山海經》是一部富於神話傳說色彩的地理著作。一般認為成書於戰國時代。它記述了古代神話、地理、物產、宗教、巫術等內容，也包括民俗、民族、歷史、醫藥等方面的知識。全書現存十八篇，其中《山經》五篇、《海經》九篇、《大荒經》四篇。

2.《水經注》

《水經》是中國古代記載河道水系的專著，作者和成書年代不詳。該書記載境內河流 137 條，語言簡略。《水經注》是注釋《水經》的地理專著，北魏酈道元注，共四十卷。注者詳細介紹了中國境內一千多條河流以及與這些河流相關的郡縣、城市、風俗、物產、歷史、傳說等。此外，該書還記錄了不少漁歌民謠和碑刻墨跡。

3.《夢溪筆談》

《夢溪筆談》作者是北宋科學家、政治家沈括，這是一部涉及中國古代自然科學、社會歷史現象及工藝技術的綜合性筆記體著作。英國科學史家李約瑟評價《夢溪筆談》是中國科學史上的里程碑。該書分為《筆談》、《補筆談》和《續筆談》三個部分，記述了天文、曆法、氣象、地理、農業等諸多領域內容，可以看作是中國古代的百科全書。

4.《徐霞客遊記》

《徐霞客遊記》是中國明末著名地理學家和旅行家徐霞客的地理名著。《徐霞客遊記》主要按時間記述作者 1613 至 1639 年間旅行觀察所得所感，對所到之處的地理、地質、水文、植物等現象

均作了詳細記錄，在地理學和文學上都做出了巨大貢獻，堪稱後人遊記寫作的典範。

❓ 如何欣賞山水文化？

鑒賞的本質是審美，欣賞自然山水不僅要求審美主體身臨其境，而且要選取恰當的觀賞視角和觀賞契機，這樣才有助於全方位多層面地獲取審美愉悅。

首先，欣賞角度的變化。

1. 遠觀和近觀。一般來說，觀賞高大雄偉的地理事物或現象適宜遠觀，便於領略景觀的整體輪廓，又能感悟到景觀的內在神韻。同理，對於依附在山上的體積龐大的景觀，也適宜遠觀。相反，對於比較小巧的景觀，或者是欣賞景物的局部，則適合近觀。有的景觀甚至需要身臨其境，探幽著微，如洞穴峽谷、「一線天」之類的自然景觀。

2. 移步換景。自然山水的魅力在於不斷變化的狀態中，一步一景，搖曳多姿，變化無窮，美不勝收。在觀賞的過程中，觀賞者的心理也會隨着景色的變化跌宕起伏。比如乘船遊覽桂林灕江百里畫廊，觀賞舟行雲流、浪石煙雨、九龍戲水、八仙過江等，一路佳景紛至沓來，都是在不斷移動變化中完成的。

3. 平視、俯瞰和仰望。通過不同的俯仰角度的變化欣賞同一景物，容易獲得一種富有層次的審美感受。平視適宜於觀賞平坦開闊的景色，比如洞庭湖；仰望，適宜於觀賞巍峨的高山等景色。李白有詩云：「飛流直下三千尺，疑是銀河落九天。」[1]仰觀瀑布，更覺氣勢磅礴，雄偉壯觀；俯瞰，「會當凌絕頂，一覽眾

---

1 唐・李白《望廬山瀑布》，郁賢皓編選《李白集》，鳳凰出版社，2014年，第9頁。

山小」[1]，站得越高，視野就越開闊。

4. 特定角度。有時欣賞一些地貌的特殊造型，只能在特定的觀賞點才能獲得某種形象或者產生某種意境。最典型的是甘肅莫高窟的月牙泉，只有登上旁邊的沙漠之巔，才能看到完整的貌似月牙的泉水。

其次，觀賞時機的把握。

1. 不同季節。清明踏春，重陽登高，深秋紅葉，冬雪臘梅。很多自然景觀都是在特定的時間、天氣和季節變化中才能出現，或者說最有情致。欣賞以植物生態為主題的山水風光最好在春季或夏季，如黃山處於亞熱帶季風區，山中多霧，夏季的雨後往往是最好的觀賞時機；而欣賞吉林的茫茫霧凇自然應在冬季。

2. 不同天氣。有些自然景觀會隨天氣變化而呈現不同的風采，欣賞該類景觀應選擇適合的天氣。如泰山觀日出只能選擇在天晴的黎明；觀賞海拔較高的名山勝景最好應選擇雨過天晴時，既可以觀雲海，又可觀日出日落。

3. 特殊時辰。有些景觀只有在特定時間和特定條件下才會出現。如農曆八月十八，錢塘江大潮最為壯觀；海市蜃樓、峨眉山的「佛光」、漠河的北極光現象等都要把握好特定的氣象條件才能見到。

❓ 地名僅僅是一個單純的地理符號嗎？

地名是一個空間稱謂，但它並不僅僅是一個單純的地理方位符號，往往是人們對某種自然或地理實體賦予一定人文內涵的體現。

1　唐·杜甫《望嶽》，陳瑞主編《學生應知應會唐詩宋詞鑒賞 300 首》，商務印書館國際有限公司，2016 年，第 257 頁。

地名不僅直觀地表現出它的實體屬性（山、水、路、橋），如泰山、淮河，還具有方位屬性，如河南、山東；不僅能反映當地的自然特徵，如黃岡、涼州、銅陵，還能反映該地的社會屬性，如山海關、都江堰、滕王閣、菜市口；此外，地名還能反映傳統中華文化的特色，如慈溪、神農架。因此，地名不僅具有社會性和時代性，而且具有民族性和地域性。

地名是一種典型的社會現象，它隨着人類社會的出現而產生，又隨着人類社會的發展和自然環境的變化而演變。地名也是一種語言現象，在不同的地域中會有方言地名，這使得地名的語言現象豐富多彩。地名還是一種文化現象，有其豐富的文化內涵和地域特色。從一地的地名中我們可以看到該地的文化交融，如少數民族地區具有民族特色的地名和漢化地名並用，如北京地名中的遊牧文化印記。這些都在告訴我們一個地區的文化特色、文化變遷、文化交融、文化包容度等文化現象。

❓ 為甚麼許多地理名稱在不同地區發音不一樣？

中國幅員遼闊，地形複雜，南北方在語言上的差異較大，形成多種方言。所以即使是同樣的地形，在漢語地名的稱呼上北方人的稱呼和南方人的稱呼差異很大，同時由於南方地區地形多樣，即使在相鄰的地區也會產生多種方言，加上少數民族眾多，更增加了地名的地域差異。

例如對於湖泊的稱呼，北方遊牧民族由於長期在內陸生活，沒有見過海，所以習慣把大湖稱為「海」，他們入關之後，在定都北京時把很多的湖泊定名為某某海，如北海、什剎海；而南方稱之為「湖」，如西湖、洞庭湖。南方習慣把小水坑叫作「塘」，而北方則稱為「淀」，如白洋淀。

中國的文字中破音字比較多，作為地名出現的時候要更加注意，有的地名讀法是沿用了當地的古音，這個在南方比較多見。而且古代南方語言類型比較多，發音差異很大，如果不注意就會讀錯字。如樂亭的樂，唐山當地的發音讀 lào，而在四川樂山，發音就是 lè；滸墅關的「滸」，讀音為 xǔ，而水滸的「滸」，讀音為 hǔ。

❓ 研究地名有何價值？

地名具有社會性、時代性、民族性和地域性等多種特徵，因此研究地名、關注地名的變化具有多重意義。

地名是一個地區自然環境和人文環境的體現，地名的變遷能讓我們從側面看到一個地域環境的變遷；同時地名的社會性和時代性使得地名帶有不同時期的歷史印痕，它承載了社會生活的各個側面——政治、軍事、經濟、文化以及意識形態等，所以地名會隨着歷史的進程發生相應的變化。

1.地名變更反映了自然環境的變遷。有的古代地名能反映出該地古時的自然地理特徵，如桃花源、竹洲島，反映出當時的生態環境特徵，通過與當前該地的生物分佈及種類的對比，可以研究當地自然地理條件的變化，進而可以分析導致這些變化的自然和人為原因。

2.地名變更反映了人文環境的變遷。它的變化能夠反映出一地的社會功能、行政區劃、族群分佈等資訊的變化。如北京的地名中用牲畜命名的很多，是受元朝統治者的遊牧民族文化影響，後來職能發生變化，清末民初用諧音字進行了美化，如豬市口改成珠市口，驢市胡同改成禮士胡同等。

3.地名的變遷反映了地名歷史角色的變化。縱觀中國的地

名，有的地名出現較早，並且一直沿用至今，如邯鄲、洛陽、長沙、徐州，在古代曾扮演着重要的政治角色（如首都、重要軍事據點），現今還扮演着重要的經濟、政治角色。

中華歷史悠久，從一地的地名變遷能看到一地的歷史沿革，所以很多歷史悠久的城市都有地方志，方志中必定有對該城市名字更替的記錄和說明，這裏不僅能看到這個地名自身的發展過程，也能看到不同時期當地的自然、人文環境的變遷，也能反映這個地名在當時所起作用的變化。

❓ 中國有哪些自然景觀和文化遺址進入世界文化遺產名錄？

世界文化遺產是由聯合國教科文組織建立的世界遺產委員會所確立的一個概念，這個組織的宗旨就是保護全世界具有傑出普遍性價值的自然或文化處所。1972 年，聯合國教科文組織在巴黎成立了聯合國教科文組織世界遺產委員會，並通過了具有歷史意義的《保護世界文化和自然遺產公約》，開啟了促進各國之間友好合作、共同保護和恢復人類共同遺產的新航程。至 2021 年 7 月 25 日，中國已有 56 處自然文化遺址和自然景觀列入《世界遺產名錄》，遺產數量位列全球第二，其中，文化與自然雙重遺產 4 項，自然遺產（景觀）14 項，文化遺產 38 項。

（一）文化與自然雙重遺產名單及列入時間

1. 山東泰山 1987.12

2. 安徽黃山 1990.12

3. 四川峨眉山 1996.12

4. 福建武夷山 1999.12

（二）自然遺產名單及列入時間

1. 四川黃龍 1992.12

2. 湖南武陵源 1992.12

3. 四川九寨溝 1992.12

4. 雲南「三江並流」自然景觀 2003.7

5. 四川大熊貓棲息地 2006.7

6. 中國南方喀斯特（雲南石林、貴州荔波、重慶武隆）2007.6

7. 江西三清山 2008.7

8. 「中國丹霞」（廣東丹霞山、福建泰寧、湖南崀山、貴州赤水、江西龍虎山和龜峰、浙江江郎山）2010.8

9. 雲南玉溪澄江化石地 2012.7

10. 新疆天山 2013.6

11. 湖北神農架 2016.7

12. 青海可可西里 2017.7

13. 梵淨山 2018.7

14. 中國黃（渤）海候鳥棲息地（第一期）2019.7

(三) 文化遺產名單及列入時間

1. 甘肅敦煌莫高窟 1987.12

2. 周口店北京人遺址 1987.12

3. 長城 1987.12

4. 陝西秦始皇陵及兵馬俑 1987.12

5. 明清皇宮：北京故宮（北京）1987.12，瀋陽故宮（遼寧）2004.7

6. 湖北武當山古建築群 1994.12

7. 山東曲阜「三孔」（孔廟、孔府及孔林）1994.12

8. 河北承德避暑山莊及周圍寺廟 1994.12

9. 西藏布達拉宮（大昭寺、羅布林卡）1994.12

10. 江西廬山 1996.12

11. 江蘇蘇州古典園林 1997.12

12. 山西平遙古城 1997.12

13. 雲南麗江古城 1997.12

14. 北京天壇 1998.11

15. 北京頤和園 1998.11

16. 重慶大足石刻 1999.12

17. 安徽古村落：西遞、宏村 2000.11

18. 明清皇家陵寢：明顯陵（湖北鍾祥市）、清東陵（河北遵化市）、清西陵（河北易縣）2000.11，明孝陵（江蘇南京市）、明十三陵（北京昌平區）2003.7，盛京三陵（遼寧瀋陽市）2004.7

19. 河南洛陽龍門石窟 2000.11

20. 四川青城山和都江堰 2000.11

21. 山西雲岡石窟 2001.12

22. 吉林高句麗王城、王陵及貴族墓葬 2004.7

23. 澳門歷史城區 2005.7

24. 河南安陽殷墟 2006.7

25. 廣東開平碉樓與古村落 2007.6

26. 福建土樓 2008.7

27. 山西五台山 2009.6

28. 河南嵩山「天地之中」古建築群（少林寺、東漢三闕、中嶽廟等）2010.7

29. 浙江杭州西湖文化景觀 2011.6

30. 內蒙古元上都遺址 2012.6

31. 雲南紅河哈尼梯田 2013.6

32. 中國大運河（北京、天津、河北、山東、河南、安徽、江蘇、浙江）2014.6

33. 絲綢之路：長安—天山廊道的路網（河南、陝西、甘肅、新疆）2014.6

34. 土司遺址（湖南、湖北、貴州）2015.7

35. 廣西左江花山岩畫文化景觀 2016.7

36. 福建廈門鼓浪嶼 2017.7

37. 良渚古城遺址 2019.7

38. 泉州：宋元中國的世界海洋商貿中心（由 22 處代表性古跡遺址及關聯環境和空間構成）2021.7

第四節　物候農學

　　農業是人類生存的基本保障，因此農業科學產生、發展的歷史源遠流長，甚至可以追溯到人類的起源時期。古代天文、曆法、物候、測量等知識的形成，都與人類早期的農業生產實踐密切相關。

　　影響農業的因素有很多，物候是影響農業的首要因素。農曆二十四節氣就是對物候與人們生活、生產之間的關係的系統思考。它發源於春秋時期的黃河流域，但影響遍及全國，它科學地揭示了天文氣象變化的規律，是中華民族先民經驗和智慧的結晶。對於以農耕為主要生活方式的古老中國而言，二十四節氣為農人預判、把握氣象氣候提供了科學的指導，將天文、農事、物候和民俗實現了完美的結合，成為中國農耕文明時代一個典型的文化標誌。

　　卷帙浩繁的中國農書，為古代農業實踐與研究的輝煌成就提供了有力的佐證。從刀耕火種到鐵犁牛耕，從有巢氏築屋到大禹治水，從四川的都江堰到新疆的坎兒井，從北魏賈思勰的《齊民要術》到明朝宋應星的《天工開物》，從七千多年前長江流域河姆渡文化中發現的稻穀化石到今天袁隆平研製的畝產超過一千公斤的超級水稻，無不滲透着中華民族勤勞智慧的優秀品質，記載着中國人民為人類生存和發展所做出的突出貢獻。

　　我們必須明確，中華民族傳統文化的形成與農業生產的發展有着密不可分的關係。這樣，我們在與其他民族文化的比較中就能感悟到，任何一個民族自身傳統文化的形成，往往與其歷史機遇、地理環境以及經濟形態息息相關。

❓ 甚麼是二十四節氣？

陰曆和陽曆的平均長度雖然都接近回歸年，但因為兩三年才加一個閏月，因此都不能完全體現氣候變化。二十四節氣是中國古人對於天文、天象的觀察所得，由於它能反映農時季節、氣候、物候等自然現象的變化，方便人們安排農事活動，便廣泛地流傳起來。為了便於記憶，二十四節氣被編成一段順口溜。

　　春雨驚春清穀天，夏滿芒夏暑相連，
　　秋處露秋寒霜降，冬雪雪冬小大寒。

從現代天文學的角度看，所謂二十四節氣就是將地球繞太陽運動的軌道按角度平均分成 24 份，每個節氣正好在軌道上的一段固定位置；從時間上來講，由於地球公轉的速度不均勻，從而導致了節氣間隔不是絕對均等，大多是 15 天左右。

二十四節氣與公曆日期的關係，也有人編成順口溜。

　　上半年來六廿一，下半年來八廿三；
　　每月兩節日期定，最多只差一兩天。

早在春秋戰國時期，古代先民就有了日南至、日北至的說法。戰國後期《呂氏春秋》問世，其中「十二月紀」，就有了立春、春分等八個節氣名稱。這八個節氣已經清楚地劃分出四季。到秦漢年間，二十四節氣已完全確立。

二十四節氣劃分的主要根據是地球繞太陽公轉的軌道。以春分點（黃經 0°，此刻太陽直射赤道）為起始點，每前進 15° 為一個節氣，運行一周又回到春分點，為一回歸年。二十四節氣反映了太陽的周年運動。

節氣的名稱也非常有意思。白露、寒露、霜降三個節氣從文

字上即可看出水汽凝結、凝華現象，也反映出氣溫逐漸下降的過程和程度。每一個字的選擇和運用都極為準確。小滿、芒種則反映有關農作物的成熟和收成情況；驚蟄、清明反映的是自然物候現象。

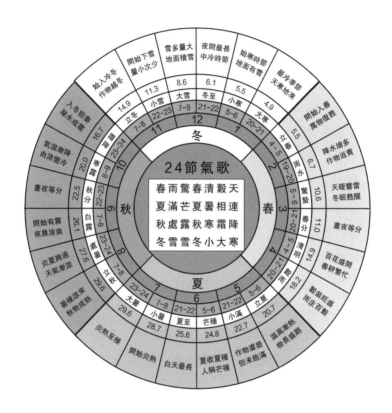

下面結合上圖對二十四節氣作一簡單介紹：

立春：太陽黃經為 315°。二十四節氣的第一個節氣，含意是開始進入春天，萬物復甦，生機勃勃，一年從此開始。

雨水：太陽黃經為 330°。溫度回升，冰雪融化，空氣濕潤，雨水增多。

驚蟄：太陽黃經為 345°。天氣轉暖，春雷震響，冬眠動物將甦醒過來並開始活動。

春分：太陽黃經為 0°。太陽直射赤道，南北兩半球晝夜平分，太陽直射點位置開始北移，北半球逐漸晝長夜短，春季開始，中國大部分地區越冬作物進入生長階段。

清明：太陽黃經為 15°。氣候清爽，溫暖濕潤，草木始發新芽，農民開始春耕春種。

穀雨：太陽黃經為 30°。雨水滋潤大地，五穀得以生長。

立夏：太陽黃經為 45°。夏季開始，氣溫迅速升高，雷雨增多，植物生長旺盛。

小滿：太陽黃經為 60°。大麥、冬小麥等夏收作物，開始結果、籽粒飽滿，但尚未成熟，所以叫小滿。

芒種：太陽黃經為 75°。「芒」指有芒作物，如小麥、大麥等。這時最適合播種有芒的穀類作物。此時，長江中下游地區進入梅雨季節。

夏至：太陽黃經為 90°。太陽直射北回歸線，北半球正午太陽最高。夏至這一天北半球白晝最長、黑夜最短。炎熱季節由此開始，萬物在此時生長最旺盛。過了夏至，太陽直射點開始南移，北半球白晝逐漸變短，黑夜逐漸變長。

小暑：太陽黃經為 105°。天氣很熱，但還不是最熱，所以叫小暑。一般是初伏前後。

大暑：太陽黃經為 120°。一年中最熱的節氣，長江流域的許多地方經常出現 40°C 以上高溫天氣。

立秋：太陽黃經為 135°。秋天開始，秋高氣爽，月明風清。

處暑：太陽黃經為 150°。火熱天氣已是強弩之末，暑氣將散，氣溫下降的轉捩點。

白露：太陽黃經為 165°。天氣轉涼，水汽結露。

秋分：太陽黃經為 180°。太陽直射赤道，地球上晝夜平分。此後，陽光直射點由赤道向南半球移動，北半球開始晝短夜長。

寒露：太陽黃經為 195°。露水日多，氣候將逐漸轉冷。

霜降：太陽黃經為 210°。天氣已冷，開始有霜凍，所以叫霜降。

立冬：太陽黃經為 225°。冬季開始。黃河中下游地區即將結冰，各地農民都將陸續轉入以農田水利基本建設為主的勞動中來。

小雪：太陽黃經為 240°。氣溫下降，北方開始有少量降雪，所以叫小雪。

大雪：太陽黃經為 255°。黃河流域一帶漸有積雪，而北方有些地區已是嚴冬了。

冬至：太陽黃經為 270°。太陽直射南回歸線，北半球白晝最短，黑夜最長，開始進入數九寒天。冬至以後，太陽直射點位置逐漸向北移動，北半球的白晝逐漸變長。

小寒：太陽黃經為 285°。冷氣積久而寒，但還沒有達到極點。

大寒：太陽黃經為 300°。一年中最冷的時節。

大寒以後，周而復始，冬去春來。至此地球繞太陽公轉了一周，完成了一個循環。英國大詩人雪萊在其著名的《西風頌》中寫道：「如果冬天來了，春天還會遠嗎？」看來二十四節氣不僅有實用價值，還有哲學意味。

❓ 甚麼是七十二物候？

物候是隨着季節變化而出現的周期性現象，一般指動植物的

季節性行為和地理景觀的季節演替。具體來說，物候主要包括植物物候、動物物候和水文氣象。物候知識在中國起源很早。到了近代，人們利用物候知識來為農業生產和生活服務，已經衍生為一門科學，即物候學。物候學記錄植物的生長榮枯，動物的養育遷徙，從而了解隨着時節推移對動植物生長繁育帶來的影響。

七十二物候就是物候學中的一個時間概念，基本上每一個節氣對應三個物候，每一物候均以一種物候現象做相應參照物，叫「候應」。「候應」包括生物和非生物兩大類，前者如「鴻雁來」、「桃始華」等，後者如「水始涸」、「虹始見」等。下面對七十二物候分別作說明。

1. 立春三候

「東風解凍」：東方溫暖，土地的冰凍層開始融化。

「蟄蟲始振」：地下冬眠的蟲子振奮精神準備活動了。

「魚陟負冰」：魚兒感覺到溫度的變化，紛紛游到上面，但是冰沒有完全融化。

2. 雨水三候

「獺祭魚」：河道中的冰開始融化，水獺將捕到的魚放在岸上，好像陳列祭品。

「候雁北」：北方開始變暖，大雁成群結隊地向北飛，尋找棲息地。

「草木萌動」：氣溫上升到 0°C 以上，早春植物開始生長。

3. 驚蟄三候

「桃始華」：驚蟄節氣，桃花開始綻放，大地開始出現生機。

「倉庚鳴」：黃鸝鳥開始盡情地鳴叫。

「鷹化為鳩」：地上的植物生長使鷹很難捕捉到食物，斑鳩卻

多了起來。

4. 春分三候

「玄鳥至」：天氣漸暖，小燕子從南方飛回北方。

「雷乃發聲」：這個時節空氣中的水分增多，轟隆隆的雷聲增多了。

「始電」：春分時節雨水漸多，地面濕度越來越大，雷鳴時常伴有閃電。

5. 清明三候

「桐始華」：桐樹生長速度快，到了清明時節，樹上已經開出了淡紫色的花。

「田鼠化鴽，牡丹華」：清明時節，田鼠好像小鳥般多了起來，國色天香的牡丹花也盛開了。

「虹始見」：空氣中水分增多，在明媚的陽光下人們經常會看到七色彩虹。

6. 穀雨三候

「萍始生」：萍是指水面上水草等植物生長形成的植物面，水溫升高，植物生長。

「鳴鳩拂其羽」：鳴鳩就是斑鳩鳥，斑鳩鳥經常用嘴啄自己的羽毛。

「戴勝降於桑」：穀雨時節桑樹很多，是戴勝鳥捕捉食物的最好時機。

7. 立夏三候

「螻蟈鳴」：螻蟈是蛙的一種，立夏時節青蛙的叫聲格外響亮。

「蚯蚓出」：立夏節氣，地溫升高，蚯蚓從土壤中紛紛鑽出。

「王瓜生」：王瓜又叫土瓜，立夏之後，野生的土瓜開始長大成熟。

8. 小滿三候

「苦菜秀」：到了小滿，各種苦菜都開花了。

「靡草死」：靡草即蔓草，生長較早，生長很快，但生長時間較短。

「麥秋至」：古人把作物成熟的時間叫秋。小滿三候，小麥基本成熟。

9. 芒種三候

「螳螂生」：收割麥子的季節，螳螂頻頻出現在田間地頭。

「鵙始鳴」：鵙就是伯勞鳥，這種鳥芒種中期開始鳴叫。

「反舌無聲」：老鳥忙着覓食，口中常銜着食物，無暇發聲。

10. 夏至三候

「鹿角解」：夏至時節，梅花鹿的角開始脫落。

「蜩始鳴」：夏至的氣溫非常適合蟬的生長，蟬的鳴叫聲很熱鬧。

「半夏生」：半夏是一種喜陰的中草藥，這時在炎熱的夏季，喜陰的植物生長茂盛。

11. 小暑三候

「溫風至」：溫風是以天氣最熱時的高溫和小暑時的次高溫相比產生的一種特殊的感覺。

「蟋蟀居壁」：氣溫升高，蟋蟀鑽出洞穴，爬到陰涼的牆壁上乘涼。

「鷹始鷙」：這時天氣炎熱，雄鷹選擇在清涼的高空活動，變得更加兇猛。

12. 大暑三候

「腐草為螢」：大暑季節氣溫高，雨水多，螢火蟲在腐爛的稻草邊飛舞。

「土潤溽暑」：最熱天的雨水滲入土壤，很適合農作物的生長。

「大雨時行」：此時雨水來得快，去得也快。

13. 立秋三候

「涼風至」：此時中國大部分地區早晚已經能夠感受到涼風了。

「白露降」：空氣中的水蒸氣遇到莊稼會形成露珠。

「寒蟬鳴」：這時節的蟬叫聲也傳來陣陣寒意。

14. 處暑三候

「鷹乃祭鳥」：鷹捕到的鳥較多，鋪在地上像祭祀一樣。

「天地始肅」：氣溫下降，很多植物不再生長，葉子開始發黃脫落。

「禾乃登」：禾指的是莊稼，登指的是將收割後的莊稼放在場上。

15. 白露三候

「鴻雁來」：白露時節，北方天氣開始變冷，大雁開始集體南遷越冬。

「玄鳥歸」：白露時節，氣溫降低，食物減少，燕子也開始南遷。

「群鳥養羞」：秋天鳥類吃食以儲存能量，或收集食物以過冬。

16. 秋分三候

「雷始收聲」：秋分時節，雨水較少，很難形成雷電。

「蟄蟲坯戶」：這個時節蟲子會在土壤中修建自己的巢穴。

「水始涸」：地面的一些小水塘開始乾涸了。

17. 寒露三候

「鴻雁來賓」：最後一批大雁南飛。古人稱先入者為「主」，後至者為「賓」。

「雀入大水為蛤」：雀鳥不見了，海邊出現很多蛤蚌，並且條紋與顏色與雀鳥很相似，古人誤以為是雀鳥所變。

「菊有黃華」：寒露的後幾天，耐寒的秋菊盛開了。

18. 霜降三候

「豺乃祭獸」：這個時節是豺狼捕捉獵物的最佳時間。

「草木黃落」：這時夜間的氣溫常常降到 0°C 以下，植物停止生長，草木枯黃。

「蟄蟲咸俯」：咸是指全部，指的是夜間溫度低，蟄蟲全部鑽到了地下。

19. 立冬三候

「水始凍」：水面較淺處或小水溝開始出現薄冰。

「地始凍」：土地開始冰凍。

「雉入大水為蜃」：野雞一類的大鳥不多見了，而水邊卻可以看見外殼與野雞條紋、顏色相似的大蛤。

20. 小雪三候

「虹藏不見」：此時節空氣濕度不大，不具備彩虹形成的條件。

「天氣上升」：天高雲淡。水汽少，很難有雲出現。

「閉塞而成冬」：閉門而居，人們要在室內度過冬季。

21. 大雪三候

「鶡鴠不鳴」：鶡鴠是指一種從夜晚鳴叫到天明的鳥，這一時節，天氣變冷，鶡鴠也不叫了。

「虎始交」：冰天雪地，老虎開始進行求偶行為。

「荔挺出」：荔挺是一種形似蒲而體積略小的草，這一時節，荔挺萌動而抽出新芽。

22. 冬至三候

「蚯蚓結」：此時的蚯蚓被凍僵成一團，像繩子打了結一樣。

「麋角解」：麋鹿的角自然脫落。

「水泉動」：地下的泉水或井水有熱氣向上冒起。

23. 小寒三候

「雁北鄉」：「鄉」通「向」。南方的大雁開始向北遷移。

「鵲始巢」：喜鵲重新加固自己的巢穴。

「雉雊」：雉雞在冰天雪地中不斷發出叫聲，尋找自己的夥伴。

24. 大寒三候

「雞乳」：母雞開始孵化小雞。

「征鳥厲疾」：猛禽像箭一樣撲向地面的獵物。

「水澤腹堅」：水面結冰到了最厚的時候。

七十二候候應表

節氣	立春	雨水	驚蟄	春分	清明	穀雨
初候	東風解凍	獺祭魚	桃始華	玄鳥至	桐始華	萍始生
次候	蟄蟲始振	候雁北	倉庚鳴	雷乃發聲	田鼠化鴽，牡丹華	鳴鳩拂其羽
末候	魚陟負冰	草木萌動	鷹化為鳩	始電	虹始見	戴勝降於桑

節氣	立夏	小滿	芒種	夏至	小暑	大暑
初候	螻蟈鳴	苦菜秀	螳螂生	鹿角解	溫風至	腐草為螢
次候	蚯蚓出	靡草死	鵙始鳴	蜩始鳴	蟋蟀居壁	土潤溽暑
末候	王瓜生	麥秋至	反舌無聲	半夏生	鷹始摯	大雨時行

節氣	立秋	處暑	白露	秋分	寒露	霜降
初候	涼風至	鷹乃祭鳥	鴻雁來	雷始收聲	鴻雁來賓	豺乃祭獸
次候	白露降	天地始肅	玄鳥歸	蟄蟲坏戶	雀入大水為蛤	草木黃落
末候	寒蟬鳴	禾乃登	群鳥養羞	水始涸	菊有黃華	蟄蟲咸俯

節氣	立冬	小雪	大雪	冬至	小寒	大寒
初候	水始冰	虹藏不見	鶡鴠不鳴	蚯蚓結	雁北鄉	雞乳
次候	地始凍	天氣上升	虎始交	麋角解	鵲始巢	征鳥厲疾
末候	雉入大水為蜃	閉塞而成冬	荔挺出	水泉動	雉雊	水澤腹堅

春季 / 夏季 / 秋季 / 冬季

❓ 影響物候的主要因素有哪些？

1. 緯度位置

　　一般來說，從赤道（低緯度）向南北兩個方向（高緯度），離赤道越遠溫度越低，花開得就越遲，候鳥來得也越晚。

　　物候現象不僅受緯度影響，也受季節、月份的影響。中國地處

亞歐大陸的東部，大陸性氣候十分顯著，冬冷夏熱，氣候變化非常明顯。冬季南北溫差懸殊，夏季卻普遍高溫。以北京和南京為例，兩地相差緯度 6 度，在陽曆三四月間桃李盛開期，兩地物候相差 19 天。但到了洋槐花盛開的四五月間，兩地物候相差只有 9 天。

2. 海陸位置

為了說明海陸位置的差異對物候的影響，我們把中國與德國做個比較。德國，從西到東，隨着離海漸遠，氣候的海洋性逐漸減弱，大陸性逐漸增強，所以德國同一緯度的地帶，春初東面比西面冷，而到夏季東面比西面熱。中國西部高聳，東部漸次降低，所以冬春從西伯利亞南下的寒潮，可以長驅直入地進入江南地區。因此我們可以得到一個結論：大陸性強的地區，冬季嚴寒而夏季酷暑，溫差對比強烈；反之，大陸性弱的地區，不同季節溫差較小。海陸位置對農業生產影響很大。

3. 海拔高度

海拔高度是影響物候的第三個因素。一般來說，植物的抽青、開花等物候現象會隨着海拔的升高而推遲，而喬木的落葉、枯萎等物候現象則隨着海拔的升高而提早。但有時也會有例外的情況，在一定高度區域內，高處氣溫反而比低處更高，這種反常規現象叫「逆溫層」。中國勞動人民在長期的實踐中積累了豐富的經驗和智慧，充分利用「逆溫層」效應，實現了增收，比如華南丘陵區把熱帶作物引種在山腰取得了成功。

4. 氣候變化

影響物候的第四個因素是氣候的變化。由於全球氣候在不斷變化，古代和現代物候的遲早是不同的。這種變化既有人為的因素，也有自然的周期性規律。

❓ 研究物候有甚麼意義？

1. 栽培作物

農作物的區劃是合理配置作物、推廣栽培作物的先決條件。物候觀測資料對於農作物的區劃往往有較大的參考價值。美國曾經從中國移植多種經濟作物，在移植之前美國做了充分的準備工作。只有充分了解了某種植物原產地的物候條件，才可能據此把該植物引種到條件相同的其他地區。

2. 減少蟲害

害蟲的繁殖、生長和滅亡是有一定周期規律的。利用物候圖使農作物的播種期提早或延遲，能錯過害蟲的猖獗期，從而減輕或避免害蟲的侵害。

3. 土地利用

中國民間有「三山六水一分田」的說法，山區面積明顯大於平原，所以開發、保護並合理利用山區的土地就成為一個很迫切的問題。開展山區物候觀測，並合理利用山區垂直分佈帶，對於解決科學開發和利用山區土地資源這一現實問題，具有重要意義。

4. 綠化環境

利用物候資料能說明選擇造林的適宜品種、適宜區域以及移植樹苗、採集樹種的最佳時間，對綠化環境、建造防護林系統工程會產生重要影響。

❓中國古詩詞和農諺中蘊含的物候知識有哪些？

1. 中國古詩詞中的物候知識

物候包括植物的生長過程和動物的活動規律，這些現象往往與氣候和節令的變化有關。中國古代詩歌中有大量的關於物候知識的呈現：

「竹外桃花三兩枝，春江水暖鴨先知。」[1]

「天寒水鳥自相依，十百為群戲落暉。過盡行人都不起，忽聞冰響一齊飛。」[2]

「黃梅時節家家雨，青草池塘處處蛙。」[3]

「颯颯西風滿院栽，蕊寒香冷蝶難來。」[4]

「五月天山雪，無花只有寒。笛中聞折柳，春色未曾看。」[5]

2. 中國農諺中的物候知識

(1) 根據動物的行為現象來判斷天氣的農諺：

「雨中聞蟬叫，預告晴天到。」

「麻雀囤食要落雪。」

「燕子低飛要落雨。」

「泥鰍靜，天氣晴。」

1　宋‧蘇軾《春江晚景》，陳瑞主編《學生應知應會唐詩宋詞鑒賞 300 首》，商務印書館國際有限公司，2016 年，第 700 頁。

2　宋‧秦觀《還自廣陵》，錢鍾書《宋詩選注》，人民文學出版社，2005 年，第 80 頁。

3　宋‧趙師秀《約客》，錢鍾書《宋詩選注》，第 227 頁。

4　唐末‧黃巢《題菊花》，蕭滌非等《唐詩鑒賞辭典》，上海辭書出版社，1983 年，第 1302–1303 頁。

5　唐‧李白《塞下曲》，郁賢皓編選《李白集》，鳳凰出版社，2014 年，第 119 頁。

(2) 根據二十四節氣來判斷天氣與農時的農諺：

「清明要晴，穀雨要淋。穀雨無雨，後來哭雨。」

「立夏到小滿，種啥也不晚。」

「小滿前後，種瓜種豆。」

「小暑不種薯，立伏不種豆。」

「立秋處暑雲打草，白露秋分正割田。」

「白露早，寒露遲，秋分種麥正當時。」

「秋分穀子割不得，寒露穀子養不得。」

❓ 為甚麼說「我們三代以前都是農民」？

要了解這個問題，首先要了解中國農業是如何起源的。中國是東亞農業起源中心的主體，有着悠久的歷史。中國傳統農業主要有以下特點：

形成時間：起源早，獨立發展，自成體系。

經濟構成：種植業為主，家庭飼養業為輔，自給自足的自然經濟。

生產力發展：依靠牛耕和不斷改良的生產工具、生產技術，把精耕細作的農業生產方式日臻完善。

生產方式：以家庭為單位，農業和家庭手工業相結合，「男耕女織」式的小農經濟。

土地所有制：以地主土地所有制為基礎的土地私有制。

從本質上來說，中國古代農業對中華民族的滋養和貢獻是無與倫比的，農業不僅養活了龐大的人口，而且創造了燦爛的文明。但是從全球視野來看，中國農業一直在自給自足的自然經濟範疇中盤桓，商品化程度低。從傳統農業延續至近代，仍然處於由傳統農業向現代農業的轉化之中。直到鴉片戰爭爆發，傳統

「男耕女織」的自然經濟結構才開始解體。從清末到改革開放，我們都在進行着工業化的進程。改革開放以來，傳統農業加快向現代農業轉變，工業化和城鎮化迅速推進，越來越多的農業人口轉而從事工業和服務業乃至新興產業，這是幾千年以來的生產方式和勞動者身份的劃時代的轉變。但是，這個過程與漫長的農業生產相比，只是近幾十年才發生的事情。所以說「我們三代以前都是農民」這句話非常形象地反映了這種生產生活方式的深刻變化。

❓ 農業是怎樣從「刀耕火種」到「鐵犁牛耕」的？

根據歷史的演進過程，農業分為原始農業、傳統農業和現代農業等不同歷史形態，依次演進。[1]

「刀耕火種」是原始農業的主要特點。農學中把這種農業又稱之為遷移農業。當時的農民沒有固定的農田，他們得到一塊土地之後，先把地上的樹全部砍倒，把枯死或風乾的樹木焚燒後，種上植物的種子，靠自然肥力滋養植物生長，從中獲得糧食和蔬菜。當土地的肥力減退時，就離開此地再去開發新的土地，因此稱為遷移農業。「刀耕火種」形象地表現了原始農業生產方式的特點。

「鐵犁牛耕」是傳統農業的主要特點。傳統農業的主要動力系統由原來的人力升級為畜力牽引，主要工具由石、木器升級為金屬農具。「鐵犁牛耕」產生於春秋戰國時期，它的出現，推動了生產力的發展，也促進了井田制的解體。從戰國開始到南北朝時期，精耕細作的農業生產方式逐漸走向成熟，鐵犁和牛耕的普遍應用成了這一時期農業生產工具和動力的主要特點。唐朝的農業迅速發展，其重要原因之一是「鐵犁牛耕」的進一步推廣。

1　李根蟠《中國古代農業》，商務印書館，2010 年，第 10 頁。

總之，「鐵犁牛耕」曾經見證了中國傳統農業的輝煌，它的文化價值也滲透到我們的情感和習慣之中，但今天它更多的是作為一種歷史的見證。而現代農業，必須與時俱進，進行新的農業技術革命。

❓ 「五穀」、「六畜」的前世今生如何？

「五穀」在古代是中國傳統糧食作物的統稱。「穀」原指有殼的糧食。關於「五穀」的具體內容，古代有多種不同的說法。《周禮 · 天官》中提到「五穀」，漢代鄭玄注：「五穀，麻、黍、稷、麥、豆也。」[1]《孟子 · 滕文公上》中的五穀，趙岐注釋為稻、黍、稷、麥、菽。傳統俗語「五穀豐登」一般泛指糧食豐收。「五穀」這一名詞的快速傳播，應該說得益於《論語》。《論語》中記載：孔子帶着學生出門遠行，子路掉了隊，落在後面，他遇見一位用杖挑着竹筐的老農，於是問他：「你有看見夫子嗎？」老農說：「四體不勤，五穀不分，孰為夫子？」[2] 這裏的「五穀」是指五種穀。「五穀」這一概念的出現，標誌着中國古代的人們早已經有了比較清楚的分類概念，同時反映出當時的主要糧食作物品種。

「六畜」，是指六種最常見的家養動物，包括牛、羊、馬、豬、狗、雞，牠們最開始都是野生的，人類為了經濟或其他目的而馴養以後變成了家畜。在中國人的傳統觀念中，「六畜興旺」不僅表示家畜興旺，而且代表着家族人丁興旺。《三字經》中有「此六畜，人所飼」[3] 的記錄。這六種家禽作為人類的忠實朋友，各有

---

1 漢 · 鄭玄注，唐 · 賈公彥疏，彭林整理《周禮注疏》（上），上海古籍出版社，2010 年，第 155 頁。

2 楊伯峻《論語譯注》，中華書局，2006 年，第 220 頁。

3 李逸安譯注《三字經 · 百家姓 · 千字文 · 弟子規》，中華書局，2016 年，第 14 頁。

所長，在漫長的農業社會裏，牠們與人類和諧相處，為人們的生活提供了重要幫助和基本保障。

❓「都江堰」、「坎兒井」對古代農業有甚麼價值？

在中國幾千年的歷史中，同江河湖海的和諧相處與艱苦卓絕的鬥爭相輔相成，其中重要的成績就是修建了不少聞名世界的水利工程。「都江堰」和「坎兒井」就是中國古代農田水利工程的傑出代表。

「都江堰」的名稱與地名有關，它位於成都平原西部都江堰市附近，是一座利用岷江之水灌溉成都平原的大型水利工程，是戰國時期著名水利專家李冰父子主持興建的，迄今已兩千二百多年。它的設計和建造十分科學，集防洪、灌溉及航運功能於一身。都江堰水利工程不僅在當時對經濟建設發揮了重要的作用，而且兩千多年以來，它一直在水利上發揮着難以取代和超越的興利除弊的巨大作用，造福人民，尤其是「與自然和諧相處，因勢利導」的治水思想，更是今天水利工程應該繼承發揚的，對整個自然科學建設乃至社會科學建設都是一筆寶貴的財富。

「坎兒井」，又稱「井穴」，是一種古老的以地下為主體的水平集水工程，是一種適用於西北高原荒漠地區的特殊灌溉系統。坎兒井的主要特點是開發利用地下水資源，通過截取地下潛水並建設地下水道來進行農田灌溉、提供居民用水。適用於山麓、沖積扇緣地帶。坎兒井與萬里長城、京杭大運河並稱為中國古代三大工程。

坎兒井的結構，由豎井、地下渠道、地面渠道和「澇壩」（小型蓄水池）四部分組成，地下水來源於春夏時節大量融化的積雪和雨水。人們根據山的坡度和水流的走向，準確選擇坎兒井的位

置，有效地保護並利用了水源。作為一項特殊的水利工程，坎兒井不受炎熱、狂風影響，因而流量穩定，保證了自流灌溉過程與效果，體現了中國古代先民因地制宜的治水策略。

除了都江堰和坎兒井，中國古代著名的水利工程還有春秋時期的芍陂（安豐塘）、秦始皇時期修築的鄭國渠和靈渠、隋煬帝時期的京杭大運河等。它們都是中華民族智慧和科學技術發展的結晶，集中體現了中國古代勞動人民在水利水運、建築、測量等工程領域的科學設計水平與創造精神，尤其是對古代農業生態環境科學利用和充分保護的意識，對今天的生態保護與經濟發展來説仍有借鑒意義。

❓ 怎樣解讀中國文化與農業經濟的關係？

中國自古以來就是一個以農業為主的國家，農業人口數量龐大，農業對中華文明的形成、發展和延續具有舉足輕重的作用。

打開一部中國古代文明史，農業文化與傳統文化的淵源便清晰可見。農業文化對人類文明的主要價值，不僅體現在提供了實踐經驗和有形的創造，而且喚醒、激發了人們發現、發明和創新的動力與意識，這為中華民族注入了一股強大的、不斷進取的、持續發展的活力，這是其他任何一個領域都無法取代的。

至少在中國古代文明進化史中，我們可以得到這樣的結論：農業是人類社會進步的階梯，農業生產力水平的不斷提高促進了社會進步和文明的演進，農業與文化之間存在天然的血緣聯繫。沒有農業，中國的傳統文化就失去了根基，沒有傳統文化，中國的農業就少了靈魂。

❓《齊民要術》對中國農業有哪些貢獻？

翻開中國古代科技史，農業科技是最重要也是最突出的一個分支。如果說在古代農學發展史上，要找出一部最有代表性的農學著作，那麼《齊民要術》無疑是首選。《齊民要術》是北魏時期科學家賈思勰集其一生心血所完成的科學巨著，是中國古代農學體系形成的標誌，其中所蘊含的傳統農業技術、農業思想、農業經濟的發展規律乃至農耕文化博大精深，在體例結構上也成為中國古代農書、農學體系的奠基之作。

《齊民要術》大約成書於東魏武定二年（公元544年）左右。全書分為十卷，計九十二篇，正文大約七萬字，注釋四萬多字；《自序》和《雜說》置於書前。書中引用前人著作近二百種，積累並記載的農諺有三十多條。全書系統介紹了糧食作物、蔬菜和果樹的栽培方法，各種經濟林木的栽培，野生植物的利用，家畜、家禽、魚、蠶的飼養和疾病的防治，以及農、副、畜產品的加工、釀造等。另外，書前的《自序》之中還引述了歷代聖君賢相、有識之士等注重農業的典型事例以及取得的顯著成效，用以彰顯農學的重要價值。多數學者認為，《雜說》部分是後人之作的可能性較大。

《齊民要術》在中國科學發展史中堪稱是一部「農業百科全書」，它比較系統地總結了黃河中下游地區農業生產技術的成就，初步建立了農業科學體系，收錄1500年前中國農藝、園藝、造林、蠶桑、畜牧、獸醫、配種、釀造、烹飪、儲備、治荒的相關知識和技能，是中國乃至世界上保存下來的最早的一部農業科學著作。書中所引《氾勝之書》、《四民月令》等漢晉重要農書現已失傳，因此在科學資料的保存與傳承上，《齊民要術》也做出了不可磨滅的貢獻。

第六章

藝術精粹

　　藝術，是通過塑造形象具體地反映社會生活、表現作者思想感情的一種社會意識形態。中國歷代的詩人、書畫家、音樂家等藝術家，在數千年的歷史長河中，創造了種類繁多、數量豐富的藝術瑰寶。

　　中國傳統藝術的內容十分豐富，主要包括書法、繪畫、音樂、舞蹈、曲藝、園林、雕塑、工藝美術、服飾等。藝術起源於人類的勞動實踐，是社會生活反映在人們頭腦中的產物。傳統藝術以其鮮明的歷史印記、濃郁的人文內涵、淳厚的藝術氣息，深受中國人民的喜愛和欣賞，而且也已經成為全人類共同的文化遺產。

第一節　園林民居

　　建築是人類文明物質形態的典型呈現。無論是中國的長城，還是埃及的金字塔，無論是瑪雅古跡，還是希臘神廟，無不承載着歷史文明的深刻蘊涵。建築裏潛藏着文明的前世今生，書寫着人們的悲歡離合，鑴刻着生命中刻骨銘心的記憶。可以說，建築是人與自然對話和往來的最重要空間。

　　如果說，我們生命的深處都有一種鄉愁，那麼，充滿古典意味的園林和民族特色的民居就是我們一輩子要尋找的故鄉。

　　中國是園林藝術起源最早的國家之一。中國園林的設計水平、藝術風格、建造工藝在世界園林史上具有重要地位。中國傳統園林藝術蘊含了獨特的民族精神，在世界園林史上獨樹一幟。「雖由人作，宛自天開」[1]、「景隨步移，以物寓人」等建造理念，使中國園林融合了文學、書畫、雕刻等各類藝術，具有極強的審美綜合性和文化包容性。

❓ 為甚麼中國園林被稱為「世界園林之母」？

　　中國古典園林以亭台樓閣、山水和植物為基本要素，融合了詩畫、意境、情趣，以其獨特的藝術魅力和精湛的技術工藝，在世界園林發展史上有着重要的位置和深遠的影響。

　　中國園林的歷史可以追溯到幾千年以前，如《詩經》中有周文王的靈囿。中國園林技藝對日本、朝鮮等周邊國家也產生過深遠影響。

1　明·計成著，趙農注釋《園冶圖說》，山東畫報出版社，2010年，第48頁。

　　兩晉時期，中國的園林文化已傳入日本。中國的道家和佛教思想在日本園林中廣泛應用，如各地園林中的「蓬萊仙島」、「淨土神山」等。唐宋以來，中國文人崇尚的自然田園文化直接影響了日本造園，這一時期日本園林呈現出閒逸靜雅的風格、崇尚自然的佈局。

　　中國園林對歐洲、美洲的園林發展也有深遠影響。在古羅馬時期，中國的桃樹和杏樹就作為園藝植物被引入西方。17–18 世紀，西方人將中國的園林文化帶去歐洲。這一時期，英國園林一改過去嚴謹的「幾何佈局」結構，凸顯自然風格，並引入中國式殿宇、亭橋、疊石等，逐漸發展成「英中式」風格。「英中式」園林當時風靡歐洲各國，成為造園的主流。法國凡爾賽宮廷花園，至今仍保留着中式風格的疊石和石雕。後來在美國興起的「現代園林」也深受「融入自然」等中國造園理念的影響。

　　中國不僅在園林建造的實踐上卓有成就，影響深遠，而且產生了舉世公認的園林理論著作——《園冶》。作者是明末造園家計成，該書比西方的同類著作早一百多年。《園冶》系統總結了中國歷代的造園經驗，全面闡述了造園的理論及規劃、設計、施工等各方面的內容。

　　1983 年，德國著名園藝學家瑪麗安娜・鮑榭蒂在《中國園林》一書中，讚揚中國園林是「世界園林之母」，此話得到世界園林界的公認。

❓ 中國園林是如何將藝術和技術熔於一爐的？

　　中國古典園林集建築、雕刻、書畫和詩文等多種藝術於一體，凝聚了中國古代藝術家和工匠的智慧，沉澱了傳統文人對美的理解。建築是園林的重要組成部分之一，講究因地制宜，往往

是以自然山水作為構圖主體，將建築配合山水佈置，曲折連環，可望可行，可遊可居。

中國園林中的雕刻，以磚雕、木雕、石雕為主。園林雕刻往往用抽象的形式表達主題，起到裝飾景觀、點綴環境等作用。中國園林與中國國畫一樣，以寫意來表現意境和靈氣。

繪畫與中國園林密不可分。它們都以自然為藍本，一個用筆墨紙硯去描繪，一個用山水樓閣去營造。中國繪畫講究虛實有度、疏密有致，園林佈局也非常注重這些原則。至於園林中的書畫作品，不但各種匾額要請名家題詞，許多書畫作品也是園林裝飾和陳設的重要內容。

優秀的詩文在園林中起着畫龍點睛的作用。造園大師在構思和設計園林時，往往用詩文構出主題，並在建造時根據詩文的意境佈局亭台樓閣，設計山水花木的位置和功能。園林主體建築完成之後，還要在亭台、洞門或山石上題詩作文，追求「文以園生輝，園以文益美」[1]的效果。

❓ 中國古典皇家園林和私家園林的代表有哪些？

中國古典園林分為皇家園林與私家園林。在功能構思上，私家園林一般基於主人居住、待客、讀書、遊樂等；而皇家園林，往往還有祭祀、遊樂、處理政務等功用。在建築佈局上，皇家園林往往對稱均衡，莊嚴宏偉；私家園林則往往依山就勢，曲徑通幽。在花木景觀上，皇家園林更多選用蒼松翠柏等高大喬木，以體現威嚴和氣勢；私家園林往往選取清新雅致、象徵風雅的花木，如松、竹、梅、蓮等。中國的「四大名園」中，北京頤和

---

1 蔣湘琴《中國園林設計對介面的山水美學思想的傳承》，《理論與創作》2011 年 02 期，第 111 頁。

園、承德避暑山莊是皇家園林的代表，而蘇州拙政園和留園則是私家園林的代表。

頤和園是中國清代皇家園林，位於北京西郊，主要由一山（萬壽山）、一水（昆明湖）組成。園內佈局沿着中軸線層次分明，分別建有佛香閣、德輝殿、排雲殿等建築。園林佈局構思巧妙，山水既獨立成景，又相互依託，體現了實用性與藝術性的有機融合。

拙政園是中國南方地區私家園林的代表，由明代御史王獻臣所建。拙政園具有三大特點：一是以水見長，山水縈繞，顯得天然雅致；二是庭院錯落，實現住宅與園林之間的自然過渡，依水圍合，亭榭精美；三是花木取勝，春日山茶如火，夏日荷花玉立，秋日層林盡染，冬日寒梅獨傲。

留園建於明萬曆年間，是當時太僕寺少卿徐泰時的私家園林，時人稱「東園」。「留園」，其名有「長留天地間」之意。留園以建築藝術精湛著稱。富麗堂皇的廳堂、安靜閒雅的書齋、松鶴環繞的庭院、幽僻小巧的天井、錯落有致的亭台，在巧奪天工的設計與組合中呈現出私家園林經典而雅致的藝術境界。

❓ 為甚麼說「建築是凝固的音樂」？

「建築是凝固的音樂」[1]，這句名言把建築的審美形象提升到了一種新的高度。因為建築內在的空間節律、組合、比例、對稱、均衡等造型特點和音樂有相似之處。建築的每一個組成部分在空間中的展開往往會構成一個序列，這個序列通過連續和重複，通過高低起伏的變化、濃淡疏密的點綴、虛實進退的調整，表現出一種起承轉合、抑揚頓挫的律動，在觀賞者的心中，彷彿也產生

---

1 德‧艾克曼輯錄，朱光潛譯《歌德談話錄》，人民文學出版社，1982 年，第 186 頁。

了不同形式的旋律感。如果你去江南的古鎮，無論是坐着搖着櫓的小船沿河遊賞，還是獨立於高高的石拱橋上憑弔遠去的鄉愁，你都會被馬頭牆、觀音兜以及魚鱗般的瓦屋頂與小橋流水的協奏扣動心弦。

❓ 中外民居各自有着怎樣的特點？

民居是人類文明中的重要文化創造，具有不同的地域風格、民族文化特色和審美情調。它們的形成和發展，都與本地區的地貌、氣候、自然資源以及社會政治、經濟、文化習俗等有着密切的關係。

作為居住場所，無論古今中外，都追求使用過程的私密性，因此空間的內向和含蓄就成為一般民居的共性。但是放在中外文化的語境下，這種私密性也存在不同的理解和體現方式。中國民居如北京四合院和徽派民居等更加傾向於封閉，除了安全的考慮外，中國正統的儒家觀念、內斂性格以及禮教對女性的禁錮都使得民居外牆高深甚至不開窗，或者院落內的阻隔比較多。而西方的不少民居更趨向開放，往往不設圍牆，窗戶較多，追求明亮和通暢。

同時，在建築用材上，中外民居也有着各自的取向。西方的不少民居建築偏重石頭，中國的民居建築偏重木材，這些各有利弊。

❓ 如何看待中國傳統民居的拆遷問題？

由於中國經濟的持續發展，城市化速度加快，不少地區的文化保護規劃沒跟上，以致不少經典的民居建築被轟然蕩平。如何化解經濟發展、城鎮建設與傳統文化保護之間的矛盾，成為當下的一個重要問題。

面對這個問題，城鎮建設的決策者首先要澄清認識上的誤區，要認識到不少舊事物裏面所包含的文化價值。許多鄉村和城鎮在拆遷的過程中逐漸丟失它自身的鄉土價值和文化傳統。這樣的鄉村和城市，已經找不到文化與傳統，當然也不會成為人們心中的精神歸宿。文化是人類的「根」與「魂」，反映了一個地方和民族的精神特質。「城市融入大自然，讓居民望得見山、看得見水、記得住鄉愁」[1] 是新型城鎮化理念的核心。

除了對傳統建築的合理保護和修繕外，在新建築的營造上，也可以借鑒傳統建築的某些設計理念，讓現代建築合理地融入中國傳統建築的元素。例如，著名建築設計師王澍曾說他的建築理念是向鄉村學習，他最有代表性的作品——寧波博物館，就是在拆遷的廢墟中，又將舊磚碎瓦拾起來，砌到他的新建築的牆體中，造新如舊。他還將老房子中那些消失的美麗造型如冰紋格、花窗等運用變形的手段重新融入到新建築的裝飾中，把讀者帶到了文靜悠閒的古代，讓人徜徉其中流連忘返。

❓ 北京的「四合院」表現了怎樣的傳統文化？

四合院是一種傳統合院式建築，基本格局為中心庭院與四周房屋的圍合，故名四合院。四合院既用圍合的形式保證它的私密性，又用中間院落敞開的形式便於人際交流以及享受自然。無論從建築佈局還是裝飾上來審視，四合院都蘊含着深刻的儒家文化內涵，它的佈局體現了中國傳統的風水學說；它裝飾的每一個細節都體現着傳統文化的豐富內涵，表現出人們對幸福生活的美好期盼，例如在雕刻中我們常常見到以蝙蝠、壽字組成的圖案，就有「福壽雙全」等寓意。

1　習近平，2013 年 12 月 12 日在《中央城鎮化工作會議》的講話。

第二節　水利橋樑

「水者何也？萬物之本原也，諸生之宗室也，美惡、賢不肖、愚俊之所產也。」這句話出自古代思想家管仲的《管子‧水地》。管仲對水的解釋揭示了水之於人類、之於萬物的作用，沒有水，萬物不能生存，沒有水，世界無法和諧。人類進入農業社會以後，灌溉引水一直是民生之大事。興修水利是為民造福的事業，但也要付出艱辛，承受風險，甚至獻出寶貴的生命。一部水利史，既是一部科技發展史，也是一部社會發展史。

俗語有云：「逢山開路，遇水疊橋。」從古至今，我們的祖先建造了無數造型各異的宏偉橋樑。我們不僅可以從它的遺存了解其創建時期的設計構思和施工技巧，進而了解當時的科技水平，而且還可以從它的發展中看出歷代政治、經濟、文化的演變。很多經典的橋樑也成為文人騷客所吟誦的對象。

❓ 中國古代著名的四大水利工程是哪幾個？

四川都江堰、陝西鄭國渠、廣西靈渠和浙江它山堰被稱為中國古代四大水利工程。

都江堰：由秦國的李冰父子主持興建，時間約在公元前256年至公元前251年之間，其位置在今四川都江堰市。都江堰是全世界迄今為止唯一留存的、最早無壩引水的大型水利工程。（詳解見第五章第四節——「都江堰」、「坎兒井」對古代農業生態有甚麼價值？）

鄭國渠：始建於公元前246年，是由韓國名為鄭國的人在秦

國主持興修的一項大型水利工程，位於今陝西關中平原偏北部。為紀念鄭國的功勞，秦國將其取名為鄭國渠。鄭國渠的建成，使關中平原成為沃野良田，為秦統一六國奠定了客觀基礎。

靈渠：靈渠位於今廣西省興安縣，由史祿受秦始皇之命主持，於公元前214年完工。靈渠溝通了湘水和灕水。「斗門」的巧妙運用，使靈渠成為世界上最早建造並使用船閘、最早跨越山嶺的運河。兩千多年來，靈渠一直是內地和嶺南的主要交通水道。如今，靈渠依然在灌溉、供水和旅遊方面發揮着作用。

它山堰：始建於唐太和七年（公元833年），由當時的縣令王元暐主持修建，位於今浙江省寧波的鄞江鎮西南，是一個禦鹹蓄淡的灌溉工程。堰用條石砌成，堰身中空，內用大木樑做支撐。

堰下可抵禦甬江上湧的鹹潮，堰上可攔溪水分南塘河。堰壩可灌溉數千頃農田，並引入寧波市，供居民飲用。它山堰歷經唐宋至元明清屢次疏浚治理，為當地的農田水利做出很大貢獻。目前堰壩尚在，已無引灌功能，只作為文物觀賞及旅遊勝地。

❓ 開鑿京杭大運河是隋煬帝的主要罪狀嗎？

京杭大運河是迄今為止世界上最長的運河，南起浙江杭州，北至北京通州，全長1794公里。

公元584年，由工程專家宇文愷主持修建的廣通渠完工，可航行「方舟巨舫」。公元604年，隋煬帝楊廣即位。好大喜功的隋煬帝下令以東都洛陽為中心，修建大運河。最先修建的是通濟渠，渠長近一千公里，卻只用時半年。當時為了趕工程，大約有四五十萬百姓為此獻出寶貴生命。公元605年，隋煬帝下令徵調十餘萬人，對邗溝進行大規模的修整。之後第六年，隋煬帝又下令拓展江南河，想直達會稽（今紹興市）。公元608年，隋煬帝在

東漢末年曹操開鑿的河北五渠基礎上，又拓展擴建了一條航運能力更大的運河——永濟渠。永濟渠的修築使河北諸郡上百萬的百姓疲於勞作。廣通渠、通濟渠、邗溝、江南河、永濟渠等五條運河呈扇形將東南和東北等地貫通起來，形成了後來京杭大運河的基本網絡。隋以後，歷朝歷代對大運河又進行過維修和整治，如唐代改造通濟渠和永濟渠，宋代修建汴京四渠，直到元朝修建濟州河、通惠河和會通河後，京杭大運河正式打通。

修建大運河，過度揮霍勞力，不顧百姓死活，説隋煬帝有過不無道理，但唐代詩人皮日休在《汴河懷古》中卻這樣寫道：「盡道隋亡為此河，至今千里賴通波。若無水殿龍舟事，與禹論功不較多」。功過是非，當辯證待之吧！

❓ 古代勞動人民利用水能發明了哪些勞動工具？

勤勞智慧的中國人民修建了許多水利工程，同時也利用水能發明了許多勞動工具。

大約在西周時期，桔槔、轆轤等結構簡單的提水工具開始出現。到了漢代，著名政治家杜詩發明了水排，這也標誌着中國複雜機器的誕生。歐洲類似的機器在 11 世紀時才出現。三國時，魏國馬均在繼承前人智慧的基礎上發明了翻車。翻車，是一種刮板式連續提水機械，又稱「龍骨水車」。翻車是古代鏈傳動的成功應用，是農業灌溉機械的一項重大發明和進步。南北朝時的著名數學家祖沖之，發明了水碓磨。隋朝時，有人發明了筒車，筒車以水流做動力，達成取水灌溉之目的。到宋代時，筒車已大量普及了。元代的著名農學家和農業機械發明家王禎，發明了「水轉大紡車」。這種用水力驅動的紡車是當時世界上最先進的紡紗機械。

❓ 中國古代橋樑發展的歷程是怎樣的？

中國橋樑的發展跟社會政治、經濟、文化的發展緊密相連，大致分為四個階段。第一階段是夏、商、西周時期古橋的創始階段，代表橋型從帶有明顯個人或者家庭意味的蹬步、獨木橋發展成具有公共橋樑性質的多跨木樑木柱橋、浮橋、城門懸橋和水閘橋。第二階段是春秋戰國到秦漢的發展成熟時期，此時索橋、拱橋已經誕生，還有多跨木樑木柱長橋、七星橋、浮橋及木石樑橋等。到了東漢時期，樑、索、浮、拱四種基本橋型都已齊全。另外，秦國為了貿易、遷都與兼併別國，建造了特殊的橋型——棧道，更有一類是別處都沒有的，即為了點綴風景的園林橋。第三階段是晉、隋、唐、宋時期的鼎盛階段。

晉朝在黃河上建造了伸臂木樑橋，隋朝創建了四十餘孔的石拱聯拱和敞肩拱的趙州橋。唐代國力強盛，社會穩定，工商業、運輸交通業以及科學技術水平等都達到極高的水平，唐代由水部郎中主持修建了十一座國家級橋樑。在這個時期，石橋墩砌築工藝水平大大提高，石橋飛速發展。第四階段是元、明、清時代，主要是對一些古橋進行修繕和改造。比如在金代建造的永定河上的盧溝橋。明代建造了江西南城的萬年橋、貴州盤江橋等。清代提高了索橋的技術，在川滇一帶修建了不少索橋，如瀘定橋等。另外，清代還提高了園林橋的藝術性，如灞橋、文昌橋、萬年橋等。同時，清代還開始從國外引進建造了鐵路橋和公路橋，這是中國橋樑史上的一次技術革命。

❓ 中國古代橋樑所特有的藝術風格是甚麼？

中國古代橋樑除了技術上符合當時的生產力發展水平外，在橋樑的建造上還很重視審美，讓橋的位置、形式都與自然融為一

體，橋既是一座凌空越阻的建築物，又是屹立在山水園林之中的一件藝術品。如北京頤和園裏的玉帶橋，玲瓏又不失剛健。中國古代橋樑通常是通過附屬建築和石作雕刻來展現其特有的藝術風格的。不少古代石橋，工匠常常會把全橋的一石一拱都進行精細的藝術加工，雕刻圖式通常取材於民間神話，如治水的龍、分水的犀、鎮水的獅等，其中特別著名的是盧溝橋上的石刻獅子、趙州橋的望柱，姿態萬千，逼真奇巧。比如亭閣建築的運用，無論是用在多跨樑橋還是用在伸臂式橋上，都會恰到好處地交融成一幅「飛閣流丹，下臨無地」的壯麗景觀。又如在高山急流上的一線懸索兩岸樓台的造型，更增添了橋樑的雄偉氣概。

❓ 為甚麼說趙州橋達到了藝術與技術的完美統一？

趙州橋，位於河北省趙縣，為隋代著名工匠李春等人建造，是世上最早也是迄今為止保存最好的大型石拱橋，距今已有一千四百多年的歷史。後宋哲宗賜名，改名為安濟橋。該橋與北京的盧溝橋、福建的萬安橋和廣東的怪橋並稱「中國四大古橋」。趙州橋達到了藝術與實用功能的完美統一，歷代詩銘記載比比皆是。當時戰亂已經結束，社會開始走向安定繁榮，此時在趙州洨河上建橋，可促進兩岸經濟發展，因此很多人都願意捐助建橋。趙州橋的建橋材料主要是青白色的石灰岩，當時開採石料的工具及工藝都已經比較發達。趙州橋造型優美，結構奇特，遠遠望去似初露雲端的明月，非常精美。趙州橋在造型上結構獨特，採用單圓弧拱形式、敞肩結構，在建築手法上，採用了縱向砌置法，拱的厚度統一，每券各自獨立操作，使得趙州橋經歷了千百年來的天災人禍，都能保持原狀，巍然屹立。趙州橋結構科學而又奇巧多姿，實現了技術與藝術的完美統一。

❓中國古代名詩與名橋如何珠聯璧合、相得益彰？

　　有人說，中國的橋都有詩情畫意，古往今來，詩人詞客都喜歡在橋上低吟淺唱，題筆留字。如宋代沈與求有詩句「畫橋依約垂楊外，映帶殘霞一抹紅」[1]，元朝陳孚有詩句「象梳兩兩蟬鬢女，笑擁紅嬌買藕花」[2]。除了詠橋自身的美，還有用詩歌吟誦橋和周圍景色的。如唐代白居易的詩「晴虹橋影出，秋雁櫓聲來」[3]，元代張可久的小令「長橋臥柳枕蒼煙，遠水揉藍洗暮天」[4]。另外，詩人們還喜歡借橋寄情，抒發感慨。如元代著名詞曲作家馬致遠在《天淨沙・秋思》中寫道：「枯藤老樹昏鴉，小橋流水人家，古道西風瘦馬。夕陽西下，斷腸人在天涯。」[5] 這首詞中渲染了一種黯淡淒涼的氣氛，成為愁思的千古絕唱。南唐後主李煜的生命絕唱《虞美人》中寫道：「雕欄玉砌應猶在，只是朱顏改。問君能有幾多愁，恰似一江春水向東流。」[6] 後人因而把南京秦淮河上的一座小虹橋稱為「愁思橋」。而且，中國因詩而名的古橋數不勝數。比如江蘇蘇州寒山寺裏的楓橋，就是因為唐代詩人張繼的《楓橋夜泊》而得名：「月落烏啼霜滿天，江楓漁火對愁眠。姑蘇城外

1　宋・沈與求《石壁寺山房即事》，《叢書集成續編 (新文豐)》第 126 冊中《沈忠敏公龜溪集》，台北市新文豐出版公司，1988 年，第 662 頁。

2　元・陳孚《嘉興》詩之二，清・顧嗣立編《元詩選二集》，中華書局，1987 年，第 215 頁。

3　唐・白居易《河亭晴望》，《全唐詩》卷 447，中華書局，1960 年，第 5034 頁。

4　元・張可久《水仙子・訪梅孤山蒼・孤山宴集》，隋樹森《全元散曲簡編》，上海古籍出版社，1995 年，第 318 頁。

5　元・馬致遠《天淨沙・秋思》，毛治中、羅仲鼎、安仁注《唐詩三百首 宋詞三百首 元曲三百首》，浙江古籍出版社，2017 年，第 521 頁。

6　南唐・李煜《虞美人》，陳瑞主編《學生應知應會唐詩宋詞鑒賞 300 首》，商務印書館國際有限公司，2016 年，第 615 頁。

寒山寺，夜半鐘聲到客船。」[1] 再比如，揚州瘦西湖旁的平山堂，堂西有座二十四橋，也是古代吟詠不絕的橋。杜牧有詩云「青山隱隱水迢迢，秋盡江南草木凋。二十四橋明月夜，玉人何處教吹簫？」[2]

---

1 唐‧張繼《楓橋夜泊》，陳瑞主編《學生應知應會唐詩宋詞鑒賞300首》，第334頁。

2 唐‧杜牧《寄揚州韓綽判官》，《唐詩選》下，人民文學出版社，1981年，第225頁。

第三節　書法國畫

　　中國傳統的書法是以漢字為對象，以毛筆為工具，書寫成各種字體，使其富有美感，抒發思想感情的一門藝術。書法藝術博大精深，氣象萬千，被譽為無言的詩，無行的舞，無圖的畫，無聲的樂。書體也隨文字的嬗變而變化，文字先後經歷了甲骨文、金文、大篆、小篆、隸書、草書、楷書、行書等字體，在漢代基本定型。

　　篆刻是以刀代筆來表現書法之美的造型藝術。篆刻從殷商的「印模」演化而來，在文字普遍使用之後逐漸形成，先在印面寫上篆體印文，然後用刀為主要工具鐫刻。它隨着社會經濟的發展，作為憑信使用日益廣泛，在秦漢時期達到高峰。書法與篆刻藝術的誕生和發展是與漢字的嬗變緊密相關的。

　　「國畫」一詞產生於漢代，當時的人們認為中國居天地之中，故稱「中國」，將中國的傳統繪畫稱為「中國畫」，簡稱「國畫」。當時的國畫都是畫在絹、帛或者紙上，然後加以裝裱的卷軸畫。作畫的工具和材料有毛筆、墨、顏料、紙、絹等，題材分人物、山水、花鳥等，作畫方法是用毛筆蘸水、墨、彩作畫於絹或紙上，創作技法可以分為工筆和寫意兩種類型。中國畫在內容和方法上，體現了創作者對自然、社會及其相關的政治、哲學、宗教等方面的洞察和理解。

　　書法篆刻和國畫藝術是中國傳統藝術領域中的重要組成部分，從某種意義上說，它們也是中華民族的文化之根，見證了中華民族的榮辱與興衰，反映了我們民族含蓄內斂的人文修養。學

習、繼承、發揚中國傳統書畫藝術，就是弘揚優秀的傳統文化。

❓ 先秦書法對後世的書學產生了哪些影響？

先秦時期的書法主要表現為甲骨文、金文、石鼓文以及簡書等形式。這一時期，文字書寫從實用性開始走向藝術化。隨着文字的變革與發展，書法從最初的簡單幼稚逐漸走向豐富成熟，可以從不同階段做個梳理。

一是甲骨文。甲骨文是指遠古時代「刻在龜甲、獸骨等上面的文字」，其具體可考的時代為殷商和西周。甲骨文從上到下、從右往左的書寫形制開啟了後世文字以及書法藝術的先河。在筆法上，甲骨文具有直筆多、方筆多、轉折多、彎筆少的特點。

二是金文。金文是在青銅器、鐘鼎等金屬器具上鑄刻的文字，又稱鐘鼎文。金文產生於商代，興盛於兩周，終止於秦漢。其書法藝術特徵為富於造型之美，為隸書出現奠定了基礎。

三是石鼓文。初唐發現於陝西鳳翔，因其刻石狀如鼓形，因此得名石鼓文，內容以記載秦國君王們狩獵遊樂事件為主。

四是竹木簡帛朱墨書跡。是指春秋戰國時期用毛筆在玉、石、帛以及簡牘上用朱砂或墨汁書寫的文字。由於書寫工具的改進，毛筆快寫使書體由篆變隸，線條向點畫轉化，並出現了筆法的萌芽。這一時期的「睡虎地秦簡」更具古隸特點，而且發現了後來書法家式的署名「喜」，表明書法作者不僅是書法的創作者，而且署名已經成為書法作品中不可或缺的元素。

❓ 如何理解篆刻藝術之「印從漢出」的觀點？

篆刻的學習與書法一樣，開始都需選擇一些優秀的範本，漢印在數量、內容、風格、精美程度等方面遠勝前朝，達到中國印

章藝術中的全盛時期。「西泠八家」的奚岡曾提出「印從漢出」的觀點，是因為治印離不開篆法、章法和刀法這三個方面，而漢代治印技術在這些方面都具有開創性和引領性。

首先，篆法的成熟。漢代出現了比前代更適用於印面的文字——繆篆。繆篆在印面上的特徵是以字就章，結體方正勻稱，筆畫合理增減，形隨印變，從而形成漢印寬厚、博大、沉雄的時代風貌。

其次，看似平整，實則多樣的章法。漢印在章法藝術上，「於平整處求變化」。初看漢印貌似章法簡單，千印一面，不生動，內容單調（以名章為主），實則變幻無窮，於平整中求奇崛。比如漢印根據印面的需求，注意筆畫的增減、線條的延縮、章法中的分朱與布白、非簡單對稱、視覺的平衡等等。

再次，刀法上給後世以啟迪。漢印（尤其是漢官印）主要用金屬做印材，製作工藝以鑄印為主，其堅固程度值得推崇。其中以漢印急就章中的刀法特徵最為鮮明，似為沖鑿而成，這種有意或無意的治印之法，成為近代篆刻大師齊白石的刀法源頭。

❓ 魏晉作品何以成為書法史上不可逾越的高峰？

魏晉書法在承襲漢代書法優良傳統的基礎上開拓創新，里程碑式的書法典範的出現，奠定了其在書法史上的地位。具體原因有以下幾個方面：

一是文化基礎。秦漢時期在文化教育上的強化和統一，在客觀上為書法藝術的繁榮發展創造了條件。漢初以來文字學和書法藝術得到社會的普遍重視，書法往往成為漢代士人的利祿之門。此時社會上出現了專門的教學機構，重教崇藝，蔚然成風。

二是思想基礎。漢末以來社會動盪，政治分裂，玄學清談

盛行，信札成為士大夫等貴族階層之間思想交流的重要載體，其書體更是書法的自由天地。書法世家也逐漸增多，如三國魏之鍾氏，西晉之衛氏、陸氏，東晉之王氏、庾氏等。

三是理論基礎。秦漢以來，專門普及文字和書法研究的論著的出現樹立了理論典範。著名的有漢代合編秦代李斯等人的《倉頡篇》、《爰歷篇》和《博學篇》而成的《訓纂篇》，作為小篆的識字教材；史游編纂的《急就篇》等，皆為後世書法家所寶重。

四是技術基礎。書法藝術在魏晉時開始走向了完全的自覺階段。書法藝術成為社會各階層普遍欣賞的對象，文人開始有意識地追求書法創作或者書法鑒賞，並把其作為自覺的藝術審美活動。不同字體也開始成熟並趨於穩定，書法家在書寫過程中產生了相應的基本筆法。

五是名家楷模。魏晉以來陸續出現了幾位書法藝術的集大成者。漢末的張芝有「草聖」之稱；漢魏的鍾繇被後世譽為「楷書之祖」；晉末的王羲之更是登峰造極，獲得了「書聖」的美譽。

❓ 如何理解「晉人尚韻，唐人尚法，宋人尚意，元明尚態」？

任何藝術都會受到時代環境的濡染，書法也不例外，正因為這樣，清代書法家梁巘在其《評書帖》中提出了「晉人尚韻，唐人尚法，宋人尚意，元明尚態」[1]的論斷。

「晉人尚韻」，表達的是魏晉南朝時期的書法藝術以風度韻致

1　清‧梁巘《評書帖》，雒三桂著《中國書法史》，人民美術出版社，2009 年，第 209 頁。

見長。當時的書法尊崇「神采為上，形質次之」[1]，大都表現出一種飄逸脫俗、姿致蕭朗的風貌。這與當時社會動盪不定、社會門閥士族信奉老莊玄學思想中超然物外的空靈心態有關。其代表是「二王」（王羲之、王獻之父子）。

「唐代尚法」，表達的是唐代書法以崇尚法度為主要特徵，唐代書法家在結體和用筆等方面更加規範細緻。比較著名的有歐陽詢「三十六法」、唐太宗「筆法訣」、張懷瓘「用筆十法」等，最受後人推崇的是「永字八法」和「五指執筆法」。森嚴雄厚的「唐楷」和豪放的「狂草」，正是這一「尚法」風氣的產物。

「宋人尚意」，表達的是宋代書法往往是通過追求書法的意趣表達遁世的心境。宋代書法家思想逐漸擺脫了唐代嚴謹的法度，轉向道家禪學，崇尚自然。蘇軾便是其中最典型的代表，他的觀點是：「詩不求工字不奇，天真爛漫是吾師。」[2]蘇軾的《黃州寒食詩帖》、黃庭堅的《諸上座帖》都能體現這一點。

「元明尚態」，說的是元代、明代時期的書法變革注重寫字形態的美感，偏重於摹仿古人。眾多書法家紛紛效仿晉人，以刻帖為摹寫對象，其中趙孟影響最大。元、明兩代的書法家風格大都徘徊在晉唐之間，在字的形態方面用功最多。

總之，人們的審美欣賞角度會受社會經濟和文化發展等因素的影響而改變，藝術也隨之打上時代的烙印。上述概括只是某一時期書法的主流走向，而不是說不同特點之間一點也不相通，如唐代顏真卿既寫出了法度森嚴的《多寶塔碑》，也寫出了尚意的《祭姪文稿》。

1　南朝·王僧虔《筆意贊》，沈尹默著《學書有法：沈尹默講書法》，中華書局，2006年，第84頁。

2　明·董其昌《畫禪室隨筆》，浙江人民美術出版社，2016年，第106頁。

❓影響書壇走向的主要書家、書論及碑帖有哪些？

先秦：殷商時期的甲骨文以《祭祀狩獵塗朱牛骨刻辭》為代表，西周時期代表作有《大盂鼎銘文》、《散氏盤銘文》等，春秋戰國時期有《秦公簋銘文》、《石鼓文》等。這一時期的書法家沒有得到記錄與流傳。

秦漢：這一時期湧現了一批傑出的書法家，以李斯、蔡邕、張芝為代表。李斯在小篆創造推廣方面功不可沒，傳《泰山刻石》等為其所書；蔡邕精通隸書，《熹平石經》為其代表作；張芝有「草聖」之譽，傳《冠軍帖》為其所書。這一時期其他著名的碑帖還有：端莊典雅、法度森嚴的《禮器碑》；飄逸秀麗，舒展灑脫的《曹全碑》等。

魏晉南北朝：書法家以鍾繇和王羲之、王獻之父子為最。鍾繇有「楷書之祖」之譽；王羲之有「書聖」之稱，代表作《蘭亭序》被譽為「天下第一行書」，他與其子王獻之被後世尊為書法界「二王」。這一時期著名碑貼還有《三體石經》等。

隋唐五代：書法家有李世民與智永，其代表作分別是《溫泉銘》和《千字文》；有「楷書四大家」中的歐陽詢、顏真卿和柳公權，其中顏、柳二人的書法被稱為「顏筋柳骨」，代表作分別是《多寶塔碑》和《玄祕塔碑》；有「顛張醉素」之稱的草書大家張旭與懷素，其代表作分別是《古詩四帖》和《自敘帖》；有以草書與書論著稱的孫過庭和他的《書譜》。

宋代：書法家有被稱為「宋四家」的蘇軾、黃庭堅、米芾和蔡襄，蘇軾的《黃州寒食詩帖》豐腴跌宕，黃庭堅的《諸上座帖》縱橫拗崛，米芾的《蜀素帖》豪放俊邁，蔡襄的《自書詩帖》端莊渾厚、婉美淳淡。宋代還有以「瘦金書」著稱的趙佶與其《千字文》。

元代：趙孟為「楷書四大家」之一，他通音律、能詩文、工書法、精繪畫，書法中尤以楷書和行書見長。

明代：書法家有以台閣體為最的沈度和沈粲，代表作分別為《敬齋箴》、《梁武帝草書狀》；有「華亭派」代表董其昌與他的《行草詩卷》；有文人藝術家徐渭與其《七言絕句軸》，以及有爭議的書家張瑞圖和王鐸，其代表作分別是《行書五絕詩軸》和《行書臨帖軸》。

清代：書法家有引領清初書壇的傅山與朱耷（八大山人），傳世之作有傅山的《行草七言詩軸》、朱耷的《草書小山野水七言聯》；有以篆書著稱的鄧石如和他的《篆書四箴四條屏》；有海派大師吳昌碩與其《臨石鼓文軸》。

中國歷史上影響書壇走向的書論有：漢代蔡邕的《筆論》和《九勢》，魏晉時期衛鑠的《筆陣圖》，唐代孫過庭的《書譜》、張懷瓘的《書斷》，清代梁巘的《評書帖》等。

❓ 如何提升書法欣賞水平？

漢字從誕生起，它的書寫藝術實踐就從未間斷過。漢字獨有的形、音、意的特點，使得其形和結構通過點、劃的組合變化多樣。書寫時通過利用筆墨的變化規律（即筆法和墨法），表現每一漢字的特點（即結體），加上單個漢字或者多個漢字與書寫載體之間的位置、大小的安排（即章法），從而產生意蘊豐富、變化萬千的藝術形式，抒發書者的情感，這樣的書寫才夠得上「書法」。

要提升書法欣賞藝術水平可以從以下三個方面入手：

一是看筆墨變化之美。王羲之在《書論》中指出：「每書欲十

遲五急，十曲五直，十藏五出，十起五伏，方可謂書。」[1] 這是形容用筆過程中筆法的變化。衛夫人在《筆陣圖》中説：「多力豐筋者聖，無力無筋者病。」[2] 這是從用筆的力度和具體筆畫方面形象地説明了筆法不同，產生的效果和意象也不同。筆隨墨出，墨由筆活，自古筆法與墨法相輔相成，不可分離。

二是看結構變化之美。書法結構有「字法」（也即「結字」或「結體」）以及「間架結構」、「分間布白」等。書法是線條的藝術，點畫間的主與次、疏與密、連與斷以及由此形成的形體在正與欹方面做到和諧統一。

三是看章法變化之美。書法中的章法是指整幅作品的「分間布白」。它是書法形式美感體現的重要元素，講究字與字、行與行甚至整幅作品通過筆墨的變化氣脈連貫，映帶呼應，計白當黑，同中求異。

四是看意境自然之美。一幅優秀的書法作品必然融合了書家的精神氣質，蘊含了書家對自然的獨特審美。它們通過有形的文字及其萬象變化，創造出無形的意境，進而表達豐富的意趣和個性，即古人所説的「神韻」。

❓ 中國畫如何分類？主要特點是甚麼？

中國畫的主要材料與工具：文房四寶和顏料。

筆：通常有軟毫、硬毫、兼毫三種。

墨：主要有松煙、油煙、漆煙。

紙：主要有熟宣、生宣、半生熟三種宣紙。

---

1 晉 · 王羲之《書論》，房弘毅著《王羲之書論四篇》，中國書店出版社，2006年，第44–45頁。

2 晉 · 衛夫人《筆陣圖》，沈尹默著《學書有法：沈尹默講書法》，第108頁。

硯：中國名硯有三種，第一是廣東的端硯；第二是安徽的歙硯；第三是山東的魯硯。

色：顏料分為礦物色和植物色兩大類，礦物色也叫石色，主要有石青、朱砂等。

中國畫的種類：從作品內容上分為人物畫、山水畫和花鳥畫三科。人物畫可分為水墨人物、水墨淡彩人物、白描人物等。山水畫可分為水墨山水畫、白描山水、青綠山水、潑墨潑彩山水等。花鳥畫可分為水墨花鳥、白描花鳥、工筆重彩花鳥等。

從繪畫表現形式上可分工筆畫、寫意畫。

中國畫與西洋畫的區別：中國畫更重視主觀，借物抒懷；西洋畫更注重客觀，表達對世界的一種認識和理解。具體說來，主要有下列不同點：

其一，西洋畫講究塊面，中國畫講究線條。

其二，西洋畫注重透視法，有平行透視和成角透視；中國畫不注重透視法。

其三，西洋畫重解剖學，中國畫中的人物畫不講解剖學。

其四，西洋畫注重寫實，中國畫不用寫實法而用寫意法。不求形似，而求神似。

❓ 中國古代人物畫的代表畫家及其作品有哪些？

中國古代人物畫，主要描寫對象是人，直觀地反映現實生活。在不同的畫種中，人物畫最有直觀性，也最富有認識價值與教育意義。

人物畫的出現比花鳥畫和山水畫要早，周代就有獎善懲惡、規範人們思想道德的歷史人物壁畫。到了戰國和秦漢，出現很多以現實生活和神話故事為題材的人物畫。湖北省內楚國墓出土的

戰國時代的《人物龍鳳圖》帛畫，栩栩如生，是中國最早的人物畫作品。

兩漢時期受社會思潮的影響，學術風氣同「百家爭鳴」的春秋戰國時比，發生了很大的變化，這種變化促進了人物畫發展。魏晉隋唐時期，人物畫向專業化方向發展，以顧愷之為代表的第一批人物畫大家登上了歷史舞台，他的代表畫作《洛神賦圖》以及「以形寫神」的藝術觀影響深遠。

唐代人物畫發展到了高峰的階段，肖像畫、仕女畫成為一代時尚。傑出的畫家出現了一大批，以吳道子、閻立本、周昉、張萱等人為代表，吳道子更是把富於表現的人物宗教畫推到一個無數後人敬仰的層次。這一時期的代表作品有《步輦圖》、《虢國夫人遊春圖》、《簪花仕女圖》等。

《人物龍鳳圖》戰國

《清明上河圖》（局部）宋・張擇端

　　五代十國和兩宋是人物畫走向深入的時期，工筆重彩着色人物畫日漸成熟，趨向豐富精美。宋朝政治寬鬆，文化繁榮，北宋末期張擇端的《清明上河圖》就是那個時代的精彩記錄。

　　寫意人物畫自出現以來，受禪宗思想的影響，從重視教育作用轉向重視審美作用，從注重畫面中的人物傳神轉向更多地抒發畫家的內心情感。元明清以來，更多的文人畫家在畫中描寫市井百姓和國家大事。清代人物畫，在乾隆、嘉慶時期出現鼎盛局面，其中任頤最為突出，他的人物畫設計巧妙，善於勾勒和潑墨，細筆或闊筆運用自如，恰到好處。

❓ 中國古代山水畫的代表畫家及作品有哪些？

　　山水畫，是主要以山川風景為題材的畫科，它起源於秦漢。南北朝時期，山水畫出現了快速的發展，開始出現專門畫山水畫

的畫家和首批記述山水畫的文章。隋唐時期山水畫有了更大的發展。隋代以展子虔為代表的畫家為我們提供了這一時期山水畫的重要導向。他多次出仕，視野開闊，對人物、山水和車馬都有研究，被稱為「唐畫之祖」。《遊春圖》是他留傳下來的孤品，內容是人們春天出遊的情景。

《遊春圖》隋·展子虔

《匡廬圖》五代·荊浩

唐朝的畫家李思訓直承展子虔的畫風，他特別喜歡用青綠色畫山水，畫面構圖宏偉、大氣，充滿活力，形成了獨特的青綠山水畫派。在唐朝，水墨山水畫也開始出現。唐代詩人王維首次把山水畫和詩有機結合起來，成為文人畫的始祖，從此文人畫步入了一個新階段。

五代、兩宋時期，進入山水畫的黃金時代。五代時北派的山水畫家荊浩和關仝，他們生活的環境多崇山峻嶺，廣闊的環境給了他們一種宏大的視野和剛毅的氣質。荊浩的代表作《匡廬圖》氣象萬千。他的弟子關仝喜歡描寫秋山、寒林、村落和關山風景。與北派相對應，南方有以董源和巨然為代表的「南派山水」畫家。

在文人畫發展史上，具有重大影響的是趙孟，他把詩、書、畫、印結合起來。「元四大家」（黃公望、王蒙、倪瓚、吳鎮）不斷將文人畫發揚光大，逐漸成為畫壇的主導。

明清時期也出現了眾多山水畫家，代表人物有沈周、文徵明、唐寅、董其昌等。

❓ 中國古代花鳥畫的代表畫家及作品有哪些？

花鳥畫是一個比較寬泛的概念，它的表現對象除花鳥之外，還有畜獸、蟲魚、花草、果蔬等。六朝時期，花鳥繪畫就已出現。例如顧愷之的《鳧雁水鳥圖》。唐代，花鳥畫已經走向獨立。韓幹堪稱代表畫家，他通過刻苦努力，在花鳥畫方面取得了很高成就，他不僅喜歡畫肖像、人物，而且特別擅長畫馬。

《照夜白圖》唐・韓幹

　　五代時期，徐熙、黃筌為代表的兩大流派引領畫壇。徐熙的畫風格流暢，並開創「沒骨」畫法；黃筌的畫精緻、工整。畫壇中有「黃筌富貴，徐熙野逸」[1] 的說法，精闢地總結了他們畫風的特徵。

　　清代的石濤、朱耷（八大山人）和「揚州八怪」等都在花鳥畫發展史上獨樹一幟。他們常通過藝術作品來表現內心的憂傷，不論是筆墨還是造型均能表達內心深處的掙扎與糾結。此後任頤作為集大成者，拓展了花鳥畫的內容和形式，由此花鳥畫得到了進一步完善和發展。

　　近代的徐悲鴻、齊白石、張大千等，他們的藝術成就都豐富並完善了傳統中國繪畫，他們的作品既繼承傳統又追求創新，中西結合。徐悲鴻為當代中國美術教育奠定了堅實的基礎。齊白石的率真與童趣，潘天壽用筆的骨力，都表現了一種與時俱進的時代精神。

1　中央美術學院美術史系、中國美術史教研室編著《中國美術簡史》，高等教育出版社，1990 年版，第 121 頁。

《蝦》齊白石

第四節　音樂舞蹈

《詩·大序》云：「情動於中而形於言，言之不足故嗟歎之；嗟歎之不足故詠歌之；詠歌之不足，不知手之舞之足之蹈之也。」可見音樂、舞蹈也和詩歌一樣，是人類歷史上最早的表現人們內心情感的藝術形式。

「中國傳統音樂」這一概念是相對於「中國新音樂」產生的，鴉片戰爭以前，人們通常説到的「中國音樂」即「中國傳統音樂」。此後，「西學東漸」為傳統的中國音樂注入了西方音樂的思想和技術，很多中國音樂家在了解西方的音樂體系以後，創作出具有西方技術特徵的音樂作品，雖然旋律具有本土特徵，但在作曲技法上與中國傳統音樂具有很大差異。至此，「中國音樂」的含義產生了巨大的改變。20 世紀 20–30 年代之後，為了將兩者加以區分，人們通常使用「國樂」一詞專指在中國古代音樂基礎上形成、到近代又有一定發展的音樂。「中國傳統音樂」包括古代音樂和國樂，並與「中國新音樂」相區別。

在數千年的文明歷史中，中國傳統音樂從調式、律制及旋律等方面形成體系，逐漸形成獨有的特徵，這成為中國與其他國家傳統音樂區別的標誌。中國傳統音樂逐漸在音樂理論、創作手法、表演形式等方面形成特有的風格。我們今天需要學習、研究、總結中國傳統音樂的特殊規律，進一步形成理論體系並將其發揚光大。

舞蹈是一種動態的人體藝術，具備社會審美形態，本質上是將人的內在生命力外化為有節律的動態造型藝術。舞蹈起源於遠

古時代，甚至早於語言的誕生。先民們為了滿足生產生活、圖騰崇拜、巫術宗教祭祀活動以及表達自身情感、內在衝動等需要，用舞蹈類比勞動、祭拜、戰鬥操練等活動。

中國舞蹈是藝術長河中的一顆璀璨明珠，發展的脈絡十分清晰，但限於當時人類的認知水平和科技水平，祖先並沒有給我們留下可以直接看到的舞蹈形象，留下的僅僅是夾雜在古籍中的零散文字記載和一些並非動作圖解的圖像。

「中國古典舞」的恢復，直至 20 世紀 50 年代才開始提到議事日程上。在一代舞蹈家的努力下，中國古典舞的藝術才得以恢復和發展。中國古典舞經歷了 20 世紀 50 年代、80 年代和 21 世紀後三個重要發展時期，得到了迅速、穩定的發展。同時中國不同民族還創造了風格各異，或柔美或剛健的民族舞蹈。在與各國的文化交流中，中華各民族的舞蹈向全世界傳遞着中國的文化內涵與魅力。

❓ 甚麼樣的音樂是中國傳統音樂？

中國傳統音樂是在五千年歷史中逐漸形成的，歷代人民使用本民族特有的旋律、表演形式、創作手法創造的帶有民族特徵的音樂。創作時間的先後並不是區分傳統音樂與新音樂的依據，比如流行於清末民初的學堂樂歌，它的曲式、調式、創作手法等諸多特徵源自於西方音樂，所以不屬於中國傳統音樂。而《二泉映月》、《漁舟唱晚》雖產生於近代，但它們的創作模式、音樂風格和表演形式屬於中華民族所固有的，所以屬於傳統音樂。

❓ 中國傳統音樂中的器樂代表曲目有哪些？

中國傳統音樂中最有代表性的曲目當屬古琴獨奏曲《流水》、

二胡獨奏曲《二泉映月》以及民族管弦樂曲《春江花月夜》。下面分別介紹。

1.《流水》——古琴獨奏曲

古琴曲《流水》是一首流傳了數百年的經典作品。在眾多版本當中，川派琴師張孔山的《流水》版本最具特色，也是人們最熟悉的一個版本。這個作品背後還有一段傳說。相傳琴師俞伯牙在一次出使途中在山間偶遇樵夫鍾子期，子期身為一個砍柴人，竟然聽懂了琴聲講述的巍巍高山和洋洋流水，伯牙驚歎不已，與子期結為知音，相約來年再聚。第二年，伯牙來到相約之地，卻驚聞子期已因病離世。伯牙帶着瑤琴來到子期墳前，一首《高山流水》奏畢，哀歎道：「我唯一的知音已不在人世了，這琴還彈給誰聽呢？」[1]遂憤然挑斷琴弦，摔碎瑤琴，從此不再彈琴。

《流水》共分為一個引子、九個段落和一個尾聲，作品的基本框架與中國傳統的「起承轉合」創作思路相吻合。起（1~3），旋律低沉、飽滿渾厚的引子部分引出作品的主題——清澈飄逸的「流水」；承（4~5），這一段技巧豐富，時而輕撫琴弦，似委婉清泉從山間湧出，時而以滾、拂等手法演奏出時高時低、變幻莫測的旋律，似滔滔江水延綿不絕；轉（6~7），用泛音技法演奏出飄逸自由的旋律，似平靜水面的旖旎波光；合（8~9），第5、6段的旋律再次呈現，呼應主題，尾聲清透的泛音將人們帶入充滿遐想的意境之中，回味無窮。

2.《二泉映月》——二胡獨奏曲

《二泉映月》是二胡演奏作品中流傳最廣、影響力最大的一

1　秦·呂不韋《呂氏春秋·本味》，鍾書主編《左傳·呂氏春秋·戰國策》，上海文化出版社，2016年，第265頁。

首，創作者是中國民間二胡演奏家阿炳 (原名華彥鈞)。「二泉」是阿炳當年賣藝的場所——無錫惠山名勝「天下第二泉」。在這首作品中，他彷彿在向人們傾吐內心的苦痛與掙扎，體現了一位飽嘗世間冷暖辛酸的盲藝人內心的不平與怨憤。阿炳的運弓時快時慢、時強時弱，彷彿是複雜心情的表露，書寫了一個生活艱難卻又與命運抗爭的悲涼故事。

作品由引子、六個段落、尾聲構成。樂曲的引子部分非常短小，似是故事前的一聲歎息。主題前半部分音區較低，旋律平穩，後半部分旋律和節奏產生豐富變化，情緒對比強烈。另外五個段落以第一段中的主題為基礎進行變奏，層次複雜。

這首作品在世界樂壇中具有很高的地位，尤其是中國藝術家的演奏，更是把這首曲子的情感演繹得淋漓盡致。

3.《春江花月夜》——民族管弦樂曲

《春江花月夜》是一首深受中國百姓喜愛的民族管弦樂曲。這部作品原是一首明清時期的琵琶古曲，原名為《夕陽簫鼓》，直到 1925 年由中國著名民樂作曲家柳堯章和鄭覲文合作改編為民樂合奏曲，更名為《春江花月夜》，一直沿用至今。經過數代人的傳承，作品最初所表達的離愁別緒和落寞之情逐漸演變為對良辰美景的描繪，生動地描繪了江南水鄉的迷人夜色和寧靜悠遠的心境。

❓ 中國傳統音樂體現了怎樣的包容性？

中國民族眾多，各民族的不同文化在長期的交流中相互影響、吸收，形成繽紛多彩的音樂文化寶庫。中國傳統音樂體系主要由中國音樂、歐洲音樂、波斯—阿拉伯音樂三個體系構成。

1. 中國音樂體系奠定主流

中國音樂體系最鮮明的特徵，是以「宮、商、角、徵、羽」為基本音階的中國傳統五聲調式體系。它綜合了中原文化、草原文化、荊楚文化以及中國其他地區民族音樂藝術成果，從而形成中國多民族共有的音樂體系。

2. 歐洲音樂體系帶來影響

受多民族繁衍和遷徙以及絲綢之路的影響，哈薩克族、柯爾克孜族等都很早就採用了歐洲音樂體系。近百年來，維吾爾族、錫伯族也有一些音樂作品汲取了歐洲音樂體系的元素。

3. 波斯—阿拉伯音樂體系作為補充

波斯—阿拉伯音樂體系中具有很多活潑幽默的元素，中國採用波斯—阿拉伯音樂體系元素的民族主要有：維吾爾族、塔吉克族和烏孜別克族等。

❓ 中國舞蹈起源於何時？

最早的舞蹈是遠古人類生活的一種方式，是生產勞動、戰鬥演習、圖騰崇拜、宗教祭祀等活動的再現。

中國古代一直有舞蹈、詩歌、音樂三位一體的傳統，它們互生互補、相得益彰，對思想情感的表達高度和諧。

中國舞蹈在原始社會是圖騰舞蹈。圖騰崇拜與巫術都屬於中國古代原始宗教信仰，但兩者存在諸多不同。首先從性質上來看，圖騰是原始人類崇拜的偶像，而巫師則是人與神之間的橋樑。其次從活動形式來看，圖騰舞蹈是集體舞蹈，而巫舞則是巫師的單獨表演。第三，從舞蹈的價值來看，在巫術中，歌和舞被作為巫術的手段，用於營造氣氛，而圖騰是民眾通過舞蹈表達

心中的訴求。最後，從舞蹈發展上看，巫舞比原始的圖騰舞蹈前進了一大步，它從比較粗糙的集體舞蹈轉向專業的、個人的舞蹈表演。

在這裏，還值得一提的是中國各民族的民間舞蹈。比如蒙古舞、藏族舞、傣族舞等。中國不同民族在不同的生態環境與歷史文化背景中，創造出不同的舞蹈形式來表達內心情感、再現生活情景，產生了眾多風格獨特、璀璨奪目的民族民間舞蹈。

❓「中國古典舞」是甚麼時候提出的？

中國著名戲曲藝術家歐陽予倩先生在 1950 年首次提出「中國古典舞」這個概念。他最有價值的觀點是，中國古典舞需要從戲曲舞蹈脫胎出來，即從戲曲中保存下來的舞蹈入手，系統整理研究中國的古典舞蹈，從而形成一個獨立的藝術體系。1951 年中國古典舞作為國家文化藝術項目立項，在周恩來總理的關懷下，1954 年成立了北京舞蹈學校，從此中國古典舞以獨立的藝術形式走上歷史舞台，並逐漸完善自身特有的風格。此後中國古典舞不同流派百花齊放，各展芬芳。袖舞、劍舞、敦煌舞、崑舞、漢唐舞等舞種紛紛亮相，推動中國古典舞崛起、繁榮並走向世界。

❓ 中國古典舞的獨特韻味在哪裏？

舞蹈最基本的表達元素是肢體語言，但是中國古典舞的肢體語言不在於外化的手段，而在於內涵的傳遞。中國古典舞的獨特韻味主要在於「身韻」，通過「形、神、勁、律」四個方面來體現。

「形」是指外在的姿態、動作、動作和動作之間的連接、姿態與姿態之間的過渡。

「神」是指內在的靈魂，即舞蹈要表達的情感與思想。我們往

往通過肢體語言去捕捉和感受舞蹈的靈魂，因此舞蹈的「神」是起着主導作用的藝術靈魂。

「勁」就是舞蹈的力度，指舞蹈賦予舞者外部動作的有層次、有對比的處理力度。「勁」不僅貫穿於動作過程中，在舞蹈的結構中也有重要的體現。

「律」就是節奏，包含動作自身的律動性以及它依循的規律。從行業術語來說，動作與動作之間的銜接必須要「順」，這就是所謂正律。為了表現舞蹈的曲折有致，古典舞有時也採用「反律」。

新一代的古典舞老師胡偉、朱兮對中國古典舞造型和肢體語言進行了深入研究，他們概括了中國古典舞在造型上的原則。一是「萬變不離其圓」。這表現了中國舞蹈傳遞了傳統文化中追求圓滿的思想。二是「陰陽向背」。舞蹈中左右兩手常常分別表達陰陽的不同概念，但最後總能歸於統一。三是「三面不統一」。即在中國古典舞中，舞者的頭、身和腳交錯運行，從而產生一種縱橫有度、交錯相宜的美感。

他們還認為中國古典舞在路線上周而復始、循環運行。中國古典舞的運動路線形成了一種獨特的「圓道觀」。「圓道」也就是循環之道。這充分體現了中國傳統文化中最根本的哲學觀念：身段舞姿的求圓體現在諸多環節，動靜要求圓，勢勢都要圓。中國古典舞改變了時空運動的單一「直線結構」，而存在於「環形結構」之中。循環往復、周而復始是中國古典舞人體運動的變化規律和運行軌跡。

同時，中國古典舞在動律上逆行反轉，不守常規。「逆向起動」是中國古典舞在動作設計上最突出的特點，給人一種奇峰迭起、瞬息萬變的效果。古典舞講究動作往來逆順的運動動律和整個過程的走向趨勢，能夠體現人體運動的自然規律，揭示東方人

體文化中對運動的自然之「理」的認識，傳達出對自然萬物生命運動的理解，並身體力行地付諸本民族獨特的藝術實踐中。

❓ 袖舞和劍舞是怎樣的舞蹈？

袖舞是中國古典舞中具有悠久歷史的舞蹈形式。「長袖善舞」就是對它的形象概括。這裏有兩點需要注意：第一個是「袖舞」而不是「舞袖」，因此它不是局部的動作，而是全身皆舞；第二，袖舞中的袖是長袖而非短袖。正因為這兩點，袖舞的造型和效果就特別生動優美。袖舞是通過指、腕、肘、肩的協調而完成的身袖合一的舞蹈，強調以身帶袖，袖隨身走，體現肢體主導、長袖顯形的運動規律。剛與柔表面上看是一種抽象的概念，本質上是人的品格與袖的形質特徵的相互關聯。因此袖舞具有「化」字之妙，微妙之美，變化、演化、幻化乃至無窮的審美意境。

劍舞是中國古代武舞的一種，最晚在西漢時期已經出現，唐代開始盛行。公孫氏的劍舞是歷史上劍舞的典範。宋元以後，劍舞逐漸從舞台消失了。明清的戲曲，給了劍舞廣闊的空間，使劍舞重放光彩。現代的京劇大師梅蘭芳就借鑒太極劍法創造了《霸王別姬》中的雙劍舞，給人留下了深刻的印象。劍舞追求的最高境界是「人劍合一」。劍舞的訓練強化身法運用，強化肢體的表現力和協調性，而不是強化劍法的實用效果。

第五節　曲藝雜談

曲藝是中華民族說唱藝術的統稱，它是將民間文學通過說唱的形式呈現的一種民間藝術。關於說唱藝術的起源，據說可追溯到戰國時期荀子的《成相篇》。說唱，又稱「說書」。《墨子‧耕柱篇》也曾記載：「能談辯者談辯，能說書者說書。」在中國的說唱音樂中，其歌唱部分和說話部分採用的方式是不一樣的。「說」中包括小品、相聲、評書、評話，「唱」中包括京韻大鼓、揚州清曲、東北大鼓、單弦牌子曲、溫州大鼓等；似說似唱有四川金錢板、山東快書等；又說又唱的有山東琴書、徐州琴書等；且說且唱且舞的有東北二人轉、寧波走書、鳳陽花鼓等。

❓ 說唱藝術是怎樣起源的？

因為有着變文的存在，有人認為中國的說唱音樂來源於外來的佛教。這種說法存在爭議，因為民間說唱無本子流傳。

中國最早的曲藝作品可以追溯到戰國時期荀子的《成相篇》，它雖然還不是講故事，但已經是一種當眾說唱的藝術形式。「成相」其實是戰國時期一種流行於民間的吟誦歌謠的藝術形式。《漢書‧藝文志》「雜賦」類中曾錄有《成相歌辭》十一篇，後散佚。現存的《成相篇》三首，是模仿當時民間《成相歌辭》所作。

自漢代以來，敍事歌曲和四六文體在民間流行，人們把已有的歌唱形式與說話形式組合在一起，為說唱藝術提供了條件。

民間的說唱小說，有說夾唱的表演。如唐趙璘《因話錄》中在提到僧文漵「聚眾談說」後，接着就說「教坊效其聲調，以為

歌曲」[1]。從「談説」可以學習歌曲聲調，顯然所謂談説是夾有歌唱的。

現存最早的說唱藝術的文本是甚麼？

中國古代的説唱音樂藝術，講故事是其主要內容，説和唱是其主要形式，有時也用樂器伴奏。後來説唱音樂中「説」的基礎是中國民間敍事詩，在漢代至南北朝達到相當成熟的地步。講故事的説唱，在唐代民間已經很流行。可惜，民間説唱的本子沒遺留下來。敦煌變文是現存最早的説唱本，其最初是含有宗教意味的佛教徒説唱音樂的專門名稱。在佛教變文的名稱傳開之後，民間也就漸漸把變文擴展到非佛教的説唱領域了。

「說書」與「曲藝」有何關係？

簡單地説，説書是曲藝中的一種形式，二者之間是子屬關係。説書操作簡單又富於表現力，反映現實，許多熟悉的歷史故事和民間傳説被改編為説書的腳本，備受人們喜愛。除説書之外，曲藝還包括大鼓、評書、相聲、單弦、彈詞、墜子和二人轉等多種百姓喜聞樂見的藝術形式。

如《老殘遊記》中「明湖居聽書」一節中的「書」指的是梨花大鼓，書中記載了梨花大鼓在當時濟南府明湖演出的盛況。這種説書方式，用一面鼓、兩片犁鏵片（後因為諧音改叫「梨花」）做道具，演説的內容往往是一些前代名人的故事。主人公王小玉就是一個著名的説唱藝人，她在説唱藝術中汲取了京腔、崑腔小調等，創造出了梨花大鼓的新調式，説唱藝術爐火純青。

1　唐‧趙璘《因話錄》卷四角部，《唐國史補‧因話錄》，上海古籍出版社，1979年，第94頁。

❓ 相聲是怎樣逐漸發展而成的？

相聲是一種以說為主的民間曲藝形式。明朝開始盛行於民間，流行於京津冀地區，普及海內外。後來逐漸從一個藝人摹擬口技為主發展成為單口說話，從此稱為「相聲」。後由單口相聲發展出對口相聲、群口相聲等多種形式。

相聲是一種扎根於民間，來源於生活，深受群眾歡迎的曲藝表演形式。據記載，最早成為專業相聲藝人的是清朝道光咸豐年間的北京民間藝人張三祿。此後相聲藝術的發展經歷了一個繁榮時期，門派林立。20 世紀末，以侯寶林、馬三立為首的一代相聲大師相繼隕落，相聲藝術陷入低谷。21 世紀，在網絡影片等新興媒體的推波助瀾下，相聲藝術又有了進一步發展。

2008 年，在國務院頒佈的第二批國家級非物質文化遺產名單中，相聲名列其中。

❓ 京韻大鼓是怎樣逐漸發展而成的？

京韻大鼓又叫「京音大鼓」，屬於鼓詞類的曲藝音樂。京韻大鼓發源於清末的京津冀地區。

民間藝術家劉寶全對傳入京津地區的河北木板大鼓進行了改進，以北京語音聲調作為說唱的標準，又先後吸收了石韻書、馬頭調和京劇的部分唱腔，創造了新的腔調，專攻短曲，京韻大鼓由此問世。因此被稱為「鼓王」的劉寶全先生一直被認為是京韻大鼓的代表人物。

京韻大鼓在流傳的過程中還曾經出現過不少的名字，比如當時在北京稱為「京調大鼓」、「小口大鼓」、「音韻大鼓」，在天津則被稱為「衛調大鼓」和「文武大鼓」。直到 1946 年，北京成立曲藝公會後，「京韻大鼓」之名才最終確定。

❓蘇州評彈有怎樣的前世今生？

蘇州評彈是評話和彈詞的總稱，是流行於江南水鄉的一種具有代表性的地方劇種。它起源於蘇州，吳儂軟語是蘇州評彈在語言上的突出特色，至今已有四百多年的歷史。蘇州評彈形式上是徒口說唱配以優美婉轉的樂曲。因為鮮明的地方特色，備受江、浙、滬地區的人們喜愛，四百多年來長盛不衰，名家輩出，流派紛呈。

最著名且具有代表性的評彈藝人是為乾隆皇帝演唱過評彈的演奏家王周士。

評話和彈詞在內容和形式上也有所不同：評話內容多為歷史演義和俠義故事，在演出形式上通常是一人登台開講，演出中常穿插一些妙趣橫生的笑料；而彈詞在內容上大多是兒女情長的傳奇小說和民間故事，在演出形式上一般由兩人說唱，演出者上手持三弦，下手抱琵琶，自彈自唱。蘇州評彈，因其輕便靈活的形式、優美動聽的音樂、動人心弦的內容、生動傳神的說唱，贏得了廣大群眾特別是江南民眾的喜愛，也被海外華僑視為鄉音的代表。

2008 年，在第一批國家級非物質文化遺產擴展項目的名單中，蘇州評彈赫然在列。

第七章

生活擷英

　　浩浩中華史，上下五千年。我們無法呈現中華傳統文化生活的全部內容，只能擇其要點，由幾條線索做一個梳理，藉此找到生活與文化之間的相關性，彰顯中華民族生活中傳統文化的魅力。

　　中醫是傳統文化的瑰寶，它包含着先民同疾病進行鬥爭的豐富經驗，也蘊含着他們對生命、生命與自然的關係的體驗和認知，而且其中有許多的奧祕至今無法用語言闡述清楚。隨着現代科學的發展，中醫的祕密不斷被發現和挖掘，中醫不僅沉澱了一系列有關養生保健的理論知識，還形成了大量行之有效的知識體系與技能。

中國武術，不僅可以幫助人們抗擊外來侵擾，而且可以強體健身，延年益壽，具有悠久的歷史和廣泛的群眾基礎。它簡單實用，門派眾多，體系清晰，影響廣泛，形成了不同風格的實踐成果和理論體系，浸透着傳統文化的智慧和鮮明的民族特色。

東方飲食文化源遠流長，我們的祖先為中國的飲食增添了豐富的內容，形成了獨具魅力的飲食文化。炎黃子孫將飲食變成美妙的享受，進而把它上升到文化層面。

第一節　中醫精要

中醫是歷代人民同各種疾病作鬥爭的智慧結晶，是在古代樸素的唯物論思想的引領下，研究人體生理、病理以及疾病的診療和防治的一門科學。中醫作為相對於現代西醫的一種概稱，泛指中國傳統的醫學。這一傳統國粹在世界醫學史上，具有獨特的地位和重要的影響力。

千百年來，中醫藥學一直有效地指導着中國古代人民的防病治病、養生保健，為中華民族的生存和發展做出了巨大貢獻。即使在科技突飛猛進的今天，中醫仍以其特有的理論和神奇的診療效果，奠定了它在醫學科學中的重要地位，深受勞動人民的信任和喜愛。隨着科技的深入發展，中醫的神祕面紗逐步揭開，它的價值與優勢不斷得到展現，在世界醫學的大舞台上，越來越大放異彩。

❓ 中醫是怎樣產生的？有哪些代稱？

中醫產生於原始社會，經過歷代傑出醫藥學家不斷探索和總結，形成了具有獨特理論風格和診療特點的醫學體系。春秋戰國到漢代，是中醫理論奠基階段。漢代以後，中醫在治療經驗、治療理論等方面得到了進一步完善。明清以來，中醫理論更趨豐富完整，如葉天士的「衛氣營血」等論斷，至今仍指導着中醫臨牀實踐。

在西醫未傳入中國時，並無「中醫」之稱，與「中醫」相關的稱呼有「岐黃」、「懸壺」、「杏林」、「大夫」、「郎中」等。

第一個稱呼叫「岐黃」。相傳黃帝和臣子岐伯、雷公等探究醫術，以問答形式記錄成專著《黃帝內經》，又稱岐黃之術，該專著對後世中醫發展影響極大，故「岐黃」成了中醫最早的稱呼。

第二個稱呼為「懸壺」。傳說一老翁專職賣藥，竹竿上面總是高高地掛着一個葫蘆，他的藥無比神奇，藥到病除。此後，有人就把「懸壺」(壺即葫) 作為行醫的代稱。

第三個稱呼為「杏林」。相傳三國時期名醫董奉治病不收錢，只要求治癒的病人種杏樹。幾年後，杏已成林，碩果纍纍。他又告訴病人，以穀換杏，換來的穀子救濟貧民。人們有感於他的醫術醫德，便以「杏林」代指良醫。

第四個稱呼為「青囊」，本指古代醫家裝醫書的布袋。據傳三國時期，華佗落獄臨死前，為報答一個獄吏的善待之恩，將自己裝滿醫書的布袋相送，該獄吏後來改行行醫。此後，人們用「青囊」借指醫術、醫生。

第五個稱呼為「橘井」。傳說漢朝有個道士名叫蘇耽，成仙前告訴母親一個祕密：家鄉來年有瘟疫流行，用院中井水泡橘葉煎湯服用即可痊癒。第二年，瘟疫流行，這法子果然奏效，而「橘井」也就逐漸成為良藥之典的代稱了。

❓ 中醫的基本原理與主要治療方法有哪些？

中醫的最重要的特點是整體觀，它強調「天人合一」、「形精合一」的整體意識。與西方醫學理念相比，中醫更追求從整體的角度看待病理問題，重視人和自然的統一性。

中醫的第二個特點是「辨證論治」。「辨證」強調診斷疾病的過程中通過綜合分析從而做出正確的診斷。「論治」即根據診斷，確定相應的治療疾病的原則、方法、藥物等。

診斷疾病的望聞問切「四診法」相傳是春秋戰國時期神醫扁鵲在總結了前人經驗的基礎上提煉出來的。望診：要求對病人的神志、皮膚、四肢、五官、舌苔等進行仔細的觀察，從而獲得第一手的體徵資料。聞診：包括聽聲音和嗅氣味。聽病人說話、呼吸、咳嗽、噯氣等聲音，聞病人各種分泌物的氣味。問診：在望、聞的基礎上，醫生提問了解病人的發病時間、發病經過、主要症狀，還要詢問病人的既往病史、家族病史等。切診：中醫的切診以切脈為主，醫者用手按橈動脈部位，根據動脈搏動情況來辨證疾病。

中藥的氣亦稱性，中藥的氣和味說的就是中藥的性質和滋味。中藥的「四氣」包括寒、熱、溫、涼。中藥的「五味」包括酸、苦、甘、辛、鹹。中藥的四性就是根據臨牀使用療效反覆驗證後總結提煉出來的；中藥的五味不僅僅是藥的滋味，也涉及到藥物的性能。

❓ 中醫歷史上有哪些名醫？

1. 扁鵲：中醫醫祖。他是戰國時期名醫，姬姓，秦氏，名緩，字越人。他在醫學上最大的貢獻就是在前人的基礎上提煉出來「望、聞、問、切」的診斷方法，奠定了中醫診斷學的基礎。

2. 張仲景：中醫醫聖。他名機，字仲景，是漢末著名醫學家，寫出了著名的醫學專著《傷寒雜病論》。此書的價值在於首開辨證論治之先河，並由此奠定了中醫治療學的基礎。《傷寒雜病論》被稱為中國傳統中醫藥學的「萬世寶典」。

3. 華佗：字元化，東漢末年著名醫學家，中國傳統外科醫學的開拓者，民間稱他為外科聖手。他用「麻沸散」成功實施手術，是世界醫學史上最早應用全身麻醉進行外科手術並成功的案

例。他還是用於強體健身的古代健身操「五禽戲」的創編者。

4. 皇甫謐：字士安，自號玄晏先生，魏晉時期著名醫學家。他的醫學專著《針灸甲乙經》，是中國第一部針灸專著，書中詳細記載了人體各部穴位的適應症和禁忌症。

5. 葛洪：字稚川，東晉醫藥學家，傳染病預防醫學的先導者。他在傳染病預防和製藥方面有許多重要的發現和發明，對部分傳染病的病因、傳染性、治療方法有科學的獨特見解，這在當時十分難能可貴。

6. 孫思邈：中醫藥聖，唐代著名醫學家和藥物學家。他一生主要致力於臨牀藥物研究，其著作為《千金要方》。該書分類記載藥方6500個，可以看作中國最早的臨牀醫學百科全書，對後世影響極大。

7. 錢乙：兒科之祖，字仲陽，北宋著名兒科醫學專家。他去世後，他的學生收集整理了他重要的醫案和臨證經驗，輯成《小兒藥證直訣》三卷。該書系統總結了小兒病患的辨證論治方法，被後人視為兒科醫學的開山之作。

8. 朱震亨：字彥修，元代著名醫學家。他倡導的著名中醫養生論斷是「陽常有餘，陰常不足」[1]，申明人體陰氣之重要，後世稱之為滋陰派創始人。

9. 李時珍：字東璧，晚年自號瀕湖山人，明朝著名醫藥學家。他用畢生精力，歷時三十餘年，完成了巨著《本草綱目》，達爾文譽之為「中國古代百科全書」。此書被譯成十餘種文字，流傳於世界各地，被奉為醫學聖典。

10. 葉天士：名桂，號香岩，清代著名醫學家。他對內、

1　元·朱震亨《陽有餘陰不足論》，魯兆麟等點校《格致餘論》，遼寧科學技術出版社，1987年，第1頁。

外、婦、兒、五官各科無所不精,是典型的全科醫生,也是溫病學派奠基人物。

❓ 中醫有哪些關於增強體質、預防疾病的方法?

早在兩千多年前,《素問·四氣調神大論篇》中就很注重「聖人不治已病治未病,不治已亂治未亂」[1]。這裏的「治未病」就包括未病先防與即病防變兩方面的意思。

1. 心態平和。重視精神調養。強烈的反覆的精神刺激,會引起人體氣機紊亂、氣血陰陽失調而發生疾病。如能做到恬淡虛無,平心靜氣,精神快樂,那麼人體的氣機就會暢通,氣血趨向平和,正氣越來越旺盛,自然會減少疾病的發生。

2. 飲食起居。《素問·上古天真論篇》云:「食飲有節,起居有常。」[2] 飲食講究均衡的營養,均衡在先,營養在後,避免飲食不節、不潔、偏嗜。

3. 適量運動。「動則不衰」是中醫養生的傳統觀點。中醫認為應該掌握動靜結合、持之以恆、運動適度、循序漸進、因時制宜、因人制宜的原則。

4. 針灸保健。中國古代先民在很久以前就學會了用針灸方法強身健體,即用毫針刺入人體的某些穴位,激發經絡,調和陰陽,促進新陳代謝,全面調節臟腑機能,起到強身防病作用。

---

1 《素問·四氣調神大論篇》,《黃帝內經》(上),時代文藝出版社,2001 年,第 6 頁。

2 《素問·上古天真論篇》,《黃帝內經》(上),第 3 頁。

第二節 武術搏擊

武術又稱「國術」、「武藝」、「中國功夫」等，它歷史悠久，普及性廣，是中華民族的優秀文化遺產之一。在長期的歷史進程中，武術的形成和發展凝聚着歷代勞動人民的智慧，形成了鮮明的民族體育特色。

秦漢時期，手搏、劍道等項目盛行。唐代始興武舉，把武術納入科舉範疇，標誌着武術從民間進入官府，客觀上促進了全民練武活動的開展。宋代，民間陸續出現了使拳、踢腳、弄棒、打套子等表演，宮廷中則有槍對牌、劍對牌等對練項目。這些對練項目一是加強宮廷安保，一是為了給皇帝娛樂表演。明清時代，武術已經蔚為大觀，拳種流派林立，「十八般武藝」及各家拳法，無論是在朝廷還是在民間，都廣泛流傳。

❓ 甚麼是武術和搏擊？甚麼是武術套路？

武術是以技擊動作為主要內容，以套路、格鬥、功法為運動形式，注重內外兼修、充分體現中國文化中外圓內方、攻守有度的中國傳統體育項目。

搏擊即搏鬥打擊。在現代的體育運動項目中，已將「搏擊」定義為徒手的競技運動項目，它有廣義和狹義之分。廣義的搏擊指現今公認，也比較流行的搏擊類運動項目，有中國武術中的散打和截拳道、日本的空手道和柔道、韓國的跆拳道、泰國的泰拳、巴西柔術及拳擊、自由搏擊等。狹義的搏擊就是格鬥。中國傳統武術中的技擊，就是搏擊之術。

武術起源於人們的日常生活與生產實踐，體現了歷代勞動人民的執着、智慧與探索精神，浸透着傳統文化的睿智，並逐步發展成為中國傳統體育項目之一。

武術的基本技術主要包括武術的技法、功法和基本動作，掌握武術技術是提高運動水平的基本方法。

武術套路，即武術運動的主要形式，也稱「套」或者「套子」。大多由 4 段或 6 段組成，在結構上有起勢和收勢。競賽套路一般分為以下幾種類型：規定套路、自選套路、傳統套路、對練套路等。

❓ 武術的基本技法有哪些？

四擊：拳術術語，包括踢、打、摔、拿四種技擊方法。其中「踢」是腿法，包括蹬、踹、彈等具體動作及要領；「打」是拳法，包括衝、撞、擠等具體動作及要領；「摔」是摔法，也稱跌法，包括捌、揣、滑等具體動作及要領；「拿」是擒拿方法，包括刁、拿、鎖等具體動作及要領。

六合：指的是六種重要的武術技法要領，主要涉及手、眼、身、精、氣、神六個概念。其中手、眼、身相合為「外三合」，精、氣、神相合為「內三合」，總稱「六合」。六合之說形成之後迅速流傳，逐漸為不同流派所認同和採用，形成武術界的共識。

八法：武術術語，是指武術運動中的八種主要技術方法。包括手、眼、身法、步、精神、氣、力、功八種，操作要領都有具體的要求。八法拳訣是：拳似流星眼似電，腰如蛇行步賽粘，精要充沛氣宜沉，力要順達功宜純。總之，要求精神集中，動隨神走，心到神知，動作到位。

十二型：武術術語，指武術運動中的十二種運動形態，包括

動、靜、起、落、站、立、轉、折、輕、重、快、慢等十二種。古人特意用了如下的比喻來形容，可謂形象生動，深入淺出：動如濤，靜如嶽，起如猿，落如鵲，站如松，立如雞，轉如輪，折如弓，輕如葉，重如鐵，快如風，緩如鷹。以此來要求技術動作形神兼具，體現內外兼修的傳統文化。

❓ 武術的拳種有哪些？

武術拳種的劃分目前最流行的有兩類，一類是按地域劃分，有「南派」、「北派」之說；一類是按拳種風格來劃分，有「內家」、「外家」之說。實際上，中國武術的拳種內容十分豐富，流派眾多，體系龐大，根據近年全國武術挖掘整理工作中的統計資料表明，境內流傳至今的傳統拳種已達到一百三十多種，其中比較著名的有：長拳、查拳、花拳、紅拳、華拳、南拳、虎拳、猴拳、戳腳、醉拳、詠春拳、太極拳、硬門拳、形意拳、八卦掌、通背拳、三皇炮捶等等。

❓ 「十八般武藝」是指甚麼？

「十八般武藝」本來是指使用十八種兵器的技藝，後來引申為泛指多種武藝。中國古代兵器種類繁多，遠不止十八種，為甚麼傳統說法中常有十八般兵器的說法呢？南宋著名的軍事理論家華岳的《翠微北征錄》曾有這樣的描述：「臣聞軍器三十有六，而弓為稱首；武藝一十有八，而弓為第一。」由此可見兵器概貌，特別是弓箭在古代兵器中的獨特作用。元朝之後，「十八般武藝」開始被廣泛用於戲曲和小說之中，而且含義不斷被演繹；後來還出現過「九長九短」、「六短十二長」，以及「大十八般」、「小十八般」等對十八般武藝的不同說法。綜上所述，取多數人公認的解

釋，較為常見的是「刀、槍、劍、戟、斧、鉞、鈎、叉、鐺、棍、槊、棒、鞭、鐧、錘、撾、拐子、流星」。

❓ 中國歷史上最有影響的十位武術家是誰？

越女：女劍術家。春秋後期越國（今浙江紹興一帶）人。本無名氏，因越王勾踐加號為「越女」而得名。

關羽（?–219）：武功赫林，刀術蓋世，忠義為本。東漢末年因打抱不平，亡命涿郡，與劉備、張飛結為金蘭之好，「寢則同牀，恩若兄弟」。

郭子儀（697–781）：唐代大將。華州鄭（今陝西省渭南市華州區）人。自幼習武學文。因武功精湛，唐玄宗天寶年間為武進士，歷任天德軍使、九原郡太守、兵部尚書、中書令等職。

岳飛（1103–1142）：民族英雄。字鵬舉。相州湯陰（今屬河南省安陽市湯陰縣）人。他武藝高強，建立了一支紀律嚴明、作戰驍勇的「岳家軍」。

張松溪（生卒年不詳）：內家拳主要代表人物。明代嘉靖年間鄞縣（今屬浙江省寧波市鄞州區）人。《寧波府志‧張松溪傳》記載：他曾拜孫十三老為師，學得內家拳法，擅長搏擊，內家拳藝享譽江南。

戚繼光（1528–1588）：明代抗倭名將，著名軍事家，民族英雄。字元敬，號南塘，又號孟諸，登州（今山東省蓬萊市）人，生於山東濟寧。戚繼光出生於武術之家，是將門之後，自幼隨父習武，漸有所成，爐火純青。十六歲時戚繼光襲武職登州衛指揮僉事，屢建奇功。

袁崇煥（1584–1630）：明末抗清英雄。字元素，廣東省東莞市人。自幼習文練武，為人慷慨，富謀略，好談兵。明萬曆

四十七年中武進士，初授福建省邵武知縣。

陳王廷（1600–1680）：武術家，陳式太極拳創始人。亦名王庭，字奏廷（庭）。河南省焦作市温縣人。自幼習文學武，文武雙全，明末時為文、武庠生。承祖傳武術，拳械皆精。

董海川（約1813–1882）：八卦掌創始人，另一説法是八卦掌主要傳人。原名明魁，又單名海，字海川。祖籍山西省洪洞縣，在河北省文安縣長大。自幼習武，嗜武成癖，豪爽聰慧，勇冠鄉里，技藝精湛。

霍元甲（1868–1910）：清末愛國武術名家、迷蹤拳大師。字俊卿，綽號「黃面虎」。祖籍河北省滄州市東光縣，在天津市靜海縣長大。霍元甲生於武術世家，又多方訪賢問道，汲取百家之長，棄其所短，武功日益精湛，終於將迷蹤拳發展為迷蹤藝，完成了從技擊到藝術的完美嬗變。

❓武術重要典籍有哪些？

《手搏》：中國古代專門記述徒手搏鬥技術的書。作者不詳。班固《漢書·藝文志》中有著錄此書，凡六篇。班固認為手搏屬「習手足」之類技擊技術。因此可以將此書看作迄今為止中國最早的一部拳術古書。

《古今刀劍錄》：中國古代專門記述刀劍及其使用的兵器專著，作者為梁陶弘景。該書記載了從夏禹至梁武帝時期歷代帝王所用之刀劍，為研究中國刀劍工藝提供了珍貴史料。

《角力記》：中國古代有關角力與拳術的專著。產生於五代十國到宋初這段時間，宋代鄭樵所撰的《通志·藝文略》有著錄，但未提及作者。

《武編》：中國古代討論武藝的兵書。明唐順之編撰，分前

後兩集。前集主要內容是戰術兵法，計54門；後集記錄古代戰事，分計133門。前集中第五卷集中闡述了牌、射、火器、弓等各種兵器。

《武備要略》：中國古代武藝兵書。明程子頤撰，崇禎年間有刻本行世。該書最大的價值是收集保存了許多古代珍貴的武術資料，深入淺出，圖文並茂，形象生動，記述詳備。

《紀效新書》：中國古代著名兵書。明戚繼光著，十八卷正文，卷首一卷。該書為戚繼光任浙江參將期間抗倭練兵時之作；文字通俗，每篇皆配以圖說，所載皆其行兵佈陣征戰實用有效之法，故以「紀效」為書名。

《易筋經》：中國古代武術內功專著。明天啟四年（公元1624年）問世，一說為天台紫凝道人假託達摩之名所作。簡單地說，《易筋經》就是改變經絡的閉塞不通現狀，通過修煉丹田之氣打通全身經絡的內功方法。

《內家拳法》：中國古代介紹內家拳的武術專著。作者是清代的黃百家，闡述了內家拳的精要與獨到。

《無隱錄》：中國古代著名武藝專著，為明末清初著名武家吳殳先生晚年之作，可謂傳統武術之集大成者。

《雙劍譜》：中國古代劍術專著。作者王守一（河南南陽人）、葛乃周（河南滎陽人），成書於清乾隆四十五年（公元1780年）。該書以圖文並茂的方式精妙地敍述了作者創編《雙劍譜》的經過和特點。深入淺出，注釋鮮明，是一部不可多得的劍術典籍。

第三節　養生保健

　　養生保健的思想在中國起源很早，在夏朝之前，人們就知道用舞蹈疏通經絡，預防關節疾病。先秦時期，已產生了系統的養生理論著作，即《黃帝內經》。此後的醫學家和養生家們的養生思想都在《黃帝內經》的基礎上產生，但他們又進一步對養生理論和實踐措施進行了挖掘和拓展，形成了具有中國傳統特色的保健養生體系。

　　源於中華民族生息繁衍的客觀需求，人們歷經數千年的探索，不僅積澱了一系列有關養生保健的理論知識，還創立了大量行之有效的養生保健、延年益壽的實踐知識與技能，如吐納、導引、太極拳、食療、藥膳等。實踐證明，中華養生具有確切的保健功效，如針灸、推拿等除了有治病功效外，也成為保健養生和預防疾病的常用方法。伴隨着科學的發展與社會的進步，預防、保健和康復等養生手段，越來越受到世人的青睞。

❓ 中華養生為甚麼強調「天人相應」？

　　在中國傳統文化中，「天人合一」是一個非常重要的概念與共識，即人與自然、人與環境只有達到和諧相處，順應天時，保健養生、健康長壽才可能實現。中國古代醫學經典《靈樞》對這一點有非常精闢的闡述：「春生、夏長、秋收、冬藏，是氣之常也，人亦應之。以一日分為四時，朝則為春，日中為夏，日入為

秋，夜半為冬。」[1] 説明養生要順應一年四季的變化，也要尊重一日四時的起居規律。

中國傳統醫學把人與自然看作一個整體，強調「天有所變，人有所應」，提倡要適應自然環境的變化，才能有效避免外邪侵襲。《靈樞·本神篇》反覆告誡人們，要「順四時而適寒暑」[2]。醫學經典《素問·四氣調神大論》明確提出「春夏養陽，秋冬滋陰」[3] 的時序養生原則，同時指出「虛邪賊風，避之有時」的預防觀點，這種防病養生的思想對後代預防醫學和保健養生都帶來重要啟示。

❓ 古老的中華養生有何方法？

1. 精神調攝

傳統醫學把心安看作是養生的第一要素。最早的醫學著作《黃帝內經》就提出了「恬淡虛無，真氣從之，精神內守，病安從來」[4] 的養生思想。這就是強調精神調養對人體健康的重要性。只有做到清心安神，健康長壽才可能實現。反之，情緒暴躁，反覆無常，過度喜怒哀樂，都會對人體臟腑功能產生干擾，導致身體自然節奏的紊亂。

2. 運動養生

養生保健功法種類繁多，有五禽戲、八段錦、太極拳、放鬆功、內養功、強壯功、意氣功、真氣運行功法、空勁功、形神樁

1　清·黃元御《靈樞懸解·順氣一日分為四時》，《素問懸解 靈樞懸解 難經懸解》，山西科學技術出版社，2012年，第466頁。

2　《靈樞·本神篇》，《黃帝內經》（下），第391頁。

3　《素問·四氣調神大論》，《黃帝內經》（上），第6頁。

4　《素問·上古天真論篇》，《黃帝內經》（上），第3頁。

等等。這些功法有動有靜，合理應用，不僅能增強體質，提高免疫力，有效預防疾病，而且對一些慢性疾病有一定的治療和恢復作用。

3. 飲食調養與藥膳

中醫學的飲食理論認為，食物具有氣和味的特點。食物不僅滋養人體，也可以調整人體的氣血、陰陽。適宜的飲食、豐富的營養既可以養精補形，又可以調節陰陽平衡。這不但保證機體健康，而且也是防病治病的重要方法。近年來，隨着人們對藥膳與食療的喜好和需求，藥膳食療業已展現出廣闊的發展前景。

4. 推拿保健

針、灸、推拿按摩不僅是中醫治療的手段，也是養生保健的重要方式，三者常配合使用。

5. 睡眠養生

充實高品質的睡眠是現代人最容易忽視的，清朝著名的文藝理論家李漁曾告誡人們「養生之訣，當以睡眠居先，睡能還精、養氣、健脾益胃、壯骨強筋」。[1]

❓ 中華養生保健有哪些論著？

1.《黃帝內經》

《黃帝內經》也稱《內經》，由《素問》和《靈樞》兩部分組成，不僅是中醫第一寶典，也是養生第一寶典，是中國現存最早的醫學典籍。它在醫學方面所闡發的人與天地相應的思想、臟腑經絡學說、治療法則、整體觀念，為中醫學理論奠定了基礎，至今依

1　清·李漁著《閒情偶記》(下)，時代文藝出版社，2001 年，第 531 頁。

然是中醫的學習教材，被稱為「醫之始祖」。

2.《養生三要》

作者是清代醫學家袁開昌，本書集 20 餘種醫學經典著作及 30 多位醫家的論述於一書，是養生經典之集大成者。

3.《閒情偶寄》

明末清初文藝理論家李漁所著，其中有「頤養」部，主要論及養生等內容。該書自康熙十年（公元 1671 年）刊刻以來，一直備受矚目，它用輕鬆優美的文筆闡述了富有生活哲理的養生知識，因此成為養生學的經典著作。林語堂曾對該書給予極高的評價，讚揚該書是「中國人生活藝術的指南」[1]。

4.《食療本草》

作者孟詵，唐代醫藥學家，精通醫藥和養生之術。此書後經張鼎增補改編，在民間廣泛流傳，是中國古代比較系統、全面的食療專著。

5.《養性延命錄》

作者南朝陶弘景。全書分上下兩卷，包括教誡、食誡、雜誡、服氣療病、導引按摩等內容，記載了部分養生保健的方法和依據，包括情志調攝、飲食起居、保健和治療方法等。

6.《東坡養生集》

明清之際王如錫輯。以養生為視角，系統地收集了蘇軾及同時代人關於養生的精妙見解，不僅關注了蘇軾在醫藥、服食等方面的實踐與探索，更強調了蘇軾在精神調養方面的思考與嘗試。

1　林語堂著《吾國與吾民》，群言出版社，2010 年，第 295 頁。

7.《老老恆言》

清朝秀才曹庭棟撰寫，是老年養生的寶典。全書共五卷，本書延續了《黃帝內經》的養生思想，主要體現在「首在養靜」、「順應自然」等幾個方面。

8.《修齡要指》

作者是元末明初醫學家冷謙，這是一部中醫養生學專著，也是中國古代健身與氣功學的代表作。

9.《壽親養老新書》

宋代陳直撰，元代鄒鉉續增。這是一部以老年人養生為主題，詳細敍述修身養性、介紹藥物治療與飲食調理、按摩穴位等保健內容的養生專著。

❓「治未病」的原理與太極拳有甚麼關聯？

「治未病」的說法來自《素問‧四氣調神大論》，其特殊價值在於體現了中醫預防醫學的深刻思想內涵。這種預防為主的思想，將養生和預防疾病緊密地結合在一起，對後人有極大的指導意義。

人體本身有一套非常完整的自我調節系統，可以保證人體內的各種功能都按正常秩序運行。人體內環境有三種調節：神經調節、體液調節、各臟器組織的自我調節。人體的免疫力就是因為有這些調節功能在發揮作用。「治未病」思想的高明之處，實際上就是充分調動人體的自身功能，增強免疫力，來保障或者提高健康水平。

太極拳是對人體內、外環境都起調節作用的一種運動形式，是主動、積極的調整手段。其動作根據太極兩儀，巧妙地再現和

處理陰陽、動靜、升降、開合之理，演化出動中求靜，靜中求動的各式太極拳，並且以腰為軸，上下相隨，周身組成一個整體的定式。動作要求身心並練，姿勢如行雲流水，在運動中要求心靜用意，以意引動，動作與呼吸自然協調，在高級的審美享受中，強身健體。

第四節　茶藝美食

中國傳統文化源遠流長，各行各業都有其特定的文化內涵，而飲食作為日常生活之必需，也有着自己獨特的魅力。西方人把吃飯看作生存的條件，因而更注重飲食的營養價值；而中國人往往把吃飯看作是一種享受，因而我們的祖先就不僅重視飲食的營養價值，而且更加重視它的審美價值。相對於西式速食，傳統中餐帶給人們味覺、視覺方面的享受是無與倫比的。

茶在中國人的日常生活中佔據着非常重要的地位，茶文化是中國文化內涵的一種具體表現。酒文化也是中華文明的有機組成部分，中國已有數千年的釀酒史，不僅是世界上釀酒最早的國家之一，而且也是名酒最多的國家之一。

❓中國的「十大名茶」以及飲茶的講究有哪些？

中國是茶文化的發源地，是世界上最早種茶、製茶、提倡飲茶的國家。中國名茶品類眾多，至少在長江以南，幾乎每個地區都有自己的地方品牌。享譽全國的名茶就有幾十種，所謂中國「十大名茶」，其實有多種說法，不同時期、不同評價組織、不同媒體所推崇的「十大名茶」有所差異，認可度比較高的主要有以下幾種：西湖龍井、君山銀針、武夷岩茶、安溪鐵觀音、洞庭碧螺春，還有信陽毛尖、黃山毛峰、六安瓜片、祁門紅茶、雲南普洱、江西雲霧、福鼎白茶、湖南黑茶等。

中國古人飲茶，早已經脫離了止渴的基本需求，而是更加注重於一個「品」字，講究的是一種情趣。茶葉的種類大體可以分

為綠茶、青茶、白茶、黑茶、紅茶、黃茶和花茶七大類。

科學研究表明，適當飲茶能降低心腦血管發病風險，它的科學原理就在於茶水中含有一種叫作茶多酚的活性物質，具有解毒、抗輻射和抗氧化的作用，其功用還包括消除疲勞、提神明目、消食減脂、利尿解毒、預防齲齒、消除口臭等等。

茶雖然有很多功效，但是並不適合所有人飲用，也不是所有的時間都可以喝茶。飲茶還是有些規矩和講究的，比如兒童和孕婦、有胃病的人、體寒的人、有心臟病的人都不適宜飲茶，特別不宜飲用濃茶。同時也不能喝過夜茶，不能空腹喝茶，不能和藥物同時服用，酒後不宜喝茶，飯前、飯後半小時不宜喝茶等等。

❓ 中國古代有哪些名酒？酒的品質是由甚麼決定的？

中醫認為，適當飲酒能通經脈、行氣血、活筋骨、除疲勞，有益於身體健康，甚至可以起到防病治病、保健養生的作用。在中國民間，農事節慶、婚喪嫁娶、生日壽慶、祭奠祈福、慶功盟誓、迎送賓客等民俗活動中，酒都成為必需品。決定酒的品質的主要因素有色、香、味、潔、格等。

中國古代的名酒有：

1. 女兒紅：又名「花雕酒」，是糯米酒的一種，主要產於中國浙江紹興一帶，是紹興傳統名酒。在以前紹興一帶有一種很流行的習俗——生女必釀「女兒酒」。「女兒紅」用優質糯米、麥麴做原料，色如琥珀，醇厚甘鮮，回味無窮。

2. 狀元紅：本名龍泉紅酒，清代雍正年間，上蔡人探花程元章時任總督、巡撫，建議皇上品嚐，皇上飲後連連稱讚，並下令此後凡考中狀元者，必以此酒宴請賓客，此後「龍泉紅酒」便更名為「狀元紅酒」。

3. 竹葉青酒：以優質汾酒為基酒，在汾酒中配以十餘種名貴藥材，採用獨特生產工藝加工而成，具有保健養生之功效，是傳統保健名酒。

4. 桑落酒：產自山西永濟市，距今已有 1600 年歷史，多以優質的高粱、豌豆、綠豆等為原料，經過蒸餾、發酵、勾兌等各項工序，貯藏一年後方可飲用。因用桑落泉的泉水釀製，味道獨特，是中國傳統名酒之一。

5. 屠蘇酒：是中國古代釀製的一種藥酒，往往在春節時飲用，故又名歲酒。屠蘇是古代的一種房屋，釀酒常常在這屋子裏完成，故稱屠蘇酒。據說該酒是漢末名醫華佗創製而成的，其配方主要有大黃、白術、桂枝、防風、花椒、烏頭、附子等，由中藥入酒浸製而成。

6. 杜康酒：據說因杜康釀造而得名，後來杜康居住的這個村子家家釀酒，於是這個以酒聞名的村子就叫杜康村，成為中國酒文化的一個地方標誌。杜康村位於河南省洛陽市南 35 公里處，因酒聞名，吸引了古今中外無數名人對它謳歌讚頌，擴大了酒文化的影響力。

❓ 中國飲食文化中的境界和特點有哪些？

飲食境界是中國古人對飲食文化的一種分析。古人將飲食分為果腹、饕餮、聚會、宴請、養生、解饞、覓食、獵奇八種境界。不同的境界，飲食的規格和規矩都有所不同，例如，滿漢全席，本來是清朝宮廷中滿漢兩種不同風格融合起來的一套菜，菜品的數量、品種、規格、烹飪技術，還有在正規宴席上，菜怎麼吃、甚麼時候吃等等，都有一套嚴格的程序。

與西方人相比，中國人飲食以熱食和熟食為主，水也要喝熱

水或者開水，特別是泡茶，水的溫度就十分講究。中國的飲食文化包括食物原料選取的廣泛性、進食心理選擇的豐富性、食品製作的藝術性、不同歷史時期的傳承性、各區域間飲食文化的通融性等等。

菜品注重色、香、味兼備，注重食醫合一、飲食養生、本味主張、孔孟食道等思想。

❓中國「八大菜系」各有甚麼特色？

中國八大菜系包括：魯菜、川菜、粵菜、閩菜、蘇菜、浙菜、湘菜和徽菜。

1. 魯菜：北方典型菜系，發源於山東，由濟南和膠東兩地的地方菜演化而成。特點是鹹鮮為主，注重火功，精於製湯，豐滿實惠，風格大氣。代表性的菜餚有「糖醋黃河鯉魚」、「清湯燕窩」等。

2. 川菜：西南內陸典型菜系，發源於四川，四川盆地霧多潮濕，飲食多辣。川菜以成都、重慶兩地的菜餚為代表。風格上選料講究，注重配色，調味多變，善用麻辣，口味醇濃。代表性菜餚有「麻婆豆腐」、「辣子雞丁」等。

3. 粵菜：粵菜以廣州、潮州、東江三地的菜為代表。花色品種繁多，形態新穎變化，以炒、燴、煎、烤、焗著稱，口味以生、脆、鮮、淡為主。代表性的菜餚品種有「白切雞」、「烤乳豬」等。

4. 閩菜：閩地環海，盛產海鮮，因此閩菜多以海鮮為原料，色調美觀，滋味清鮮，別具風味。烹調方法擅長炒、溜、煎、煨，尤以「糟」最具特色。刀工講究，擅長湯菜。代表性的菜餚有「佛跳牆」、「荔枝肉」、「紅糟魚」等。

5. 蘇菜：江淮菜系代表，由蘇州、揚州、南京、鎮江四地菜為代表構成。特點是鹹中帶甜，鮮香酥爛，濃而不膩，口味平和。烹調手法以燉、燜、燒、煨、炒著稱於世。用料講究，注重配色，造型精緻。代表性的菜餚有「清湯火方」、「松鼠桂魚」等。

6. 浙菜：由杭州、寧波、紹興、溫州等地的菜餚為代表組成，以杭邦菜為主。菜餚製作精細，形態豐富，口味清純，變化多端。擅長炒、炸、燴、溜、蒸、燒。用料廣博，刀工精細，火候及調味分寸適度。代表性的菜餚有「西湖醋魚」、「龍井蝦仁」等。

7. 湘菜：兩湖流域菜系，以湘江流域、洞庭湖區和湘西山區的菜餚為代表。特點是食料豐富，強調原料入味，口味香鮮、酸辣、軟嫩。烹調方法上主要是臘、熏、煨、蒸、燉、炸、炒。代表性菜餚有「臘味合蒸」、「東安子雞」等。

8. 徽菜：主要由沿江、沿淮、徽州三地區的菜為代表構成。其特點是選料樸實，大油重色，講究火功，注重食補。口味以鹹鮮為主，本味醇厚。在烹調方法上擅長燒、燜、燉。代表性的菜餚有「臭鱖魚」、「火腿燉甲魚」等。

第八章

民俗大觀

民俗即為民間風俗，它與個人生活最為貼近，是人類文化生存空間的組成部分。其內容博雜，涉及語言、行為、精神、物質等領域，凝結着傳統智慧，潛移默化地規範着人們的思想與行為。本章所涉民俗從民族文化講起，講述中華民族的形成過程，然後重點介紹多彩的節令民俗、禮儀民俗、服飾民俗以及信仰民俗等。

第一節　多彩民族

原始社會末期，私有制產生，以血緣關係為基礎的氏族共同體瓦解，代之而起的是以地域為基礎的人群共同體，也就是民族。

漢族是世界上最古老的民族之一，前身為華夏族，也稱「夏」、「諸夏」、「華」、「諸華」。「諸」是眾多的意思，稱「諸夏」、「諸華」，與周王朝時分封了眾多諸侯國相關。華夏族以中原地區為中心，稱四面的民族為四夷，分別為「東夷」、「南蠻」、「西戎」、「北狄」。漢朝時，華夏族才改族稱為漢族，但到 20 世紀之前使用得最多的稱謂還是「華夏人」。漢人移民海外時，自稱為「華夏人」，這就是「華人」這一稱謂的由來。因為華夏文明不斷發展與延伸，「華人」也逐漸突破了漢人的範圍，包含了其他少數民族，成為中華民族的代稱。

在古代中國，個人或群體的「族性」是可變的。韓愈在《原道》中說：「孔子之作《春秋》也，諸侯用夷禮則夷之，夷而進於中國則中國之。」[1] 意思是華夏之人進入四夷，採用了夷狄的文化習俗，便成為夷狄之人；相反，夷狄之人到了中原，採用了華夏文化習俗，便成為華夏族。這樣的觀念使不同文化的人群自然走向融合。在中國歷史上，曾出現過多次民族的大互動和大交融，每一次變動之後，無論是少數民族還是漢族，都呈現出新的面貌，最終形成了以漢族為中心的多民族結構體系。

1　唐・韓愈《原道》，孫昌武選注《韓愈選集》，上海古籍出版社，2013 年，第259 頁。

19 世紀末 20 世紀初，梁啟超、孫中山等賢達在其著述、演講中，使用了「中華民族」的概念。後來，孫中山先生提出了「五族共和」，「中華民族」有了「民族共同體」的內涵，即以民族平等、民族團結達到民族融合、民族和諧，共同抗擊外部的侵略和壓迫。尤其是抗日戰爭時期，大規模抗戰打破了原來地域隔閡的狀況，全民族的統一戰線使大多數中國人有了共同的歷史命運與集體記憶。現今的「中華民族」含義更為廣闊，已經成為生活在中華大地上所有民族以及海外華人的統稱，與中國的國家、歷史、文化等內容緊密相連。

❓ 為甚麼會有「華夷之辨」？

歷史上，「華」、「夷」是兩個重要的人群概念。在夏、商、周時代，夷戎與華夏的區域劃分不明顯，夏、商建國與東夷關係密切，也少尊卑觀念。在春秋時期，各族群體之間的矛盾擴大，就有了「華夷之辨」的觀念，於是在古籍中出現了夷、蠻、戎、狄，以及黎、荊、百越、氐等對夷族的稱謂。但每個個體或共同體因文化認同的變化，都可實現「夷」、「華」之間的互變。「華夷之辨」的實質是區分文明程度，説明古代的民族是一種流動型的文明共同體，強調的是文化認同而不是血緣認同。

❓ 中國為甚麼是 56 個民族？

中華民國成立之初，孫中山提出「五族共和」，漢、滿、蒙、回、藏五大族群共建共和國。中華人民共和國成立後，1953 年全國第一次人口普查時，登記有四百多個民族。這時，國家開展了民族識別工作，首先獲得認定的有蒙、藏、回、維、滿等 38 個民族。此後獲得認定的有畬、土家等 16 個民族。1979 年，雲南

的基諾族最後得到認定。這些少數民族加上漢族，就是現在所說的 56 個民族。

按照斯大林在《馬克思主義和民族問題》一書提出的，「民族是人們在歷史上形成的一個有共同語言、共同地域、共同經濟生活以及表現在共同文化上的共同心理素質的穩定的共同體」[1]，民族識別中最為核心的認定要素是共同文化上的共同心理素質。

❓ 漢族為甚麼被稱為世界上最大的民族？

中華民族是漢族與各少數民族融合的結果。漢族族源可以上溯到距今五千年的氏族部落時代。至夏初時，漢族人口約有 1355 萬；其後，歷經春秋戰國的戰爭兼併，達成「五方之民，共構天下」；西漢時人口達到 5959 萬人，漢民族基本形成。三國兩晉南北朝時期又是一個融合的高峰，西北、北方的大量少數民族與中原進一步融合；至唐代，人口總數約 8000 萬。宋、元、明、清近千年的發展中，女真人、蒙古族、滿族先後進入中原，帶動了各族與漢族的融合；在清代道光年間達到了近 4 億人。中華人民共和國成立後，人口進一步增長，漢族人口達到 6 億，經濟交流與人口流動規模空前。

根據 2010 年第六次全國人口普查統計，漢族為 12 億 2 千多萬人，居世界民族之首。漢族佔全國人口總數的 92% 左右。世界上人口在千萬以上的民族只有 67 個，而壯族、滿族、回族、維吾爾族人口均超過千萬。

1　斯大林《斯大林全集》(第二卷)，上海三聯書店，1953 年，第 294 頁。

❓ 不同民族有血緣關係嗎？

血緣認同是形成民族凝聚力的重要因素。但血緣是相對而言的，如漢族同姓之人也不一定是同一血緣，不少姓氏的來源是少數民族在改用漢姓時所選擇的。從現代科學來講，沒有一個民族可能是近親繁衍的。相傳在伏羲時代就制定了嫁娶之禮，這是漢族壯大成為世界人口最多的民族的原因之一。

中華各民族的祖先在東亞這一相對封閉又極其遼闊的地理區間中共同勞動，繁衍生息。各部落遷徙不定，分分合合，無法確認是否具有同種血緣。這也是許多民族都自認伏羲、女媧、黃帝等為祖先的原因之一。在漢、唐時期，政府實行「和親」政策，周邊少數民族與漢族通婚，融入了漢族血緣。從血緣認同上來講，56 個民族或多或少、或遠或近地帶有共同的血緣因子。

❓ 中國五大民族自治區有多大？

中國現有民族自治地方 155 個，佔國土總面積的 62%。建立最早的是內蒙古自治區，為 1947 年。1955 年，設立新疆維吾爾自治區；1958 年，設立寧夏回族自治區；1958 年，設立廣西僮族自治區（僮族即壯族），1965 年改為廣西壯族自治區；1965 年，設立西藏自治區。其中，內蒙古自治區橫跨東北、華北、西北三大地區，是中國跨經度最大的省級行政區。新疆維吾爾自治區佔中國陸地總面積的六分之一，是中國面積最大、陸地邊境線最長、毗鄰國家最多的省區。寧夏回族自治區北連大漠，西通西域，內接中原，多民族雜居此地。廣西壯族自治區是華南通向西南的出海通道與交通樞紐。西藏自治區位於青藏高原的西南部，約佔國土總面積的八分之一。

❓ 少數民族有哪些著名的歷史人物？

少數民族和漢族共同開疆拓土，創造文化，在歷史上湧現了大量優秀人物。政治名人如拓跋燾（北魏，鮮卑族）、松贊干布（吐蕃，藏族）、耶律阿保機（遼，契丹族）、完顏阿骨打（金，女真族）、成吉思汗（元，蒙古族）、忽必烈（元，蒙古族）、康熙（清，滿族）等。文化名人如鄭和（明，回族）、梁漱溟（蒙古族）、啟功（滿族）等。少數民族用豐富的文學、史書等記錄民族歷史，歌頌民族英雄。藏族的《格薩爾》、蒙古族的《江格爾》、柯爾克孜族的《瑪納斯》被稱為中國少數民族的「三大英雄史詩」。

❓ 少數民族文化對漢族文化有甚麼影響？

中國民族分佈特點是「大雜居、小聚居」[1]。「大雜居」有利於各民族之間相互交流，「小聚居」有利於民族特色的發展。漢民族文化對少數民族影響巨大，各民族通過翻譯漢文典籍等方式，大量引入科學技術、哲學、文學等，正如回鶻詩人坎曼爾所說，「古來漢人為我師」。但少數民族對漢文化的發展也產生了深刻影響。少數民族不僅給漢族帶來了胡椒、葡萄、胡琴、馬匹等，也帶來了軍事制度、生產技術、藝術作品、宗教信仰等。少數民族的文化還增強了漢族人民銳意進取的開拓意識，開闊了相容博納的文化胸襟，從而造就了中華文明的輝煌。

1　鄭汕《中國邊疆學概論》，雲南人民出版社，2012 年，第 464 頁。

第二節　節日禁忌

「節日」是民俗文化的重要組成部分。「節」與「日」有區別。「節」字原是「竹」字頭，本意指竹節。「節日」一詞源於竹節的「節」，意味着「節日」是起點與終點的標誌。宗教祭祀是「節」的重要起源之一，隨着時間的推移，世俗娛樂的內容不斷增加。而「日」與宗教祭祀無關，多是為紀念或強調某一種事物或精神而設立。中國傳統節日多指「節」，聯繫着人們的生產活動、人生禮儀與宗教信仰等，是凝聚民族情感、承載文化血脈的重要的精神紐帶。

禁忌這裏指民間禁忌，指對神聖的或者不潔的事物的禁約，以及忌諱的言行。禁忌產生於原始社會，當時人們相信超自然的神祕力量可以左右人們的吉凶福禍。先民的禁忌對象非常廣泛，包括節日、水井、晦日、月食、節氣、星相等。如水井，古人認為井通黃泉，所以人死時，有「窺井」招魂的儀式。如晦日，晉代葛洪在《抱朴子》中說，每月晦日夜裏，灶神要上天告發人間眾生的罪愆。在星相上，古籍中常常記載「熒惑守心」、「彗星襲月」、「命宮摩羯」、「太白經天」等。有人認為，禁忌起源於某些儀式的規定。社群首領或者作為神權代表的巫師，有權宣佈禁忌的事物，這是後世有些禁忌難以理解的原因。破壞禁忌者不論何種原因，都將受到懲罰。隨着時代的發展，有些禁忌逐漸脫離了民間迷信而獨立，發展成為一種習慣與傳統，甚至有些最後演變成大家約定俗成的行為準則。

❓ 節日是怎樣起源的？

傳統節日從起源看，與中國的農耕文化密切相關。如春節起源於原始社會末期的「臘祭」。先民們在冬日獵取各種野獸，祭祀百神與祖先，祈求來年風調雨順、家人平安。如「年」是合體字，慶豐收意。春節是一年農事結束，同時開啟新的一年之意。故此過去「年」、「春節」時間並不固定。傳統節日反映的正是中華民族對人與自然之間的關係、規律的認識與把握，旨在天、地、人三者之間建立一種和諧共生的關係。

節日的起源還與原始崇拜有關。如先民崇拜大自然，中華民族最隆重、最莊嚴的祭天儀式，就起源於上古時期。賽龍舟的習俗體現了對圖騰的崇拜，通過祭祀龍，來祈求避免水旱之災。

❓ 中國「七大傳統節日」是怎樣形成的？

中國目前的節日達二百多種，各有特定主題的儀式或者慶典。最主要的是春節、清明等七種。

1. 春節

狹義指農曆正月初一，廣義指農曆正月初一至十五，是中國民間最熱鬧、最重要的一個傳統節日。春節前一日為「除夕」，人們有吃團圓飯、貼春聯、守歲、燃爆竹等習俗；春節中，有拜年、祭財神等習俗。

2. 元宵節

時間為農曆正月十五，是一年中第一個月圓之夜，故有「元夕」、「元宵」之稱。因有張燈、看燈的習俗，民間又稱之為「燈節」。此外還有舞獅、舞龍、猜燈謎、吃元宵等風俗。

3. 清明節

時間為公曆四月五日前後。此時春光柔和，草木泛綠，古人有清明踏青尋春的習俗，故又稱「踏青節」。清明最早為節氣名稱，因與寒食節時間接近，逐漸合二為一，變成紀念祖先的節日。

4. 端午節

時間為農曆五月初五。本名「端五」，「端」的意思是「初」。因古人認為「五月」是惡月，「初五」是惡日，避諱「五」，而改稱「端午」。此外，端午還被稱為端陽、龍舟節等。端午起源說法較多，以紀念屈原說影響最大。

5. 七夕節

時間為農曆七月初七。七夕節有拜月等女事活動，故又稱「女兒節」。女孩們在這天晚上對着織女星用彩線穿針，以穿過七枚大小不同的針眼為巧，稱為乞巧，故稱「乞巧節」。七夕節有吃瓜果、麵點等巧食的風俗。相傳此夜牛郎、織女在天河鵲橋相會，故又成為象徵愛情的節日。

6. 中秋節

時間為農曆八月十五。這一天時值秋季的正中，故稱「中秋」。月圓桂香，舊俗以之為大團圓的象徵，人們準備各種瓜果和食品來祭月。中秋節有吃月餅習俗，還有嫦娥奔月、玉兔搗藥、吳剛伐桂等傳說。

7. 重陽節

時間為農曆九月初九。「九」為陽數，九月九日，兩九相重，故稱「重陽」、「重九」，又稱「老人節」、「登高節」。重陽節形成

於戰國時期，唐代時被定為民間節日。重陽有插茱萸、賞菊花、登高避災的習俗。

❓ 少數民族的特色節日有哪些？

很多少數民族的傳統節日與漢族相同，如「春節」、「元宵節」等。因不同的歷史、人文等因素，少數民族也流傳下來一些特色節日。

1. 蒙古族的那達慕

農曆六月初四開始，為期五天。「那達慕」是蒙語音譯，意思為娛樂、遊戲。「那達慕」大會是人們在牲畜肥壯的季節，為慶祝豐收而舉行的文體娛樂大會。活動有賽馬、套馬、射箭、摔跤等體育競賽，也有歌舞、棋藝等。大會期間，舊時還有大規模祭祀活動。

2. 壯、瑤、苗等族的三月三

時間為農曆「三月三」，古稱「上巳節」。相傳這一日是黃帝的誕辰。「三月三」以壯族最為典型，盛行歌會；也有稱是為紀念劉三姐，故又稱「歌仙會」。瑤族、苗族等也有歌節。

3. 回、維吾爾、哈薩克等族的古爾邦節

時間為伊斯蘭曆的 12 月 10 日。古爾邦的意思是「犧牲」、「獻身」，主要內容是宰殺牛羊、舉行會禮、聚餐等。

4. 彝、白、納西、基諾、拉祜等族的火把節

大多在農曆的六月二十四。火把節源於彝語支各民族對火的崇拜與信仰。主要活動有鬥牛、鬥羊、摔跤、賽馬、歌舞表演等，被稱為「東方的狂歡節」。火把節有以火熏田，去除災疫，

迎接福瑞的意義。

5. 傣族的潑水節

一般在傣曆四月中旬，為期三至七天，是傣族以及傣語民族的新年傳統節日。傣族人民認為水是吉祥之物，能洗去煩惱，帶走災禍。其起源與小乘佛教密切相關，稱「浴佛節」。潑水節有誦經、章哈演唱、白象舞表演、賽龍舟等活動。

❓ 節日有哪些禁忌？

節日往往有不同禁忌。除夕之夜，無論大人小孩都要說吉祥話，不能說「死」、「破」、「壞」、「窮」等不吉利的字眼；忌打碎盤杯等東西，不慎打碎，必須馬上說「歲歲（碎碎）平安」等吉祥話來補救。正月初一忌諱掃地、灑水、洗衣服、倒垃圾、忌殺生，忌理髮，忌辦喪事。債主不能上門討債。民間稱初五為「破五」，這一天打掃衛生，清除垃圾，稱為「送窮出門」。端午節百毒氾濫，這裏的五毒是以毒攻毒的意思。民間認為蛇、蜥蜴、蠍子、蜈蚣、癩蛤蟆五毒並出，需要以戴香包、服藥等方法來避五毒之害。七月十五中元節，忌夜晚外出。

❓ 為甚麼要守護好傳統節日？

傳統節日作為一種群體性的文化符號，具有較為突出的教育功能和維繫功能。幾乎所有的節日都包含祈求團結吉慶、和順幸福的深意，能夠調節人和人之間的關係，也調節自己的內心世界。一年四季都有節日，節日期間普遍具有各種娛樂和祭祀活動，尤其是少數民族的歲時節日，可以豐富人們的文化生活，調節生活節奏，促進民族團結與社會和諧。

在全球化時代，西方文化對中華文化不可避免地帶來衝擊。

進入新時代，過節方式有了全新改變，但要守護好傳統節日的文化基因。尤其要讓更多人認同傳統節日。人們在節日中獻祭、饋贈與分享食物等活動，表達着人們對天人關係、社會關係的一種認識。傳統節日還包含着仁愛、謙恭、和諧、奉獻等文化精神，是中華民族寶貴的精神財富。

❓ 中西方節日有怎樣的差異？

　　各個國家和民族的節日起源與形成是有差異的。中西方節日相比較而言，中國傳統節日散發着濃厚的農耕文明氣息，如清明前後種瓜點豆等。而西方傳統節日在基督教的影響下，宗教氣息濃郁。如紀念耶穌誕生有聖誕節，紀念耶穌復活有復活節等。

　　中國的傳統節日，多以家族內部活動為主，如除夕守歲、吃團圓飯、春節拜年等，親友之間互送美好祝福。而西方在節日中崇尚個性張揚，多集體性、狂歡性活動。在慶典的色彩上，中國崇尚紅色，象徵喜慶與吉祥，掛大紅燈籠、貼紅對聯、紅福字，白色則為禁忌。西方正好相反，崇尚白色，象徵高雅、純潔。

　　中國飲食文化發達，每個節日往往有不同的食物。元宵節吃元宵，清明節吃青糰，端午節吃粽子，中秋節吃月餅，臘八節喝臘八粥等。但西方節日飲食很少有特定的文化意義，最有象徵意義的食品是情人節的巧克力。

　　宗法是中國古代社會血緣關係的一種原則，起源於氏族社會末期的家長制，其核心是嫡長子繼承制。周代形成了成熟的政治制度，包括宗法制度、分封制度和禮樂制度三個部分。宗法制度是以家族為中心、根據血統遠近區分嫡庶親疏的一種等級制度。分封制度指分封諸侯的制度，共主或中央王朝給宗族姻親、功臣子弟、前朝遺民分封領地和相應的治權。禮樂制度是典章制度和道德規範，要求貴族依據自己的身份，履行衣、食、住、行等方面的禮儀。

　　戰國以後，宗法制度趨於解體，但其影響卻長期存在。儒家提出的「大一統」思想，即實行天下一家，皇帝為「君父」，各地官吏為「父母官」，由皇帝個人的「家天下」，實現家國一體。在封建社會中，各王朝對宗法制度進行改造，逐漸形成了由政權、族權、神權、夫權組成的封建宗法制。漢代董仲舒提出的「三綱」和「五常」，成為宗法社會的最基本倫理道德。「三綱」指君為臣綱、父為子綱、夫為妻綱，「五常」指君臣、父子、夫婦、兄弟、朋友五種人倫關係。這一綱紀重家族而輕個人，重群體而輕個體，重人治而輕法制，存在一些弊端。但也有積極一面，如強調氣節、品德，激勵人自我節制、發奮圖強，承擔社會責任和歷史使命。

　　從客觀上說，宗法制度組織完密，原則詳細。加上祠堂、家譜和族田，以及祖宗祭拜的儀式，家風、家訓、家教等教化方式共同作用，長期維繫着家族這一中國傳統社會的基石，也是增強中華民族凝聚力的重要文化力量。

❓ 周公為甚麼將「制禮作樂」看得那麼重？

周公姓姬，名旦，是周文王第四子，周武王的弟弟。周公曾兩次輔佐周武王伐紂，後又輔佐武王之子成王治理國家，功績顯赫。史書載「周公制禮作樂」，是指周公在意識形態領域進行的全面革新，將上古至殷商的禮樂進行大規模的整理、改造，創建了一整套具體可操作的禮樂制度。禮樂制度涉及飲食、起居、喪葬、祭祀等社會生活的方方面面，具體包括畿服制、法制、樂制、爵諡制等，目的是規範人們的行為。其中以嫡長子繼承制和貴賤等級制最為重要。這一嚴格的禮儀制度，確定了中央和地方、王侯與臣民的關係，保持了宗族的凝聚力，並加強了中央政權的統治。周公還製作了講究和諧的「樂」。「樂」以舞和樂的形式頌神娛神，是一種原始宗教儀式。

經過周公的製作，「樂」已經超越了音樂，帶有濃厚的社會色彩。如祀天神時，「乃奏黃鐘，歌大呂，舞《雲門》」；祭地時，「乃奏太簇，歌應鐘，舞《咸池》」；天子祭祖用《雍》，士大夫則不能用。[1]

禮樂文化威儀有序，教人修身養性，謙和有禮。春秋時，周禮開始衰微。經孔子、孟子承前啟後，創建以禮樂仁義為核心的儒學。到漢代以後，禮樂文明轉變為維持社會秩序的機制。禮的基本原則，如親親、尊尊、長長和男女有別，以及所包含的仁愛精神與正義原則具有深遠的影響。

❓ 中國傳統的「五禮」指甚麼？

「五禮」指古代吉禮、凶禮、軍禮、賓禮、嘉禮五類禮儀。

1　徐正英、常佩雨譯注《周禮》（上），中華書局，2015 年，第 480 頁。

吉禮主要是祭祀天神、地祇、人鬼的典禮。祭天儀式通常由「天子」主持，感恩上天哺育。祭地是感恩大地生長萬物，祈求農作物的豐收，祭祀對象有山林川澤等。祭人鬼主要是先王、先祖。凶禮是與凶喪、災難有關的禮節，包括喪禮、荒禮、弔禮、禬禮、恤禮。喪禮即服喪的禮節。荒禮是對遭遇饑饉疫癘等表示同情的禮節。弔禮是弔唁慰問的禮節。禬禮是盟主國會合諸國，籌集財貨，幫助受敵國侵犯之國的禮節。恤禮是對受外侮或內亂進行援助的禮節。軍禮有師旅操演、征伐之禮。賓禮是接待賓客之禮。嘉禮有婚冠之禮、飲食之禮、燕飲之禮、賀慶之禮等，後來的帝王登極、立儲冊封等，也屬嘉禮。這五禮包含了國家祭祀、政治、軍事、外交等方面的禮節，也包括了人生歷程的冠、婚、喪、葬等禮儀，內容廣泛。這些繁多的禮節，體現古代中華民族的尚禮精神，使人們在表達人與天、地、鬼神的關係，與家族、親友、君臣的交際，以及在喜慶、災禍、喪葬時的情感，有了具體的規範。

❓中國傳統中「禮」與「法」有着怎樣的關係？

古代中國的基礎是宗法，倫理從家庭出發，向外拓展至宗族、君臣、官民、師徒及朋友，構成倫理社會。在這個社會中，禮與法是一體的，共同構建人情和諧的社會。隨着社會的發展，禮的神聖性日趨淡薄，越來越強調法的規範性。禮與法的結合大致經歷了四個時期。在商周時，強調禮治體系的教化作用，法是補充；法起源於軍法傳統和部落習俗。從春秋戰國至秦，禮與法相分離，法治漸被推崇。秦朝採用法家學說，法獲得了獨立的發

展，但此時的法以刑罰為重。漢中期以後，禮法融合。漢儒提出重振「禮樂」，建立「禮法結合」的新體系。至隋唐時，形成了「德主刑輔」、「王霸並用」的觀念，社會治理採用「禮主法輔」的模式。總體來說，禮法互補，共同維護了社會與國家的安定。

❓ 言辭交往中怎樣體現禮儀？

禮儀是禮節與儀式的總稱。傳統禮儀的原則是「自卑尊人」，強調要謙恭待人。在行為舉止上彬彬有禮，在語言談吐上，莊重文雅。因為禮儀表達的需要，在漢語語彙中出現了大量謙詞和敬詞。敬詞即置人於尊位，謙詞即置己於卑位。

交流時，不僅僅把內容講清楚，而且要學會使用謙詞、敬詞等。

謙詞	使用情境	舉例
家	用於對別人稱自己的輩分高或年紀大的親戚	家父、家尊、家母
舍	用於對別人稱自己的輩分低或年紀小的親戚	舍妹、舍親、舍弟、舍姪
小	謙稱自己或與自己有關的人或事物	小弟、小女、小生
老	用於謙稱自己或與自己有關的事物	老朽、老身
敢	表示冒昧地請求別人	敢問、敢煩、敢請
愚	用於自稱的謙稱	愚見、愚兄
拙	用於自己的東西	拙著、拙筆、拙見、拙荊
敝、鄙	用於謙稱自己或跟自己有關的事物	敝姓、敝處、鄙人、鄙見

敬詞	使用情境	舉例
令	用於稱對方的親屬或有關係的人	令尊、令堂、令兄、令郎
拜	用於自己的行為涉及對方	拜賀、拜讀、拜訪
奉	用於自己的行為涉及對方	奉還、奉送、奉陪
惠	用於對方對待自己的行為	惠顧、惠臨、惠存
敬	用於自己的行動涉及別人	敬賀、敬禮、敬告、敬請
大	用於尊稱對方或稱與對方有關的事物	大駕、大名
高	用於稱別人的人或事物	高足、高見、高就、高壽
貴	用於稱與對方有關的事物	貴幹、貴庚、貴姓、貴恙
雅	用於稱對方的情意或舉動	雅正、雅意、雅教
玉	用於對方身體或行動	玉體、玉照、玉成

❓「禮多人不怪」反映了怎樣一種文化？

「禮多人不怪」，是指日常生活中，多行禮儀人們不會怪罪，意思是禮節不可欠缺。在民間，懂禮數、守禮俗，是一個人有文化、通人情的標誌。作為「禮儀之邦」，禮儀處處都在，坐臥有禮，宴飲有禮，出行有禮，祭祀有禮，壽誕有禮，婚喪有禮。[1]行走之禮，如「趨禮」，即地位低的人在地位高的人面前走過時，要低頭彎腰，以小步快走的方式對尊者表示禮敬。見面之禮，最普通的為拱手禮，雙手合抱，舉至胸前，站立而不俯身。做客時，主客之間多行作揖之禮，表示謙讓。入坐之禮，強調主次尊卑，尊者上坐，卑者末坐。室內座次以東向為尊，即貴客坐於西

1　蕭輝、蕭放《論傳統社會平民禮俗的文化特徵》，《江漢論壇》2001 年第 5 期，第 30 頁。

席，主人在東席上作陪。年長者坐北席，晚輩坐南席。宴飲「無酒不成禮儀」，主人舉杯勸飲之後，客人方可飲用。主人執筷勸食，客人方可動筷。古代奉茶之道，即以茶表示敬意。在節慶期間有拜賀禮，晚輩或地位低的人向尊長拜賀禮敬，同輩之間也有相互的拜賀，如春節拜年之禮。

❓ 為甚麼宗法制度能夠影響中國幾千年？

宗法制度的長期存在與血緣關係在社會關係中的長期存在相關。在農業型的自然經濟中，同一家族的成員長期共同生活和勞作，形成了根深蒂固的家族本位意識，並依靠宗族自治體自助、自衛，保證宗族整體及其成員的利益。而封建政權也很難完全管理分散的自然經濟，使得家族的自我管理也成為地方政權的一種輔助形式。宋明以後，宗族制管理模式得到了統治階層的支持。宗法制度根深蒂固，也是中國「家天下」的政治模式長久不變的原因之一。「家」是中國人的一個基點，古代讀書人所懷抱的理想就是「修身、齊家、治國、平天下」。歷史上的家族王朝不斷更替，但傳統學者認為錯不在宗法制度，而是宗法制度被打破，社會倫理混亂導致。隨着社會的發展，宗法制度影響變得越來越微弱，但對我們依然具有很大影響。如「五百年前是一家」常常為同姓中國人所引用，父親和母親的親屬稱謂有嚴格的區別。

第四節　服飾美學

　　服飾是文明的產物，也是文明的載體，中國服飾走過了一條從粗糙到精緻，從功能單一到內涵豐富的漫長道路。服飾是我們了解中國文明史的一個視窗。最初，人們用樹葉、獸皮為服飾，隨着生產力的發展，面料不斷增多，有麻、毛紡、絲綢、棉等，種類有衣、袍、帽、褲、裙、鞋、襪等。還有各類裝飾物，如頭髮有簪、釵、夾，耳部有耳環、耳墜，頸部有項鍊、項圈，胸部有胸針，手部有戒指、手鐲等，包括對人體的裝飾，如紋身、染指甲、抹脣、畫眉、髮式等，以及用於裝飾的日常用品，如荷包、香囊袋、佩刀等。

　　古代嚴格規定表現在服裝的質地、顏色、款式、紋飾等方面的貴賤尊卑。辛亥革命以後，民國政府頒佈了易服飾、剪髮辮等法令，用新式禮服代替滿清翎頂補服，取消服飾上的等級差別。至此人們可以按照自己的喜好，選擇服裝款式。因為受西方文化影響，年輕人喜愛「洋裝」，中式的長袍馬褂和西方的西裝皮鞋一度融洽並存。民國「旗袍」和「中山裝」即為中西交融的產物。民國政府於 1929 年確定旗袍為國家禮服之一。旗袍源自清代旗女的袍服，其源頭可以追溯到先秦兩漢時代的深衣，至民國融入了西方時尚元素，由上海風靡全國。中山裝是寧波紅幫裁縫依據孫中山先生的意見，綜合了日式學生服裝與中式服裝特點而創製，問世後為政界和知識分子所歡迎，常常在比較隆重的場合穿着。中山裝及其衍生變化的服裝，是 1980 年代以前中國男性的主要服裝樣式。

❓ 中國服飾是怎樣起源的？

最初，先民無意識地用葉子、樹皮遮蔽下體，發現可以禦寒保暖；然後發現在狩獵過程中穿着獸皮衣服，可以起到隱蔽、誘敵、威嚇的作用，而且還能保護自己，即所謂的「孚甲自禦」。與野獸拼殺之後，獸牙犬齒等成為勝利品掛綴於脖頸，這就是項飾的雛形。服飾具備了保護生命、掩形遮羞、裝飾美化這三類重要的功用，便成為真正意義上的服飾。

關於中國服飾的起源，眾説紛紜。《呂氏春秋》認為起源於「胡曹做衣」，先秦史書《世本》記載「胡曹作冕」，胡曹是黃帝的臣子，可能是他發明了衣服和帽子。《淮南子·氾論訓》稱，「伯余之初作衣也，緂麻索縷，手經指挂，其成猶網羅」[1]，意思是黃帝的大臣伯余親手創製了衣服。

❓ 為甚麼古代服飾有等級尊卑之分？

夏朝建立，標誌早期國家的產生。夏后為最高統治者，各級貴族依照輩分高低和族屬親疏等關係，確定等級地位。夏朝出現的冠服制度是中國最早的服飾制度。周代禮制完善，並專門設置「司服」，掌管服飾制度。歷代的《輿服制》基本上都以周朝的冠服制度為基準。

在服飾面料上，平民的衣服除了老者允許着絲衣外，主要是粗麻、粗葛或棉花等纖維材料織成的衣物，質粗而價低，故而平民又稱「布衣」；而貴族則開始穿棉繡絲織物、細葛麻，質精而價高。在服裝顏色上，無官無位的平民穿白衣，而「朱紱」和「烏衣」都與官位有關。古人以朱為正色，遂以「朱」象徵高位。下級

1　陳廣忠《淮南子譯注》（下），上海古籍出版社，2017 年，第 543 頁。

胥吏穿黑色服飾，即烏衣。相比較，貴族服裝與時代的關係更緊密。在古裝劇中，可以從皇族、貴族的服裝輕易辨認出人物所處的時代，而普通百姓的服飾各個朝代變化不大。

❓ 不同朝代服飾的流變有甚麼特點？

漢族服裝傳承關係明顯，不外乎方領、交領和圓領，一般都是右衽，到了宋朝出現了對襟。有些朝代會出現新種類，如南北朝時出現「披風」，宋朝的「釣墩」，元朝的「袍」等。貴族的鞋子較為豪華，漢代有「岐頭履」，唐朝有「高牆履」等，即在鞋頭上聳起一塊裝飾物。而平民和士兵則依然是輕便軟底的鞋子。

戰國時出現高冠，受上流社會男子喜好。女子的髮式有了多樣性，喜歡在髮尾編織雙鬟。孩子們梳雙辮，也有梳雙丫角的，稱「總角」。戰國時期貴族的服飾依然是褒衣博帶，還出現了「綺褲」。漢代貴族頭戴梁冠，貴族閒居時或地位較低的侍從等戴幘，到了晉末向小冠發展。北齊時，男子流行用較厚錦緞製作的「渾脫帽」。唐朝時，流行戴一種包頭的軟巾，稱為「襆頭」，襆頭所用紗羅多為青黑色，俗稱「烏紗帽」。宋朝的展翅襆頭是紗帽的最早式樣，普通人戴「東坡巾」。元代蒙古族中層官吏戴「笠子帽」。明代儒生及處士戴「四方平定巾」，為方形軟帽，一般是商人或城市平民戴「六合一統帽」，用六片羅帛拼成。清代時六合帽演變成「瓜皮小帽」，因形狀如半個西瓜皮得名，官吏戴無帽簷的「緯帽」。

❓ 趙國走向強大的關鍵在於推行「胡服騎射」嗎？

公元前 307 年，趙武靈王推行「胡服騎射」，這場軍服改革被歷代史學家傳為佳話。傳說當時趙國常被周邊國家欺負，趙武

靈王發現這與人們穿寬衣大袖，影響戰鬥力有關，於是要求改穿胡人的窄袖短衣，並學習用騎兵、弓箭，趙國戰鬥力由此越來越強。

但這裏有幾點誤解，一是穿寬衣博帶的為貴族，當時軍隊是短衣打扮。不過趙武靈王確實從胡服裏汲取了優點，如帶鈎的運用。二是趙國國力的增強並不是光靠服飾改良就能達到的，「胡服騎射」的最大價值是體現了進取精神。再者，趙國本身就位於胡漢交融的地區，境內有一大批的胡人，通過君主帶頭「穿胡服」傳遞出不再歧視胡人的信號。所以推行「胡服騎射」後，有一大批胡人加入趙國。

❓ 民族服飾中有哪些民俗傳統？

因為生活方式、倫理觀念等民族文化的不同，各民族在衣褲、鞋帽、裝飾等方面形成了不同的習俗。布依族以牛為圖騰，婦女頭上包裹帕子，形似兩隻水牛角。彝族崇拜虎，服裝多裝飾虎皮紋樣。[1] 台灣高山族崇拜蛇，織繡紋飾多蛇形。蒙古族偏愛光亮、鮮豔的顏色，如天空之「藍」，雪山之「白」，太陽之「紅」，並且喜歡用各種花卉、魚紋做服飾圖案與紋樣意象。漢民族服飾民俗更多。新生嬰兒穿「百家衣」，寓得百家之福意。舊時女子出嫁可披鳳冠霞帔，以表示榮耀。民俗服飾中也有禁忌。如服飾用色上，有些民族以白色和黑色為凶色，忌諱全身着白；以綠、青等顏色為賤色，多為優伶、娼妓等所用；以紅色為吉、喜之色，多用於過節、婚禮、生子之時。

---

1 吳躍《遠古遺韻——淺談布依族服飾圖案與圖騰崇拜》，《民族音樂》2015 年第 1 期，第 2 頁。

❓ 少數民族的服飾有哪些特點？

中國自古以來就是一個統一的多民族國家。中國少數民族分佈的特點是大雜居、小聚居、交錯雜居，因各地自然環境不一，生產力水平不同，風俗習慣與審美情趣不盡相同，因此服飾各有特點。我們舉例來說：

1. 苗族

苗族服飾樣式繁多。衣料以麻織土布為主，使用獨特的蠟染、刺繡工藝。裙子以白色、青色居多。婦女的銀飾非常精美，帽子、頸飾、手飾璀璨奪目，精緻美麗。

2. 白族

白族崇尚白色。男子多着白色對襟衣，外套黑色領褂。婦女多着白色或穿淺藍色右衽上衣，下穿白色或淺藍色寬褲，腰繫繡花短圍裙。婦女的包頭布、掛包、腰帶等飾物上多有色彩豔麗的圖案。

3. 藏族

受高原氣候影響，藏族服飾袖寬、袍長、腰寬、靴長；衣服質地多錦緞、氆氌、皮面等。主要服裝款式為藏袍。農區男子一般穿着黑白藏袍，外束腰帶；婦女夏袍無袖，冬袍有袖，腰前圍一塊毛織的彩色橫條圍裙，稱為「幫典」。男女都喜歡佩戴用珠寶、玉、金等製作的精美首飾。

4. 回族

穿衣打扮簡樸大方。服飾主要特色在頭部。男子多戴一種白色或黑色無簷圓帽，已成為其民族標誌。回族婦女習慣戴披肩蓋頭，蓋住頭髮、耳朵、脖頸，只露出臉部。

5. 維吾爾族

維吾爾族服飾花樣繁多，一般較為寬鬆。男子喜歡穿長外衣，稱為「袷袢」，無領無扣、寬袖過膝，外繫腰帶。婦女喜歡絲綢或毛料裁製的裙裝，色彩豔麗，外面往往還套繡花背心。男女都喜歡戴繡花小帽，穿長筒皮靴。

6. 蒙古族

蒙古族服飾具有草原風情，男女老少喜歡穿長袍。長袍狀貌肥大，袖長，以紅、黃、深藍色為多。腰帶用長三四米的綢緞或棉布製成，男子腰帶多掛刀子、火鐮等飾物。靴子有皮靴和布靴兩種，靴幫等處有精美的圖案。蒙古族還有佩掛首飾、戴帽的習慣。

❓ 為甚麼絲綢會成為古代的國際奢侈品？

絲綢是以蠶絲為主織造的紡織品，相傳由黃帝元妃螺祖發明。在商周時期，出現了羅、綺等多個品種，成為貴族身份的象徵。秦漢時代，出現了「錦」。西漢時，絲綢西運，形成了「絲綢之路」。公元前一世紀中葉，絲綢傳入羅馬。城內有專售中國絲綢的市場。因為絲綢價格高昂，大量消耗國家財產，以至於有人認為羅馬的衰落源於貴族購買絲綢所致。在中國，絲綢價格同樣昂貴，西周中期的《曶鼎》銘文中記載，用一束絲一匹馬就能換得五個奴隸，即使對服飾限制有所放寬之後，平民百姓還是穿不起絲綢。唐宋之際，絲綢生產和製造區域由黃河中下游轉移到江南地區。明清兩代，最重要的絲綢產地是江南蘇杭一帶，聚集了眾多絲綢專業市鎮，織物品種與圖案製作更為豐富。官營織造也極為成熟。中國對絲綢維持了一千年以上的壟斷，直到清末，生絲價格才大幅下降，並直接影響中國的對外貿易平衡，中國絲綢出口的霸主地位被日本取代。當然，絲綢價格下跌與棉布生產效率大幅度提升也有關係。

第五節 民間信仰

民間信仰是民眾自發產生的神靈崇拜觀念，以及相應的行為與儀式制度。民間信仰在民間廣泛存在，在中國文化史上有着不可或缺的重要地位。先秦至秦漢為形成時期，民間信仰不斷被人們改造、創新，與普通百姓的日常生活越來越密切，並開始出現民間信仰組織。魏晉南北朝時期，因人口流動加快，民間信仰的地域性減弱，但也因社會動盪不安，使得信仰的實用性和功利性不斷增強。隋唐五代時期，民間信仰表現為組織化、制度化，除民間祭祀活動外，還與佛教異端、民間道教相結合，出現了彌勒教、火祆教等祕密宗教。宋代以後，政府用多種手段干預和指導民間信仰，但民間信仰仍以固有形態傳承和發展。鴉片戰爭以後，民間信仰與基督教的長時段共處，形成廟會與教會共在的文化格局。當代中國社會，天主教、基督教、佛教、道教、伊斯蘭教等五大宗教是制度認可的宗教，其他宗教信仰、神靈崇拜等都歸入民間信仰。

與制度化宗教相比較，民間信仰非常複雜。它沒有至高無上的崇拜對象，沒有形成完整的體系，也沒有固定的組織機構。在底層社會中，民間信仰與佛教、道教、儒教等常常互相重疊、混雜，前世帝王、賢人異才、山神水精等，都可以納入其信仰範圍之內。民間信仰有兩大內容，一是神人交往，承載着「天道和諧」、「陰陽五行」等思想；二是禮樂文明，即「人情和諧」的人生觀，由此影響信眾的道德價值觀、行為準則和生活方式。因為民間信仰主要目的在於解決平安、成功、長壽等日常生活問題，實

用主義取向明顯，只要有靈便拜，故而表現為多元化的信仰。

❓ 民間信仰是怎樣形成的？

原始崇拜與信仰最早的形式之一是人體裝飾。人體裝飾除了蔽體、美觀等功能外，最重要的是迷惑或者威嚇入侵者，驅逐異類。人們開始有了崇拜的心理。自然崇拜即對自然神的崇拜，是真正意義上的一種原始信仰，其內容包括天體、自然力和自然物三個部分，如日月、風雨、草木等。這些崇拜對象一種是先民們所期望和感激的，他們希望通過祈求獲得更多的食物或者庇護；另一種是他們所畏懼和逃避的，希望通過膜拜來減少自然界對自身的威脅和傷害，如對石頭的崇拜。祖先崇拜也叫靈魂崇拜。人類在有了自我意識之後，對於生死問題也有了自己的看法，相信靈魂不滅，靈魂具有超能力。家中尊長死後能成為家族的保護神，由此有祭祖等活動。

❓ 民間信仰經過了怎樣的變化？

先秦至秦漢時期是民間信仰的形成、發展期。夏商時期產生了神權政治，神權和政權是統一的。西周時期，周公「制禮作樂」之後，禮樂文化逐漸取代神鬼宗教色彩濃厚的巫術宗教文化。春秋時期，在改革和變法的影響下，統治者認識到自己的政權穩固與民心向背的關係，於是人們對神的崇拜開始依附於人，此時的神更為關注人自身的願望，具有了人的思想和情感。至秦漢時期，民間信仰進入成長期，神靈數量越來越多，神靈的人格化、世俗化、社會化特徵也越來越明顯。

魏晉南北朝時期是民間信仰吸納、融合期。此時北方少數民族南侵，人口大量南遷。巨大的變動給人民生活造成了極大衝

擊，但也加強了民族之間的交流，民間信仰博採眾家之長進行融合發展，奠定了整個民間信仰體系的基礎。儒學的地位動搖，殘酷的政治鬥爭使玄學獲得了巨大的市場。道教在此時也開始興盛，佛教也開始了民間信仰化的進程。

隋唐五代時期是民間信仰轉型、整合期。隋唐時期，社會經濟空前繁榮。民間信仰的世俗化、平民化趨勢日益明顯。多元文化系統中的各路神靈在此時不斷被整合。國家祭祀也整合民間信仰，使之為鞏固自己的政權服務，許多自然神和人神被納入國家祭祀體系中。

從北宋建立到清朝滅亡近一千年的時間裏，整個社會秩序處於相對穩定狀態，民間信仰體現出連續性和承繼性。不同的是，宋代以來，朝廷意識到加強對民間信仰的管控，對整個社會的穩定有着重大作用。於是，國家加大了對宗教事務管理的力度，這也包括對部分民間宗教的嚴厲打壓。到了明初，政府還主導過幾次全國性的搗毀淫祠活動。民間信仰總體以儒家祭祀為主，但各地民間信仰仍然活躍。

❓ 民間信仰的表現方式有哪些？

民間信仰的表現方式不一，主要有預知、祭祀和巫術。

預知指推斷未來的趨勢和結果。主要方式為卜筮，分為卜占、筮占。卜占依據甲骨兆象斷定吉凶，筮占依據蓍草所得數字來確定禍福。當二者發生矛盾時，從卜不從筮。此外，還有觀察天象、曆數等方式。

祭祀是神靈崇拜的主要表現方式。民間祭祀強調其實用性。一般逢年過節、紅白喜事都要備酒菜供奉各路神明和祖先。節日不同，供奉的地點、方式、規模、程序、祭品等都各不相同。

巫術指通過一定的儀式，借助神鬼等超自然的神祕力量，對某些人或事施加影響、實施控制。巫術有黑、白之分。一般由祭司或巫師主持，有具體的祭神、請神、顯靈、招魂、送魂等儀式，也包括各種占卜算卦的方法，如看風水、排字算命、測字合婚等方術。

風水術最初為相地之術，是臨場觀察地理的方法，多用於陽宅與陰宅的營建。自河圖洛書問世以來，地理大家不斷湧現，著作浩如煙海。其理論有形法、理法兩派，分別注重山川形勝與方向佈局。

生肖文化也屬於民間信仰，十二生肖與十二地支相配。在歷史的發展中，融合相生相剋的民間信仰觀念，形成特有的闡釋系統，可以解析婚姻、人生、年運等。

❓ 常見的民間人物神靈崇拜有哪些？

民間信仰神靈龐雜，人物神靈多由歷史上的道德楷模、英雄人物轉化而來，其信仰活動多種多樣。

1. 家神

常見的如門神、灶神等。門神起源於人們從群居生活發展到各立門戶之時，較早的祀門習俗是將桃符掛於門上。後來，善治惡鬼的神荼、鬱壘成為門神。隋唐以後，兩位著名的武將秦瓊和尉遲恭成為門神。也有文官門神、祈福門神等。灶神也叫灶王，為民間普遍崇拜，民間臘月二十三日有以紙馬、飴糖、酒糟送灶習俗。

2. 財神

財神主管世間財源，分武財神與文財神。武財神有關羽和趙

公明，文財神有比干和范蠡。關公懲惡揚善、祐民護民，山西商人把關公作為出門在外的保護神。趙公明相傳為正財神，與他手下的四位小神，合稱為「五路財神」。比干因他沒有心，所以辦事公道，成為人人敬服的財神。范蠡離開越國後，既致富又散財，被人們尊奉為財神。除此之外，還有偏財神，如華光大帝、招財童子等，準財神灶王爺、劉海蟾等。

3. 關公

關公，本名關羽，三國時蜀漢大將。關羽本身所固有的忠勇品格契合百姓對道德、倫理、情感的需求，更契合歷代中央集權的大一統思想要求，成為萬民虔敬、萬世瞻仰、歷代追尋的「道德範本」。隋唐以後，關公成為佛門護法神，也是道教護法四帥之一。從唐代到清代，關公為歷代皇帝不斷追封，最終與孔夫子並稱為「文武二聖」。

4. 土地與城隍

土地神屬於地方保護神，又稱土地公公、社神等，地位較低，在民國及以前供奉普遍，其廟宇稱「土地廟」。民間供奉的土地神有共工、后土、三國蔣子文、南宋岳飛等。南宋以後有土地婆婆配祀。祭祀土地神旨在祈福、保佑平安豐收。城隍是冥界的地方官，守護城池之神。明朝開國皇帝朱元璋出生於土地廟，格外敬重土地神的上司城隍神。城隍多為英雄人物，或者是為民造福的地方官，如蘇州城隍春申君黃歇，柳州城隍柳宗元，杭州城隍文天祥等。[1]

1　楊春景、袁文良《說說「城隍廟」與城隍文化》，《文史月刊》2013 年第 8 期，第 73 頁。

5. 觀音

隨著佛教《法華經》的普及，解救眾生苦難的觀世音信仰深入民間，稱觀音為觀音娘娘、觀音佛母等。民間有「戶戶觀世音」之說。

6. 媽祖

媽祖原名林默，出生於莆田湄洲島的一個漁村。在世時曾以巫祝為事。二十八歲時因搭救海上遇險船隻而死。媽祖的濟困扶危、救人急難順應了人們希望有海上守護神庇佑安全的願望，所以立廟祭祀。南宋之時，海上絲綢之路更為繁榮，媽祖由地方神上升為海神。歷代對媽祖的敕封不斷提升，封號由夫人、妃，上升為天妃、天后。信仰範圍由最初的沿海深入到內河港埠乃至內陸城市。

❓ 民間廟會為甚麼很熱鬧？

廟會又稱廟市、節場。廟會起源於古代的宗廟祭祀活動，先民們在祭祀祖先和神靈之時，要舉行一些集體性的酬神活動，如進獻供品、演出社戲等。西漢時，道教初步形成，東漢時，佛教傳入，道佛二教常常走出廟觀舉辦活動，擴大影響。廟會活動由此越來越豐富，最後發展成為一種涉及宗教信仰、文藝娛樂、商業民俗等眾多方面的綜合性民俗活動。廟會熱鬧與其百貨交易密切相關，各類民間藝人也藉此進行表演營生。民間會社包括宗教組織、行會、娛樂團體，往往是廟會的組織者。

廟會一般在農曆新年、元宵節、二月二龍抬頭等節日舉行。過年逛廟會是舊時重要的節日活動之一。北京的春節廟會規模比較大的有天壇、地壇、龍潭湖、廠甸等。成都以錦里大廟會影響最大。重慶的廟會一般就是指湖廣會館的廟會，青島的天后宮

年年都有充滿濃郁民俗氣息的廟會。總體上，廟會主要分佈在寺廟周圍，如各地的城隍廟；但也有部分是無廟而會，如北京的龍潭湖。

❓少數民族各自都有哪些信仰？

少數民族的宗教信仰比漢族更為普遍，宗教形式很多，以藏傳佛教與伊斯蘭教影響最大。藏族民俗中獨特的祈福方式，如懸掛五彩經幡、刻石頭經文、轉神山等，都與宗教有關。宗教對少數民族百姓文化生活影響深刻。藏族的語言文字、天文曆算、醫學、繪畫、建築等，都帶有濃厚的宗教色彩。伊斯蘭教徒有清真飲食的習慣，慶祝開齋節、古爾邦節等傳統節日。回族、維吾爾族、哈薩克族等民族共同信仰伊斯蘭教，但各具本民族特色。

民間信仰在少數民族中也有重大影響。許多民族保留着圖騰崇拜、自然崇拜、祖先崇拜、鬼神崇拜等原始崇拜。如西南、東南的一些少數民族信奉巫教，西北、東北的一些少數民族信奉薩滿教。有些民族有獨特的宗教，如彝族的畢摩教、納西族的東巴教等。

責任編輯：梁潔瑩
校對：劉萄諾
裝幀設計：龐雅美
封面繪圖：鄧佩儀
排版：陳先英
印務：劉漢舉

中華文化常識指南

袁湛江 主編

出版 / 中華教育

香港北角英皇道 499 號北角工業大廈 1 樓 B 室

電話：(852) 2137 2338　傳真：(852) 2713 8202

電子郵件：info@chunghwabook.com.hk

網址：http://www.chunghwabook.com.hk

發行 / 香港聯合書刊物流有限公司

香港新界荃灣德士古道 220–248 號荃灣工業中心 16 樓

電話：(852) 2150 2100　傳真：(852) 2407 3062

電子郵件：info@suplogistics.com.hk

印刷 / 美雅印刷製本有限公司

香港觀塘榮業街 6 號海濱工業大廈 4 樓 A 室

版次 / 2022 年 2 月第 1 版第 1 次印刷

©2022 中華教育

規格 / 16 開（220mm x 150mm）

ISBN / 978–988–8760–48–0